Na escola da fenomenologia

Dados Internacionais de Catalogação na Publicação (CIP)
(Câmara Brasileira do Livro, SP, Brasil)

Ricoeur, Paul
  Na escola da fenomenologia / Paul Ricoeur ; tradução de Ephraim Ferreira Alves. – Petrópolis, RJ : Vozes, 2009. – (Coleção Textos Filosóficos)
  Título original : A l'école de la phénoménologie

  2ª reimpressão, 2021.

  ISBN 978-85-326-3859-5
  1. Fenomenologia 2. Husserl, Edmund, 1859-1938 – Crítica e interpretação 3. Kant, Immanuel, II. 1724-1804 – Crítica e interpretação I. Título. Série

09-03583   CDD-142.7

Índices para catálogo sistemático:
1. Fenomenologia : Filosofia   142.7

Paul Ricoeur

Na escola da fenomenologia

Tradução de Ephraim Ferreira Alves

Petrópolis

© Librairie Philosophique J. Vrin, Paris, 1986; 2004
www.vrin.fr

Tradução realizada a partir do original em francês intitulado
A l'école de la phénoménologie

Direitos de publicação em língua portuguesa:
2009, Editora Vozes Ltda.
Rua Frei Luís, 100
25689-900 Petrópolis, RJ
www.vozes.com.br
Brasil

Todos os direitos reservados. Nenhuma parte desta obra poderá ser reproduzida ou transmitida por qualquer forma e/ou quaisquer meios (eletrônico ou mecânico, incluindo fotocópia e gravação) ou arquivada em qualquer sistema ou banco de dados sem permissão escrita da editora.

CONSELHO EDITORIAL

Diretor
Gilberto Gonçalves Garcia

Editores
Aline dos Santos Carneiro
Edrian Josué Pasini
Marilac Loraine Oleniki
Welder Lancieri Marchini

Conselheiros
Francisco Morás
Ludovico Garmus
Teobaldo Heidemann
Volney J. Berkenbrock

Secretário executivo
João Batista Kreuch

Editoração: Sheila Ferreira Neiva
Diagramação e capa: AG. SR Desenv. Gráfico

ISBN 978-85-326-3859-5 (Brasil)
ISBN 2-716-1674-6 (França)

Editado conforme o novo acordo ortográfico.

Este livro foi composto e impresso pela Editora Vozes Ltda.

Sumário

1. Husserl (1859-1938), 7

2. Husserl e o sentido da história, 18

3. Método e tarefas de uma fenomenologia da vontade, 61

4. Análises e problemas em *Ideen* II de Husserl, 88

5. Sobre a fenomenologia, 149

6. Estudo sobre as *Meditações cartesianas* de Husserl, 175

7. Edmund Husserl: a V *Meditação cartesiana*, 215

8. Kant e Husserl, 253

9. O sentimento, 292

10. Simpatia e respeito – Fenomenologia e ética da segunda pessoa, 308

11. O originário e a questão-em-sentido-contrário na *Krisis* de Husserl, 333

Índice onomástico, 351

Índice geral, 355

A paginação à margem remete à edição Paris: Vrin, 1986.

1
Husserl (1859-1938)*

Husserl e o movimento fenomenológico

Husserl não é toda a fenomenologia, embora seja de certa maneira o seu nó.

Primeiramente a fenomenologia tem uma memória que a insere no passado da filosofia ocidental. Liga-se ao sentido leibniziano e kantiano do fenômeno (*Erscheinung*, e não *Schein*). Hegel, na verdade, já compreendera a fenomenologia como uma inspecção ampla de todas as variedades da experiência humana (não apenas epistemológica, mas também ética, política, religiosa, estética e cotidiana). Não é, no entanto, a ela que Husserl se liga, visto que não se encontram em Husserl dois traços da *Fenomenologia do Espírito*: o trágico e o lógico. O trágico, que se deve à fecundidade do "negativo"; o lógico, que exprime a ligação necessária das figuras do espírito em um único desenvolvimento. Por isso, Husserl não faz uma fenomenologia *do* Espírito. O fenômeno, segundo ele, não é o aparecer de um ser capaz de ser recuperado em um saber absoluto.

Husserl se liga a Kant, não só na interpretação idealista do seu método, mas até nas descrições que continuam a análise kantiana do *Gemüt* que permanecia mascarado pelas preocupações epistemológicas da *Crítica*. Ao mesmo tempo, a fenomenologia alcança em profundidade o espírito de Hume:

---

* Primeira publicação deste capítulo: BRÉHIER, É. *Histoire de la philosophie allemande*. 2. ed. Paris: Vrin, 1967, p. 183-196.

pelo seu gosto por aquilo que é "originário", "pleno", "presente", para além das abreviações e dos símbolos do discurso, ela dá sequência à grande tradição inglesa da crítica da linguagem, e estende sua disciplina de pensamento a todos os setores da experiência – experiência das significações, das coisas, dos valores, das pessoas. Enfim, a fenomenologia se liga, de modo mais radical ainda, a Descartes, à dúvida e ao *cogito* cartesianos. A redução que ela efetua das falsas evidências – do "evidente em si" (*Verständlichkeit*) – ao fenômeno verdadeiro, ao aparecer autêntico, segue bem a linha da dúvida cartesiana. E o *cogito* se torna bem outra coisa que uma primeira verdade, seguida de outras verdades em uma cadeia de razões; ele é o único campo da verdade fenomenológica, em que todas as pretensões de sentido são confrontadas com as presenças que constituem o fenômeno do mundo. Assim a fenomenologia continua o transcendental kantiano, o originário humeano, a dúvida e o *cogito* cartesianos. Ela não representa, em absoluto, uma repentina mutação da filosofia.

Além disso, a fenomenologia é um vasto projeto que não se encerra em uma obra ou em grupo de obras precisas. Ela é, com efeito, menos uma doutrina que um método capaz de encarnações múltiplas, e do qual Husserl explorou apenas um pequeno número de possibilidades. É necessário também procurar a fenomenologia nos psicólogos da escola de Munique: A. Pfander e M. Geiger (em Max Scheler, Heidegger, Hartmann e Jaspers), ainda que nenhum desses pensadores tenha acreditado que a fenomenologia fosse a *philosophia prima*, a ciência das ciências. No próprio Husserl, o método se mistura com uma interpretação idealista que representa uma parte considerável da obra publicada e que tende a situar a fenomenologia no mesmo plano dos neokantismos do princípio do século. Quanto às partes da obra onde o método é efetivamente aplicado, principalmente nos inéditos, não constituem um corpo de obra homogêneo e orientado em um único sentido. Husserl abandonou, no decorrer da caminhada, tantos caminhos quantos desbravou. Ainda que a fenomenologia no sentido lato seja a soma da obra husserliana e das heresias que nasceram de Husserl, é também a soma das variações do

1. Husserl (1859-1938)

próprio Husserl e, de modo particular, a soma das descrições propriamente fenomenológicas e das interpretações filosóficas pelas quais reflete e sistematiza o método.

Fenomenologia da significação

Já se falou acima da crítica do psicologismo e da concepção da lógica no primeiro tomo das *Investigações lógicas*. O segundo tomo se abre com uma análise da significação que já aplica as noções implícitas do método fenomenológico, as quais não são elucidadas a não ser na quinta e na sexta dessas Investigações[1], consagradas à intencionalidade e à intuição categorial.

Importa ressaltar que a primeira questão da fenomenologia é esta: o que significa significar? Seja qual for a importância assumida ulteriormente pela descrição da percepção, a fenomenologia não parte daquilo que há de mais mudo na operação de consciência, mas de sua relação às coisas pelos signos, tais como elaborados por uma cultura oral. O ato primeiro da consciência é querer dizer, designar (*meinen*); distinguir a significação entre os outros signos, dissociá-la do eu, da imagem, elucidar as diversas maneiras dentre as quais uma significação vazia vem a ser preenchida por uma presença intuitiva (seja esta qual for), é isto que é descrever fenomenologicamente a significação. Este ato vazio de significar outra coisa não é senão a intencionalidade. Se a intencionalidade é a propriedade notável da consciência de ser consciência de..., de escapar a si mesmo em direção a um outro, o ato de significar contém o essencial da intencionalidade. E até revela a du-

---

1. *Logische Untersuchungen*. 2 vol. (1900-1901). 2. ed., 3 vol. (1913-1921). Esta segunda edição leva a 5. e a 6. *Investigações* ao nível atingido noutras passagens pela fenomenologia nas *Ideen zu einer reinen Phänomenologie und phänomenologischen Philosophie*, I, publicadas primeiramente no *Jahrbuch für Philosophie und phänomenologische Forschung* (cujo editor era Husserl) (1913). 3. ed., 1928 (trad. fr. De Paul Ricoeur. Paris: Gallimard, 1950); texto definitivo ligeiramente diferente publicado na edição crítica do *Nachlass: Husserliana* III, 1950.

pla visada da intencionalidade: quando quero dizer uma coisa, há uma primeira intenção que vai ao sentido, como face a face estável de todos os atos de significações que querem dizer a *mesma coisa*. Eis aqui a raiz fenomenológica da lógica: há algo de determinado no sentido visado. Mas essa análise que possibilita a lógica, também a ultrapassa, dado que pode haver significações absurdas, isto é, onde um sentido é efetivamente visado, mas sem possibilidade de um preenchimento intuitivo. Mas há uma segunda intenção que se dirige à presença, e que se resolve finalmente em intuição; e a percepção é a sua forma fundamental. Mas há também uma intuição das articulações do juízo e do discurso, ou intuição categorial, e há outros modos de intuição cuja lista Husserl não fecha.

Ao direcionar sua pesquisa para uma fenomenologia da percepção, na sua última filosofia, Husserl abandonará uma via percebida no início de sua obra e que se poderia denominar a dialética original do sentido e da presença e que é ilustrada pela relação vazio-pleno das *Investigações lógicas*. Ele não a abandonará, na verdade, a ponto de discernir até na percepção uma antecipação da unidade de sentido que permite determinar o fluxo das aparições da coisa. É essa fenomenologia do "sentido" que constitui o platonismo essencial desse período, muito mais que a hipóstase pouco feliz das "significções em si", para a qual o arrasta às vezes a polêmica antipsicologista.

De resto, como a intencionalidade visa o sentido – que determina a presença, bem como a presença também preenche o sentido – é que a fenomenologia como tal é possível. É graças a uma intuição concernente à essência dos "atos" e dos seus "conteúdos" que nos foi possível distinguir expressão, signo, significação – significação vazia e significação plena –, intuição sensível e intuição categorial. Toda fenomenologia se faz no plano de uma intuição do *eidos*; ela não se detém no vivido individual incomunicável, mas atinge no vivido a sua articulação interna inteligível, sua estrutura universal. Numa palavra, uma significação que vai ser preenchida mais ou menos quer pela percepção imanente, quer pela própria imaginação dessa percepção que, por suas variações, vai precipitar o "sentido" no cadinho da análise fenomenológica.

1. Husserl (1859-1938)

A partir das *Investigações lógicas*, os trabalhos de Husserl seguem dois caminhos[2]: de um lado, os temas descritivos não cessam de se enriquecer e de extrapolar o quadro lógico inicial[3]; do outro lado, Husserl não se cansa de refinar a filosofia do método e entrelaça assim a uma fenomenologia efetivamente praticada uma filosofia fenomenológica[4], como o atesta o próprio título das *Ideen zu einer reinen Phänomenologie und phänomenologischen Philosophie*. Não há nenhuma prioridade de um caminho sobre o outro: a redução foi efetuada antes de ser refletida[5]. Muito mais tarde, Husserl ainda se serve dos temas descritivos para esboçar a redução. Mas a interpretação idealista do método continua ainda sem coincidir necessariamente com sua prática efetiva, como avaliaram muitos de seus discípulos. A partir de 1929, a fenomenologia conhece um salto ao mesmo tempo de ordem descritiva e de ordem sistemática.

Os temas descritivos

Husserl confere em primeiro lugar à noção de intencionalidade toda a sua envergadura: toda consciência é consciência de... (consciência significa aqui não a unidade individual de um "fluxo de vivido", mas cada *cogitatio* distinta voltada para um *cogitatum* distinto). Portanto, haverá tantas espécies de intencionalidades, tantas "consciências" quantas maneiras,

---

2. Os consideráveis inéditos, organizados pelos *Archives Husserl* de Lovaina, contêm a fenomenologia efetiva de Husserl. Um certo número desses trabalhos, destinados à publicação ou que podem ser publicados, aparecerão nas *Husserliana*, Nijhoff, La Haye.

3. *Formale und transzendentale Logik (Jahrbuch...*, 1929) representa o estado final dos trabalhos lógicos de Husserl, retomados na perspectiva do idealismo transcendental.

4. Esta filosofia fenomenológica encontra sua expressão extrema nas *Meditações cartesianas* publicadas primeiramente em francês, em 1931. 2. ed., trad. de É. Lévinas e G. Peiffer. Paris: Vrin, 1947. Reimpr., 1992. Texto original, *Husserliana* I, 1950. No mesmo sentido, *Nachwort zu meinen "Ideen"...*, 1930.

5. *Die Idee der Phänomenologie*, curso de 1907. *Husserliana* II, 1950.

para um *cogito*, de se voltar para alguma coisa: para o real e o irreal, para o passado e o querido, para o amado e o desejado, para o julgado, etc. De um ponto de vista estritamente descritivo, a intencionalidade escapa à alternativa do realismo e do idealismo. Tanto faz então dizer que o objeto *trans*-cende a consciência e que o objeto está na consciência enquanto algo que aparece a esta consciência. Mas ele aí está precisamente a título intencional, e não real. A intencionalidade significa somente que a consciência se acha a título primeiro fora de si e que ela o está de múltiplas maneiras, das quais a objetividade lógica não passa de uma modalidade de segundo grau e a percepção, a modalidade mais fundamental.

É por esse primado da percepção entre os atos intencionais que Husserl foge a seu próprio logicismo e se afasta das filosofias criticistas do juízo. Nela temos o modelo de toda presença "em carne e osso", e ao mesmo tempo a percepção descobre a estrutura de horizonte da consciência. Ou seja, toda consciência atual se descobre envolvida por um horizonte de perceptibilidade que confere ao mundo a sua estranheza e sua abundância. Por sua vez, essa estrutura de horizonte suscita uma reflexão sobre a temporalidade contraída na percepção dos objetos mais estáveis. Numa palavra, não cessará de revelar o quanto o viver ultrapassa o julgar: no final desse caminho se acha "o tema do ser-no-mundo" explicitado pela fenomenologia do último Husserl, pela de Heidegger e pela dos existencialistas franceses: a ultrapassada distância.

Essa descrição desenvolve ao mesmo tempo uma crítica[6]: a fenomenologia esbarra, com efeito, de frente com a convicção dos galileanos: a primeira verdade do mundo não é a da física matemática, mas justamente a da percepção. Ou melhor, a verdade da ciência se edifica como superestrutura em cima de um primeiro alicerce de presença e de existência, o do mundo vivido perceptivamente.

---

6. Husserl concebe inicialmente esta crítica como uma ciência rigorosa, fundamento das ciências exatas e exclusiva de todo patético como também de toda ética concreta, cf. *Philosophie als strenge Wissenschaft – Logos* I, 1911.

1. Husserl (1859-1938)

Husserl pode assim sustentar a transcendência do percebido à consciência, mediante uma crítica da crítica das "qualidades segundas", enquanto nega a existência em si das coisas percebidas. É essa posição difícil e original do problema da realidade que constitui o aporte filosófico essencial da fenomenologia. A distinção do noema e da noese em toda consciência permitia efetuar análises de consciência que seriam alternadamente análises noemáticas, isto é, voltadas para a face objetiva do vivido (o percebido como tal, o imaginado como tal, etc.) e análises noéticas, voltadas para as modalidades atencionais, para o poder do "Eu" do *cogito*, para a temporalidade do fluxo subjetivo das silhuetas de coisas, etc. Não haveria como dar uma ideia, mesmo aproximada, da paciência e do rigor dessas análises. As *Ideen* II, dedicadas à constituição da coisa, da *psychè* e das realidades culturais e pessoais constituem um bom exemplo deste trabalho[7]. Aí se percebe claramente que "constituir" não é de modo algum construir, menos ainda criar, mas desdobrar as visadas de consciência confundidas na apreensão natural, irrefletida, ingênua de uma coisa.

Da fenomenologia descritiva à fenomenologia transcendental

A "redução" fenomenológica se apresenta ao mesmo tempo como a explicitação do método praticado na descrição dos fenômenos e como a elaboração de uma filosofia transcendental que implica uma verdadeira decisão metafísica sobre o estatuto ontológico desses fenômenos.

A fenomenologia nasceu de uma crise de ceticismo, posterior à descoberta da intencionalidade e relativa à própria possibilidade da intencionalidade, isto é, finalmente, de sua referência a uma transcendência. A essência da consciência é igualmente o seu enigma. A crise é resolvida pela distinção, não da consciência reflexiva e da coisa espacial, como em Descartes, mas pela cisão, no próprio objeto, entre seu em si

---

7. *Husserliana* IV, 1952. *Ideen* III formam as *Husserliana* V.

suposto e seu aparecer puro. Nas *Ideen* essa cisão é preparada por uma investigação da precariedade e da temporalidade desse aparecer posto em fluxo, o objeto está pronto para a "redução" a suas aparições sucessivas. A hipótese conforme a qual o mundo poderia não ser nada, isto é, que as silhuetas poderiam não mais concordar com coisa alguma, acaba de resolver o ser no aparecer. Apresentada assim, a redução parece uma subtração de ser. Nas *Ideen* a consciência é designada como um "resto", um "resíduo" fenomenológico. No sentido puramente fenomenológico da operação isto quer dizer que o pensador se abstém de se pronunciar (*epochè*) sobre o estatuto ontológico último do aparecer e que só se ocupará com o aparecer puro. Mas Husserl interpreta sempre mais essa conquista do aparecer sobre a crença não motivada no em si como uma decisão sobre o próprio sentido do ser.

As *Meditações cartesianas* são a expressão mais radical deste novo idealismo para quem o mundo é não somente "para mim", mas recebe "de mim" toda a sua validade ontológica. O mundo se torna "mundo-percebido-na-vida-reflexiva": a constituição se torna uma grandiosa empreitada de composição progressiva da significação do mundo sem resto ontológico.

Muito mais, Husserl esboça na IV *Meditação* a passagem de uma fenomenologia "voltada para o objeto" a uma fenomenologia "voltada para o *ego*", onde "o *ego* se constitui continuamente a si mesmo como existente": o *cogitatum* é compreendido no *cogito*, e este no *ego* que vive "através de" seus pensamentos. A fenomenologia é o desdobramento do *ego*, dali em diante denominado mônada à maneira leibniziana. Ela é "a exegese de si mesmo" (*Selbstauslegung*).

A este radicalismo a fenomenologia deve ao menos duas coisas. Primeiro, a promoção do tema da temporalidade, tema que foi logo percebido: o presente, como se diz nas *Lições sobre a consciência interna do tempo*[8], "retém" o passado imediato que não é uma lembrança representada, mas

---

8. *Vorlesungen zur Phänomenologie des inneren Zeitbewusstseins*, ed. por M. Heidegger, 1928. Essas lições datam do período 1905-1910.

1. Husserl (1859-1938)

um "tendo exatamente sido" implicado na consciência do "agora". Esta análise, feita no intuito de resolver um enigma psicológico – o da persistência de um objeto idêntico na consciência – passa a ser uma das grandes chaves da constituição de si por si. Nos consideráveis inéditos dedicados ao tempo (grupo C), o "presente vivo" aparece como a origem da temporalização por sua estrutura dialética de "persistência fluente". Essa temporalização primordial, por sua vez, serve para elucidar a consolidação das evidências adquiridas, cuja origem se abole. Uma intencionalidade transversal, não posicional, inerente à sequência que a consciência faz consigo mesma, é assim colocada na origem da consciência "tética" que põe coisas ou significações como em si. Portanto, não se deveria subestimar a importância desse tema que foi na verdade suscitado pelo idealismo husserliano, ainda que possa sobreviver a essa motivação radical. Está justamente aqui uma das encruzilhadas onde se cruzam a mediação kierkegaardiana sobre o instante e a reflexão husserliana sobre o presente vivo. Heidegger não o esquecerá.

Por outro lado, a identificação da fenomenologia com uma egologia acarreta a promoção de um segundo grande problema, o da existência de outrem. A fenomenologia se acuou a si mesma, muito lucidamente, no paradoxo do solipsismo: apenas o *ego* é constituído primordialmente. Daí a importância da V *Meditação* sobre a constituição de outrem, que Husserl reelaborou por vários anos; essa constituição desempenha o mesmo papel que a existência de Deus em Descartes para consagrar a objetividade de meus pensamentos. Mas se o *ego* não parece poder ser transcendido a não ser por um outro *ego*, deve este outro *ego* ser ele mesmo constituído precisamente *como* estranho, mas *na* esfera da experiência própria do *ego*. Esse problema constitui uma das grandes dificuldades da fenomenologia husserliana. O respeito da experiência ingênua da intersubjetividade e o radicalismo filosófico herdado das *Meditações* anteriores aí se mesclam tão estreitamente que fica difícil separar as descrições do contexto idealista.

Do idealismo transcendental à fenomenologia genética

As obras de Husserl têm um estranho destino: seu autor as retrabalha indefinidamente e quando, às vezes, elas são consideradas dignas de publicação, o seu problema já está ultrapassado. A partir de 1929, o idealismo transcendental era submetido a uma revisão profunda[9]. À primeira vista, tal revisão significa uma verdadeira revolução que leva a fenomenologia às proximidades de temas familiares à fenomenologia existencial francesa. Na realidade, as descrições desse último "período" prolongam as do "período" precedente e abalam somente a interpretação idealista do método.

Husserl procura sempre mais por sob o juízo a própria ordem da experiência e a origem da ordem predicativa. Acentua ao mesmo tempo a ideia de gênese passiva, anterior às operações ativas de pôr, apor, supor, etc. Enfim, o mundo aparece como a totalidade inacessível à dúvida, não adquirida por adição de objetos, inerente ao "viver". Esta *Lebenswelt* é o "pré-dado universal passivo de toda atividade de julgar". Husserl levou assim ao extremo as tendências da fenomenologia descritiva, abandonando a dialética, elaborada outrora nas *Investigações lógicas*, entre a significação vazia e a presença plena. Husserl está empenhado em uma pesquisa "genealógica" que parece justamente ir de baixo para cima, sem a réplica de um movimento contrário indo do significado para o vivido.

Mas o fato decisivo é o abandono progressivo, no contato com as novas análises, do idealismo das *Meditações cartesianas*. A redução significa cada vez menos "retorno ao *ego*" e cada vez mais "retorno do lógico ao antepredicativo", à evidência primordial do mundo. Cai agora a ênfase, não mais so-

---

9. *Die Krisis der europäischen Wissenschaften und die transzendentale Phänomenologie* (só publicadas a ! e a II partes). *Philosophia* I, 1936. Belgrado (trad. fr., 1949). Edição completa *Husserliana* VI (1954) – *Erfahrung und Urteil. Untersuchungen zur Genealogie der Logik*. Textos de Husserl completados e unificados por L. Landgrebe, segundo as indicações de Husserl, Praga, 1939.

1. Husserl (1859-1938)

bre o *ego* monádico, mas sobre a totalidade formada pelo *ego* e pelo mundo circundante no qual se acha vitalmente empenhado. Tende então a fenomenologia para o reconhecimento daquilo que é precedente a toda redução e que não pode, por conseguinte, ser reduzido. Em suma, só fica reduzido o universo galileano. A irredutibilidade da *Lebenswelt* significa que a conversão platônico-matemática não pode ser levada a termo: o ser-no-mundo é de tal modo manifesto que toda verdade remete a ele.

É por essa impressionante mutação a partir de preocupações sobretudo lógicas, que a fenomenologia se achava pronta para o espantoso encontro com a meditação existencial, proveniente de um horizonte muito estranho a Husserl, trabalhador obstinado, tão sóbrio como honesto.

2
Husserl e o sentido da história*

O aparecimento da preocupação com a história, na última fase do pensamento husserliano, levanta algumas questões; dentre estas as mais importantes vão além do caso de Husserl e dizem respeito à possibilidade de uma *filosofia da história* em geral.

A primeira questão envolve somente a compreensão psicológica do autor: quais *os motivos* que presidiram a essa transformação da problemática husserliana? Aí está este pensador, naturalmente alheio às preocupações políticas – apolítico, dir-se-ia, por formação, por gosto, por profissão, por preocupação de rigor científico –, e ei-lo chegando à consciência de uma crise coletiva da humanidade, que não fala mais apenas do *ego* transcendental, mas do homem europeu, do seu destino, de sua decadência possível, do seu necessário renascimento, que situa a sua própria filosofia na história, com a convicção de ser ela responsável por esse homem europeu e de ser ela, apenas ela, capaz de lhe mostrar o caminho da renovação. Não contente em pensar a história, em se pensar na história, o fenomenólogo se descobre investido da tarefa surpreendente de fundar uma nova era, como Sócrates e Descartes.

As obras, em boa parte inéditas, que vamos evocar datam de 1935 a 1939. Pode-se pensar que, a partir de 1930, Husserl começou a relacionar a compreensão de sua própria filosofia com a da história, mais precisamente da história do espírito eu-

---
* Primeira publicação na *Revue de Métaphysique et de Morale*, 54, 1949, p. 280-316.

2. Husserl e o sentido da história

ropeu. No dia 7 de maio de 1935, Husserl pronuncia no *Kulturbund* de Viena uma conferência intitulada "A filosofia na crise da humanidade europeia". Esta conferência é seguida, em novembro de 1935, por um ciclo de conferências no "Círculo filosófico de Praga para as investigações sobre o entendimento humano". O conjunto dos escritos ainda negados ao público, que vai culminar no grande texto intitulado a *Crise das ciências europeias e a fenomenologia transcendental* (cujas duas primeiras partes foram publicadas em 1936 pela revista *Philosophia* de Belgrado[1]), compõe o grupo chamado da *Krisis*. Compreende o primeiro esboço da conferência de Viena, o texto presumível da conferência, uma formulação revista, cuja tradução nós publicamos aqui mesmo, uma outra formulação mais completa desse mesmo trabalho, o texto integral da *Krisis*, e vários textos não destinados à publicação que contêm as meditações subsequentes de Husserl sobre os mesmos temas.

A situação política da Alemanha nessa época ocupa visivelmente o pano de fundo de todo esse curso de pensamento. Neste sentido se pode perfeitamente dizer que é a própria tragédia da história que inclinou Husserl a pensar historicamente. Suspeito aos olhos dos nazistas como não ariano, como pensador científico, mais fundamentalmente como gênio socrático e questionador, aposentado compulsoriamente e condenado ao silêncio, o velho Husserl não podia deixar de descobrir que o espírito tem uma história que interessa a toda a história, que o espírito pode estar enfermo, que a história é para o próprio espírito o lugar do perigo, da perda possível. Descoberta tanto mais inevitável quanto o eram os próprios enfermos – os nazistas –, que denunciavam todo o racionalismo como um pensamento decadente e impunham novos critérios biológicos de saúde política e espiritual. Seja como for, era pela consciência de crise que na época do nacional-socialismo se entrava de fato na história. Ou seja, para a honra do racionalismo, tratava-se de declarar quem estava doente, portanto, onde é que estava o sentido do humano e onde o não sentido.

---

1. A terceira parte, inédita, sozinha, é duas vezes mais longa que *Krisis* I e II.

Deve-se acrescentar que, pertinho dele, seu antigo colaborador, Martin Heidegger, desenvolvia uma obra que, pelo outro lado, significava também a condenação da filosofia clássica, e reclamava, pelo menos implicitamente, outra leitura da história, outra interpretação do drama contemporâneo, outra divisão das responsabilidades. Assim, o mais a-histórico dos professores se via intimado pela história a se interpretar historicamente.

Mas ainda falta compreender de que modo poderia a fenomenologia incorporar a si visões históricas. Aqui a transformação de uma problemática filosófica excede toda exegese de uma motivação psicológica: é a coerência da fenomenologia transcendental que está em questão. Como uma filosofia do *cogito*, do retorno radical ao *ego* fundador de todo ser, se torna capaz de uma filosofia da história?

Pode-se responder parcialmente a essa questão examinando os textos de Husserl. Descobre-se até certo ponto a unidade do pensamento husserliano, quando se sublinha com bastante vigor o papel mediador entre a consciência e a história, atribuído a *Ideias*, e *Ideias* no sentido kantiano, compreendidas como tarefas infinitas, que precisamente implicam um progresso sem fim e, por conseguinte, uma história.

Mas, se o tempo dos homens é o desenvolvimento exigido por uma ideia infinita – como já se vê em Kant (por exemplo, na *Ideia de uma história universal do ponto de vista cosmopolítico* e nos outros opúsculos de filosofia da história) –, esta superação de uma filosofia do *ego* por uma filosofia da humanidade histórica levanta algumas questões radicais, e todas elas concernem às filosofias socráticas, cartesianas, kantianas, todas as filosofias do *cogito* em sentido amplo. Levantaremos essas questões no momento oportuno.

Repugnância da fenomenologia transcendental pelas considerações históricas

Nada na obra anterior de Husserl parece preparar um desvio da fenomenologia no rumo de uma filosofia da história. Ao

2. Husserl e o sentido da história

contrário, aí se veem razões para jamais ir ao encontro da filosofia da história.

1) A fenomenologia transcendental, expressa nas *Ideen*, na *Formale und transzendentale Logik*, nas *Meditações cartesianas*, não anula de modo algum, mas integra de uma forma especial[2] a *preocupação lógica* que presidia às *Logische Untersuchungen*. Ora, essa preocupação lógica exclui um certo sentido da história. A lição dos *Estudos lógicos*, com efeito, é que o sentido de uma estrutura lógica – no sentido estrito da lógica formal, mesmo ampliado em uma *mathesis universalis*[3], ou no sentido lato das ontologias materiais que se lançam à análise dos gêneros supremos que regem a "região" natureza, a "região" consciência, etc., –, este *sentido* é independente da história da consciência individual ou da história da humanidade que baliza a descoberta ou a elaboração desse sentido. O sentido se revela como sentido à intuição que lhe vê as articulações. A história do conceito, enquanto expressão do sentido, não tem importância para a verdade do sentido. A verdade não se adquire à maneira de uma aptidão funcional nas espécies vivas, ela é sempre uma relação a-histórica entre uma visada "no vácuo", "no vazio", e uma presença intuitiva (percepção sensível, introspecção, percepção de outrem, percepção "categorial"[4], etc., ou sua modificação imaginativa ou memorial), que "preenche" essa visada.

O pensamento husserliano é, em primeiro lugar, conquistado sobre o psicologismo. Ou seja, essa conquista permanece como o pressuposto de toda a filosofia transcendental ulterior. Assim é negada, desde o ponto inicial, uma filosofia da história, em que a história é compreendida como uma *evolução*, como uma *gênese*, que faz originar o mais racional do menos racional e, de modo geral, o mais do menos. Nesta

---

2. Sobre esta relação do "logicismo" e da fenomenologia transcendental, cf. a nossa Introdução à tradução das *Ideen* I. Paris: Gallimard, 1950.

3. Cf. *Ideen* I, § 8 e 10.

4. Cf. *Logische Untersuchungen* VI (2ª parte).

perspectiva, a intemporalidade do sentido objetivo é inacessível à gênese empirista das aproximações subjetivas desse sentido.

A filosofia da essência que, no nível das *Ideen*, prolonga o "logicismo" das *Logische Untersuchungen*, confirma esta desconfiança diante das explicações genetistas. A "redução eidética", que põe entre parênteses o caso individual e só retém o sentido (e a significação conceptual que o exprime), é por si mesma uma redução da história. O real-mundano é em relação à essência como o contingente em relação ao necessário: toda essência "tem" um campo de indivíduos que podem existir cá ou lá, agora ou em outro tempo[5]. É necessário observar com que precaução Husserl conserva a palavra *Ursprung*. Desde as primeiras páginas de *Ideen* I ele observa cuidadosamente:

> Não estamos falando aqui em termos de história. Esta palavra de origem não nos força nem nos autoriza a pensar em uma gênese entendida no sentido da causalidade psicológica ou no sentido de um desenvolvimento histórico[6].

A noção de *Ursprung* não pode reaparecer a não ser em uma outra etapa do pensamento, em uma etapa propriamente transcendental, em que não significa mais uma gênese histórico-causal, mas fundamento[7].

O "logicismo" das *Logische Untersuchungen* e a "redução eidética" das *Ideen* assinalam a vitória definitiva sobre uma certa intromissão da história na filosofia. Podemos ter a certeza de que a história do espírito, da qual se tratará mais tarde, não será jamais uma gênese do sentido a partir do significante, uma evolução de estilo spenceriano. O *desenvolvimento da ideia*, que será implicado na história, será algo totalmente diferente da *gênese do conceito*.

---

5. *Ideen* I, p. 8. Os números de página são os da edição alemã.
6. *Ideen*, p. 7, n. 1.
7. Cf. dois exemplos de *Ursprung* nas *Ideen*, § 56, p. 108, e § 122, p. 253.

2. Husserl e o sentido da história

2) A problemática propriamente transcendental da fenomenologia não comporta nenhuma preocupação histórica manifesta. Muito mais, ela parece eliminar essa preocupação mediante a operação prévia da "redução transcendental".

Duas palavras para situar a redução transcendental na problemática de conjunto da fenomenologia: por ela a consciência se liberta de uma ingenuidade prévia que Husserl chama de atitude natural, e que consiste em crer espontaneamente que o mundo que está aí é simplesmente *dado*. Recuperando-se dessa ingenuidade, a consciência descobre que é *dadora*, dadora de sentido (*Sinngebende*)[8]. A redução não exclui a presença do mundo, não suprime nada; nem mesmo suspende o primado da intuição em todo conhecimento. Depois dela, a consciência continua a ver, mas sem ser entregue a esse ver, sem nele se perder. Mas o próprio ver é descoberto como operação, como obra (*Vollzug, Leistung*)[9]. Husserl chega até a dizer, uma vez, como criação[10]. Compreender-se-ia Husserl, poder-se-ia ser um fenomenólogo no sentido transcendental, caso se realizasse em si mesmo que a intencionalidade, que culmina no ver, é precisamente uma visão criadora[11].

Não podemos aqui insistir sobre as dificuldades de interpretação deste tema central da fenomenologia. Digamos apenas que não se compreende a atitude natural a não ser quando reduzida, e ela só é reduzida quando a constituição de todo sentido e de todo ser é positivamente iniciada. Não se pode, portanto, dizer *de início* o que é a atitude natural, *a seguir* o que é a sua redução, e *enfim* o que é a constituição: seria necessário compreender em bloco esses três pontos da problemática fenomenológica.

---

8. *Ideen*, § 55.
9. Quanto a *Vollzug*, cf. *Ideen* I, § 122; quanto a *Leistung*, cf. mais adiante.
10. "A espontaneidade daquilo que se poderia chamar de o começo criador..." *Ideen*, § 122.
11. "Sobre a intuição dadora originária", *Ideen* I, p. 36, n. 242.

Ora, o que nos interessa aqui é que, na época das *Ideen*, Husserl inclui entre as disciplinas da atitude natural não apenas as ciências da natureza, mas também as ciências do espírito (*Geisteswissenschaften*). Assim, história, ciências da civilização, disciplinas sociológicas de todo gênero são "mundanas"[12]. Na linguagem husserliana o espírito, como realidade social, é uma "transcendência", ou seja, um *face a face* (*Gegenstand*) no qual a consciência pura se ultrapassa. O espírito está "fora", como a natureza que é a sua primeira base, como o corpo onde a consciência se objetiva, como a alma entendida enquanto realidade psíquica individual. A mundanidade do espírito significa que ele se encontra entre os objetos de uma consciência sujeito e que ele deve ser constituído em face da consciência, "na" consciência, como o correlato de certos atos fundamentais que situam o espírito no mundo, na história e nas sociedades. É neste sentido que as "ciências do espírito" devem ser inicialmente reduzidas[13]. Em vez de nos perdermos no histórico e no social como em um absoluto, suspendemos a crença no ser-aí (*Dasein*) do espírito como naquele das coisas. De ora em diante sabemos que o espírito das sociedades históricas não existe senão *para* e mesmo *por* uma consciência absoluta que o constitui[14]. Aí reside, a nosso ver, a fonte de todas as dificuldades posteriores: como compreender que, de um lado, o homem histórico é constituído como uma consciência absoluta e que, do outro, o *sentido* desenvolvido pela história engloba o homem fenomenólogo que opera essa consciência? Parece que se anuncia uma difícil dialética do englobante-englobado, entre o *ego* transcendental e o *sentido* que unifica a história.

Sem antecipar ainda quanto a essa dificuldade, digamos que a empreitada de constituir o homem (isto é, a alma psicofisiológica, a pessoa psicossocial, e o espírito como realidade histórica) foi efetivamente tentada por Husserl em *Ideen* II,

---

12. *Ideen* I, p. 8.
13. Ibid., p. 108.
14. Ibid., p. 142.

ainda inédito. Este grandioso texto, que nos foi possível ler nos *Archives Husserl* de Lovaina, contém na sua segunda parte uma ampla análise das operações de consciência pelas quais se elabora o corpo como o organismo vivo, a seguir como expressão e modo de ação de outrem, enfim pelas quais se constituem laços sociais entre pessoas.

Não há, portanto, no nível de *Ideen* I e II, nenhum privilégio da história. Pelo contrário, o homem histórico é um momento, um grau da mundanidade, uma "camada" do mundo constituído: neste sentido está "incluído" como toda "transcendência" na consciência absoluta.

3) É verdade que a história, excluída duplamente como gênese explicativa e como realidade dependente do historiador e do sociólogo, poderia ressurgir de maneira mais sutil no próprio coração da consciência transcendental "na" qual se constituem a natureza e a história. Essa consciência é ainda *temporal*. É uma vida que dura. É numa "multiplicidade" (*Mannigfaltigkeit*) de esboços *sucessivos* que se constitui todo sentido como unidade ligando essa sucessão. É pouco a pouco, por toques convergentes, em um *tempo*, que se elaboram o azul do mar, a expressão de um rosto, o sentido técnico do instrumento, o sentido estético da obra de arte, o sentido jurídico da instituição, etc. Por exemplo, o tempo é a expressão manifesta da mais primitiva de todas as consciências, a consciência de coisa, aquela que "dá" a primeiríssima camada da existência mundana. A perceptibilidade das coisas ainda não conhecidas é a possibilidade de que apareçam em um tempo infinito novos aspectos que vão confirmar ou infirmar o sentido nascente, motivar um novo sentido[15]. Portanto, a consciência absoluta é temporal, conforme um tríplice horizonte de memória, de expectação e de co-presença instantânea.

Reduzido o tempo cósmico, revela-se, então, o tempo fenomenológico, que é a forma unitiva de todos os vividos [vivências]. É verdade que esse tempo também é, por sua vez,

---

15. Quanto a tudo isto, cf. *Ideen* I, p. 74s., 202s. e II *Meditação cartesiana*.

um "enigma" na medida mesma em que o absoluto do eu transcendental não é ainda senão um absoluto sob um certo ponto de vista (com relação às transcendências) e reclama uma protoconstituição cheia de dificuldades[16]. Inútil nos envolvermos nas dificuldades radicais suscitadas pela constituição primordial da *consciência fenomenológica do tempo* da qual Husserl dera uma primeira elaboração a partir de 1900, em *Zeitbewusstsein*. Essas dificuldades nos afastariam ainda mais do nosso problema: com efeito, esse modo primitivo de ligação de um vivido de consciência a um outro vivido, essa protossíntese é um tempo, mas não ainda uma história. A história está fora, o tempo é a própria consciência. Quando se diz que o tempo é constituído, não é mais no sentido em que aquilo que está fora é constituído; ele é protoconstituído no sentido de que toda superação de uma consciência em um objeto transcendente que unifica esboços, aspectos da coisa transcendental, pressupõe que cada consciência presente se transcenda de maneira imanente, passe além de si mesma *temporalmente* a uma outra consciência. Assim, ela se torna o passado imediato de um novo presente para o qual existe ainda um futuro iminente. O tempo *transcendental*, que é constituinte e, além disso, protoconstituído, não é a história *transcendente*. Esta não é senão o correlato de uma consciência que a elabora pela percepção de vestígios e de documentos, pela compreensão de outrem nesses documentos, pela elaboração do sentido de uma comunidade que se desenvolve no tempo cósmico (dos astros, dos relógios e dos calendários). O tempo fenomenológico é, nesta perspectiva, o absoluto no qual se constituem como *objetos* uma natureza, homens e culturas, uma *história*.

Mesmo assim, não deixa de ser interessante que a última consciência seja, por sua vez, temporal. Se a história dos historiadores é reduzida e constituída, uma outra história, mais próxima da consciência dadora e operante, poderá talvez ser elaborada. Neste sentido, a fenomenologia transcendental dá,

---

16. *Ideen* I, p. 163, e principalmente IV *Meditação cartesiana*.

2. Husserl e o sentido da história

com o tema do tempo fenomenológico, um primeiro passo em direção a uma filosofia da história.

4) Temos de observar ainda um problema onde se mostra o hiato entre a problemática fenomenológica e aquela de uma filosofia possível da história. Com o tempo fenomenológico aparece também um *ego* transcendental: o eu não é somente mundano, dado como objeto psicológico, que se deve então reduzir e constituir. Há um eu que vive em toda consciência constituinte. Dele nada se pode dizer, a não ser que "através" dessa visada ele vive um mundo (coisa, homem, obra de arte, etc.)[17]. É ele que percebe, imagina, sente, quer, etc. O Eu do *cogito* não pode tornar-se objeto de investigação, ser "tematizado". Só é possível surpreender suas "maneiras de relacionar-se com"[18]. Por exemplo, como ele presta atenção a..., suspende [o juízo] ou afirma, mantém passivamente uma percepção, avança ativamente ajuntando um ato ao outro. Existe, portanto, quando muito uma fenomenologia do *Como* do *ego* dada a falta do *Quid* do *ego*. A essa fenomenologia "voltada para a face sujeito" é que se deve a afirmação que o *ego* difere numericamente com *cada* fluxo de consciência. Há, por conseguinte, um axioma dos indiscerníveis que institui uma pluralidade de *ego*, que não é a pluralidade mundana, constituída, das consciências psicológicas[19].

Essa pluralidade das consciências será a oportunidade de uma história? Sim, em última instância, dado que o sentido unificador de uma história humana terá por campo de desenvolvimento a pluralidade das consciências. Mas é muito importante ver até que ponto a fenomenologia transcendental acumula primeiramente obstáculos nas proximidades da noção de história. Da mesma forma que o tempo do *ego* não é a única história dos homens, mas o tempo de *cada ego*, a pluralidade dos *egos* não é tampouco a história. Ficam de pé duas dificuldades.

---

17. *Ideen* I, p. 109.
18. Ibid., p. 160.
19. *Ideen* I, p. 165 e 167.

Em primeiro lugar, a pluralidade dos *egos* parece mesmo absoluta: como fazer *uma* história com *tantas* consciências? Ver-se-á que é a essa dificuldade que responde a filosofia da *Ideia* no período da *Krisis*.

Mas se é possível, a rigor, compreender que o plural das consciências e o singular da história podem tornar-se correlativos por intermédio de uma *tarefa* comum, a segunda dificuldade parece mais difícil de superar: "em" qual consciência está situada a pluralidade das consciências? A pluralidade, eventualmente atravessada por um sentido unificador, uma tarefa histórica, não pode ser sobrevoada do alto, de tal maneira que eu, tu, nós, os outros, pareçamos permutáveis, em uma totalidade. Com isto, se faria dessa totalidade um absoluto que destronaria o *ego*. Esse obstáculo a uma filosofia da história surge com um destaque impressionante na leitura da V *Meditação cartesiana*. A esse ponto voltaremos no fim deste estudo, quando houvermos compreendido melhor a natureza da história.

Vistas sobre a teleologia da história e a razão

A história, dizíamos, passa a despertar as preocupações do filósofo mais a-histórico e mais apolítico pela *consciência de crise*. Uma crise de cultura é semelhante a uma grande dúvida na escala da história. Ela não exerce, com certeza, a função da dúvida metódica a não ser quando retomada pela consciência de cada um no sentido de uma interrogação filosófica. Mas, assim transformada em questão que eu me ponho, a consciência de crise ainda permanece *no interior* da história. É uma questão *sobre* a história e *na* história: aonde vai o homem? Noutras palavras: qual é o nosso sentido e o nosso fim, para nós que somos a humanidade?

A pergunta primeira da filosofia da história vai, portanto, da crise à ideia, da dúvida ao sentido. A consciência da crise convida à reafirmação de uma tarefa, mas de uma tarefa que, por estrutura, é tarefa para todos, tarefa que desenvolve uma história.

2. Husserl e o sentido da história

Em compensação, a história só se presta a uma reflexão filosófica por intermédio de sua *teleologia*: ela se mostra implicada por um tipo original de estrutura racional que, precisamente, exige uma história. Não há reflexão direta sobre a história como fluxo de *acontecimentos*, mas indireta como a *vinda* de um sentido. Por esta, ela é uma função da razão, seu modo próprio de realização.

Desde as primeiras linhas de sua conferência de Viena, está fixada a perspectiva: filosofia da história e teleologia são sinônimos:

> quero tentar... [dar] toda a sua amplidão à ideia de humanidade europeia, considerada do ponto de vista da filosofia da história, ou ainda no sentido teleológico. Expondo nesta ocasião a função essencial que pode ser assumida pela filosofia e por nossas ciências, que são as suas ramificações, tento também submeter a crise europeia a uma nova elucidação.

(Voltaremos, mais adiante, às duas convicções aqui logo em seguida subentendidas: que é na Europa que o homem tem um "sentido teleológico", uma "ideia", e que essa "ideia" é a própria filosofia como totalidade de compreensão e como perspectiva infinita das ciências).

O início de *Krisis* I liga ainda mais nitidamente a história à filosofia por intermédio do "sentido teleológico":

> Este escrito... tenta fundar a necessidade inelutável de uma conversão da filosofia à fenomenologia transcendental no caminho de uma tomada de consciência (*Besinnung*) teleológico-histórica aplicada às origens (*Ursprünge*) da situação crítica em que estamos no plano das ciências e da filosofia. Este escrito constitui, então, uma introdução independente à fenomenologia transcendental.

Assim a história não é uma adjunção secundária à filosofia, mas até se torna uma via privilegiada de acesso à sua problemática. Se a história não é compreendida a não ser pela ideia que nela se realiza, em contrapartida o movimento da história pode tornar-se para o filósofo o revelador original dos temas transcendentais, se é verdade que esses temas são aqueles que dão à história sua qualidade propriamente humana.

Mas antes de penetrar mais a fundo nas questões metodológicas suscitadas pela noção de teleologia histórica e pelo uso dessa teleologia como "introdução independente à filosofia transcendental", não deixa de ser útil oferecer uma ideia sumária da aplicação do método. Deste ponto de vista, o texto retrabalhado da conferência de Viena é mais esclarecedor do que *Krisis* II que, em razão do seu caráter fragmentário, não permite ver os grandes enlaces: *Krisis* II vem a ser, em suma, uma história da filosofia de Galileu a Kant. As vistas de conjunto sobre o espírito europeu e sobre as relações da filosofia da história com a filosofia reflexiva de estilo transcendental são bastante raras, embora de uma precisão inestimável (em particular os § 6, 7 e sobretudo 15; voltaremos ainda a este ponto).

Só a Europa tem uma "teleologia imanente", um "sentido". Enquanto a Índia e a China possuem apenas um tipo sociológico empírico, a Europa tem a unidade de uma figura espiritual. Ela não é um lugar geográfico, mas um vínculo espiritual, que é a visada de "uma vida, de uma ação, de uma criação de ordem espiritual". Vê-se já a superelevação de que goza a noção de espírito (*Geist*): já não é reduzido até o nível da natureza, mas considerado do lado da consciência constituinte, na mesma medida em que o vínculo dos homens não é um simples tipo sociológico, mas um "sentido teleológico".

Esta afirmação – só a Europa tem uma *Ideia* – parece menos surpreendente quando é completada duplamente. Em primeiro lugar, deve-se dizer que, absolutamente falando, é toda a humanidade em seu conjunto que tem um sentido; a Europa não se separou geográfica e culturalmente do resto da humanidade (*Menschenheit*) a não ser descobrindo o sentido do homem (*Menschentum*): seu estado à parte é precisamente a sua universalidade. Por outro lado, a única ideia que é Ideia para todos é a filosofia. A filosofia é a "enteléquia inata" da Europa, o "protofenômeno" de sua cultura. Vê-se que ser europeu é menos uma glória que particulariza do que uma responsabilidade que liga a todos. É necessário ainda com-

2. Husserl e o sentido da história

preender bem este termo: filosofia. Compreendida como sentido do homem europeu, ela não é um sistema, uma escola ou uma obra datada, e sim uma Ideia, no sentido kantiano do termo: uma tarefa. A ideia da filosofia, eis a teleologia da história. Por isso, a filosofia da história é em última instância a história da filosofia, indiscernível, ela mesma, da tomada de consciência da filosofia.

Mas o que vem a ser a filosofia como ideia, como tarefa? Qual é sua relação com o conjunto da civilização?

Designar a filosofia como Ideia é o mesmo que sublinhar desde o princípio seus dois traços de totalidade e infinitude. Husserl a chama ainda de um *télos*, um fim visado, ou seja, ela é o *télos* da ciência do todo do ser. Como visa a completude da ciência de tudo o que é, a ideia da filosofia não pode ser senão uma "forma normativa, situada no infinito", um pólo situado "no infinito". Cada realização histórica da filosofia tem ainda como horizonte a inacessível ideia.

Por sua infinitude a ideia comporta uma história, um processo sem fim. Antes da filosofia e fora da filosofia, o homem tem sem dúvida uma historicidade, mas tem ainda apenas tarefas finitas, fechadas, sem horizonte, mensuradas por interesses de visão curta, reguladas pela tradição. No VI século a.c., apareceu na Grécia "o homem das tarefas infinitas": a ideia da filosofia foi levada por alguns indivíduos isolados, por alguns grupos que, sem demora, rasgaram a tranquilidade limitada "do homem das tarefas finitas". Faz-se o salto do querer-viver para o espanto, da opinião para a ciência. Nasce uma dúvida no coração da tradição; põe-se a questão da verdade; surge a exigência do universal; uma "comunidade puramente interior" se congrega em torno ao redor da tarefa do saber. E essa comunidade filosofante, difundida para além de si mesma pela cultura e pela educação, e aos poucos transforma o sentido da civilização.

Assim Husserl vê a história do Ocidente impulsionada pela função filosófica, entendida como reflexão livre, universal, abrangendo todos os ideais, teóricos e práticos, e o ideal da totalidade dos ideais; numa palavra, o todo infinito de todas as normas. Ela é a função arcôntica:

> Sem dúvida, a filosofia universal e todas as ciências particulares representam um aspecto parcial da cultura europeia, mas toda a minha interpretação implica que essa parte exerça por assim dizer o papel de cérebro. É do seu funcionamento normal que depende a verdadeira saúde espiritual da Europa.

Se tal é a humanidade europeia – significante pela ideia de filosofia –, a crise da Europa não pode ser senão uma estreiteza metodológica, que afeta o conhecer, não em suas realizações parciais, mas em sua intenção central. Não existe crise da física, das matemáticas, etc., mas uma crise do próprio projeto de saber, da ideia diretora que faz a "cientificidade" (*Wissenschaftlichkeit*)[20] da ciência. Essa crise é o *objetivismo*, a redução da tarefa infinita do saber ao saber matemático-físico, que constitui a sua realização mais brilhante.

Voltaremos daqui há pouco a focalizar a significação dessa crise quando seguirmos o caminho inverso da reflexão, o retorno da história da filosofia à filosofia, e quando a fenomenologia for considerada como a *catharsis* do homem adoentado.

Temos agora condições, graças a este sumário da interpretação husserliana da história do Ocidente, de encarar os problemas metodológicos que estão aqui implicados.

As relações entre a reflexão filosófica e a interpretação da história constituem evidentemente o ponto crítico: como reconhecer esta teleologia histórica? Mediante inspecção direta da história? Mas o historiador profissional vai aceitar ler a história do Ocidente em sua totalidade como o advento da filosofia? Se é o filósofo que sopra no ouvido do historiador a palavra-chave, para que serve esse desvio da história, e por que não enveredar pelo caminho breve da reflexão?

A conferência de Viena contém apenas algumas alusões a essa dificuldade, que dita manifestamente o ritmo da filosofia

---

20. *Krisis* I, § 2, etc.

2. Husserl e o sentido da história

da *Krisis*. Em compensação, alguns parágrafos de *Krisis* abordam diretamente este ponto capital de método[21].

De um lado, está claro que se trata de um pressentimento filosófico, que permite compreender a história como o advento de um sentido, como um desenvolvimento (*Entwicklung*) em direção a um polo eterno, portanto, de passar da tipologia social à *Ideia* do homem – com maior razão ainda escapar à armadilha de uma zoologia dos povos.

> Este pressentimento nos serve de guia intencional para discernir, na história da Europa, um encadeamento da mais alta significação: seguindo-o passo a passo, elevamos o pressentimento à dignidade da certeza controlada. O pressentimento é, em todas as ordens de descobertas, o detector afetivo.

Com mais força ainda, o § 15 da *Krisis*, intitulado "Reflexões sobre o método de nossas considerações históricas", sublinha a oposição desse método ao da história no sentido dos historiadores. Ou seja, a pesquisa de uma teleologia é inseparável do projeto de "criar sobre si mesmo a claridade". A história é um momento da compreensão de nós mesmos enquanto cooperamos com esta história:

> Tentamos destacar a *unidade* reinante através de todas as posições históricas de metas, através da oposição e da solidariedade de suas transformações; graças a uma crítica constante que sempre retém apenas o encadeamento de conjunto da história, como a coerência de uma pessoa, tentamos finalmente perceber a tarefa histórica que somos os únicos a reconhecer como sendo a nossa pessoalmente. O olhar não parte do exterior, do fato: como se o devir temporal, no qual nos tornamos nós mesmos, não fosse senão uma simples sucessão causal exterior; o olhar procede do interior. Nós que não temos somente uma herança espiritual, mas somos também, integralmente, apenas seres em devir segundo o espírito histórico (*historisch-geis-*

---

21. Em particular § 7, 9 (fim), 15 e alguns inéditos zur *Geschichtsphilosophie*.

tig Gewordene), é somente por este motivo que temos uma tarefa verdadeiramente nossa[22].

Como a história é a *nossa* história, o sentido da história é o nosso sentido:

> Este gênero de elucidação da história, pelo qual retornamos para interrogar a fundação original (*die Urstiftung*) das metas que ligam a cadeia das gerações por vir..., essa elucidação, insisto, não é senão a autêntica tomada de consciência, pela filosofia, do *termo verdadeiro do seu querer*, daquilo que nele é querer, *proveniente* do querer, e *enquanto querer*, de seus ancestrais espirituais[23].

Mas, dir-se-á, esses textos mostram perfeitamente que a história do espírito não tem autonomia alguma e se liga à compreensão de si mesmo. Não mostram que a compreensão de si mesmo deva passar pela história do espírito.

Eis aqui o fato novo no pensamento de Husserl: só se podem ler os traços fundamentais da Ideia de filosofia *sobre* a história; a história não é nem um desvio fictício nem um desvio inútil: é porque a razão como tarefa infinita implica uma história, uma realização progressiva, que em compensação a história se torna o revelador privilegiado de um sentido *supra*-histórico. Descobrindo uma origem (*Ursprung*), uma protofundação (*Urstiftung*), que seja também um projeto no horizonte do futuro, uma fundação final (*Endstiftung*), posso então saber quem sou eu. Este caráter histórico da compreensão de si é manifesto quando esta é ligada à luta contra o preconceito. Ora, tem sempre o preconceito uma significação histórica; ele é ancestral antes de ser pueril; é da ordem do "sedimentário"[24]. Tudo aquilo que é uma "evidência" (*Selbstverständlichkeit*) constitui "o solo (*Boden*) de todo trabalho privado e a-histórico"[25]. Em compensação, não posso liber-

---

22. Ibid.
23. Ibid.
24. *Krisis* II, § 15.
25. *Ibid.*

2. Husserl e o sentido da história

tar-me de uma história já passada, sedimentada, a não ser me ligando de novo ao sentido "enterrado" (*verborgene*) sob as "sedimentações", fazendo de novo presente, presentificando-o (*vergegenwärtigen*). Assim, é com um só gesto que eu apreendo a unidade teleológica da história e a profundidade da interioridade. Não tenho acesso a mim a não ser compreendendo de novo a visada do ancestral, e não posso compreendê-la a não ser instituindo-a como sentido atual de minha vida. A este processo, ao mesmo tempo reflexivo e histórico, Husserl dá o nome de *Selbstbesinnung* (que traduzimos por tomada de consciência e que ele comenta mediante as expressões: *historische Ruckbesinnung*[26] ou *historische und kritische Ruckbesinnung*[27].

Numa palavra, somente a história restitui à tarefa subjetiva de filosofar a envergadura da infinitude e da totalidade, pois cada filósofo propõe uma interpretação de si mesmo, uma chave de sua filosofia:

> mas quando nos houvermos inquirido, por uma pesquisa histórica, tão precisa quanto quisermos, sobre essas "interpretações privadas" (ainda que o tenhamos feito para toda uma série de filósofos), mesmo assim não ficaremos mais instruídos sobre a última *visada voluntária* que, no coração de todos esses filósofos, residia na unidade oculta da sua interioridade intencional, a qual, e só ela, constitui a unidade da história. É só na posição de um fundamento final (*in der Endstiftung*) que se revela essa intenção: só partindo dela se pode descobrir a direção única de todas as filosofias e de todos os filósofos; partindo dela é que se pode alcançar aquela luz na qual se compreendem os pensadores do passado como nem eles jamais teriam podido se compreender a si mesmos[28].

De nada serve, então, citar textos isolados e fazer deles uma exegese fragmentada: o sentido de um filósofo só se per-

---

26. Ibid.
27. *Krisis* II, § 7.
28. *Krisis* II, § 15.

cebe mediante uma "visão crítica do conjunto"[29] que revela sua intenção total pessoal em relação com a intenção total da Ideia da filosofia.

É, portanto, uma transformação profunda do próprio sentido da filosofia que as considerações históricas suscitaram em Husserl na última década de sua vida. O aparecimento de expressões novas como as de *Selbstbesinnung*, de *Menschentum* já é um indício notável dessa evolução da própria filosofia reflexiva.

Para concentrar em uma única expressão todas as aquisições novas do pensamento husserliano pela repercussão provocada por uma reflexão histórica, pode-se dizer que a fenomenologia se desenvolveu em uma filosofia da *razão dinâmica*, resgatando a oposição kantiana da razão e do entendimento (Essa aproximação com Kant poderia ser estendida até mais longe, e até o próprio terreno da filosofia da história). Já Kant sublinhava a desproporção entre o entendimento como legislação *efetuável* dos fenômenos e a razão como exigência *inefetuável* de totalização, de somação do condicionado no incondicionado. Essa exigência, presente em cada uma das Ideias transcendentais, provocava, como se sabe, as *ilusões* metafísicas da psicologia racional, da cosmologia racional e da teologia racional; mas sobrevivia ao desvelar da ilusão sob forma de princípios reguladores. Ora, Kant tivera consciência, ao retomar a expressão platônica de Ideia, de permanecer fiel ao próprio gênio do filósofo grego, para quem a ideia era indivisivelmente princípio de inteligibilidade (como Ideia matemática e cosmológica) e princípio de exigibilidade e de ação (como Ideia ética: justiça, virtude, etc.). A razão é sempre exigência de ordem total e, por este motivo, ela se constitui em ética do pensamento especulativo e em inteligibilidade da ética.

É essa veia platônica e kantiana que Husserl recupera e prolonga, ao reunir sob o termo razão os quatro ou cinco tra-

---

29. Ibid.

2. Husserl e o sentido da história

ços que apresentamos em uma ordem dispersiva no decorrer da análise anterior:

1) A razão é mais que uma crítica do conhecimento, pois é a tarefa de unificar todas as atividades significantes: especulativas, éticas, estéticas, etc. Ela abrange todo o campo da cultura cujo projeto indiviso constitui. Em *Ideen* I a razão tinha um sentido muito mais especulativo e se relacionava com o problema da realidade: ela declara a universal validade do ver, da intuição originária, para fundar a evidência[30]. Neste sentido, a razão já exigia um acabamento, uma completude, a de toda visada em uma visão.

Em *Krisis* a razão assume, pelo seu caráter total, um acento "existencial": abrange "as questões do sentido ou do absurdo do todo da existência humana"[31]. Ela diz respeito à possibilidade para o homem,

> enquanto este se decide livremente em seu comportamento diante do seu ambiente humano e extra-humano, enquanto é livre em suas possibilidades, para dar uma figura racional a si mesmo e ao seu universo circundante[32].

O § 3 frisa o caráter "absoluto", "eterno", "*supra*temporal", "incondicional" dessas ideias e ideais que dão sua incisividade aos problemas da razão, mas esses caracteres fazem precisamente a dignidade de uma existência humana, para lá de toda definição puramente especulativa. A razão constitui a própria essência do *Menschentum*, enquanto liga o sentido do homem ao sentido do mundo[33].

---

30. Cf. sobre este ponto toda a IV seção de *Ideen* I, intitulada *Razão e realidade*.
31. *Krisis* II, § 2.
32. Ibid.
33. Ibid., § 5.

2) A razão é compreendida dinamicamente como um "devir racional"; ela é "a vinda da razão a si mesma". Um importante inédito desse período traz como epígrafe esta frase (que lhe dá o título):

> A filosofia, considerada como a tomada de consciência da humanidade, o movimento da razão para se realizar através dos graus de desenvolvimento, requer, como sua função própria, que se desenvolva por graus essa mesma tomada de consciência...

O mesmo texto se refere "à *ratio* em seu movimento incessante para se esclarecer a si mesma". *É assim que se faz possível uma história, mas possível apenas como realização da razão.* Ela não é uma evolução, o que equivaleria a uma derivação do sentido a partir do não sentido, nem uma pura aventura, o que resultaria em uma sucessão absurda de não sentidos. Ela é, sim, uma permanência em movimento, a autorrealização temporal de uma eterna e infinita identidade de sentido.

3) A razão tem um acento *ético*, que se exprime no termo frequente de *responsabilidade*. Ou seja, "A razão – como diz o mesmo texto evocado acima – visa a tomada de consciência ultimamente responsável do homem autônomo". E ainda "a razão é o querer-ser-racional".

4) Uma tarefa de caráter ético envolve um *tempo de caráter dramático*. A consciência de crise nos assegura que a ideia infinita pode ser enterrada, esquecida, e até degradar-se. Toda a história da filosofia, como se verá, é um *combate* entre uma compreensão da tarefa como infinita e a sua redução naturalista ou, como dirá a *Krisis*, entre o transcendentalismo e o objetivismo. A desproporção entre a *Ideia* e as possibilidades efetivas de um conhecimento mundano privado ou comum faz com que o homem possa trair. O drama nasce do fato de que toda realização é a ameaça de uma perda da tarefa como tal. E mesmo todo sucesso é ambíguo: será Galileu a grande testemunha desta vitória-derrota. Galileu é aquele que *ocultou* a Ideia ao *descobrir* a Natureza como a matemática

2. Husserl e o sentido da história

encarnada[34]. Essa ambiguidade e esse perigo, inscritos na própria teleologia da história, permitem que se lembre o poder da ilusão que, segundo Kant, se deve à própria vocação da razão. Só que, além de que em Husserl a ilusão vem a ser o positivismo, e não a metafísica, ele soube orientar no sentido de um drama histórico o conflito, no próprio seio da tarefa humana, entre a visada irrealizável e a obra efetuada. Deste modo Husserl se aproximaria preferencialmente das meditações que inauguram a *Filosofia* de Jaspers, sobre a desproporção entre a nossa busca do ser absoluto e a estreiteza da nossa existência. Aqui de novo a armadilha da nossa estreiteza é o saber objetivo.

5) Infinitude da tarefa, movimento de realização da razão, responsabilidade do querer, perigo da história: todas essas categorias da razão culminam na nova noção de *o homem*. Não mais "eu, o homem"[35] que a redução fenomenológica atingia como uma realidade mundana, constituída através de percepção, de simpatia, de relato histórico, de indução sociológica, mas o homem como correlato de suas ideias infinitas: "o homem das tarefas infinitas", diz a conferência de Viena. O inédito citado acima contém esta observação:

> A filosofia como função de humanização do homem... como existência humana sob a sua forma final, que é ao mesmo tempo a forma inicial de onde partiu a humanidade...

E ainda: "A razão é o elemento específico do homem...". Mais adiante:

> Esta razão é o que faz sua humanidade... a razão designa aquilo para o que tende o homem enquanto homem em seu ser mais íntimo, aquilo que, somente, pode contentá-lo, fazê-lo "feliz".

Todo o § 6 de *Krisis* I é dedicado a essa identificação do homem europeu e do combate pela razão. Aquilo que distin-

---

34. *Krisis* II, § 9.
35. *Ideen* I, § 33, 49, 53.

gue o "*Telos* inato ao homem europeu" do "simples tipo antropológico empírico" da China ou da Índia é essa tarefa racional. É pela razão que a humanidade enumerativa (ou em extensão) (*Menschenheit*) se subordina à humanidade significante (ou em compreensão) (*Menschentum*):

> A qualidade de homem (*Menschentum*) é essencialmente ser homem (*Menschsein*) em grupos humanos (*Menscheiten*), ligados pela descendência e pelas relações sociais. E se o homem é um ser racional – *animal rationale* –, ele só o é na medida em que toda a sua humanidade é humanidade segundo a razão (*Vernunftmenschheit*), onde ela é orientada, ou de maneira latente para a razão, ou manifestamente para a enteléquia que, uma vez tendo vindo a si mesmo e se tornado manifesta para si mesma, de ora em diante *dirige conscientemente* o devir humano. Seriam então filosofia e ciência o movimento histórico donde se revela a razão universal, "inata" à humanidade (*Menschentum*) como tal[36].

Assim a noção de homem qualifica existencial e historicamente a de razão, enquanto a razão torna o homem significante. O homem é à imagem de suas ideias, e as ideias são como o paradigma da existência. Por isso, uma crise que afeta a ciência em seu modo de ver, em sua Ideia, ou como diz Husserl em sua "cientificidade" (*Wissenschaftlichkeit*) é uma crise de existência: "A ciência do fato gera o homem do fato"[37].

> Eis por que a crise da filosofia significa a crise das ciências modernas, que são os ramos do tronco filosófico universal. Crise a princípio latente, mas cada vez mais aparente, que afeta o homem europeu na sua capacidade global de dar um sentido à sua vida cultural (*in der gesamten Sinnhaftigkeit seines kulturellen Lebens*), em sua "Existência" (*Existenz*) global[38].

---

36. *Krisis* I, § 6.
37. *Krisis*, § 2.
38. *Krisis*, § 5. No mesmo sentido, o § 7 vai falar "contradição existencial" da cultura contemporânea que perdeu a Ideia e que, no entanto, só pode viver dela e lhe opõe o "Si existencial" da nossa fidelidade ou da nossa traição.

2. Husserl e o sentido da história

Assim anuncia Husserl a possibilidade, mediante uma filosofia da razão na história, de ligar uma filosofia crítica a um desígnio existencial. Para ele, "toda tomada de consciência que procede de razões 'existenciais' é *crítica* por natureza"[39].

Observemos, para encerrar este giro panorâmico sobre as novas categorias da razão, o desvio de sentido sofrido pela noção de *apoditicidade*. Esta noção, especulativa por excelência, é agora imantada pela nova ideia do homem. *Ideen* I definia como *apodítica* a necessidade de um juízo que particulariza uma proposição geral de ordem eidética[40], e a opunha à simples "visão assertórica de um indivíduo"[41]. No grupo da *Krisis* apoditicidade é sinônimo do acabamento que a razão exige. Seria a verdade do homem como razão acabada. Por essa razão, ela é o polo infinito da história e da vocação do homem. O inédito intitulado *Filosofia como tomada de consciência da humanidade* (e que não era destinado à publicação) evoca:

> o homem alcançando a última compreensão de si: ele se descobre responsável pelo seu próprio ser, compreende-se como *um ser que consiste em ser chamado* (*Sein im Berufensein*) a uma vida sob o signo da apoditicidade. Essa compreensão não suscitaria uma ciência apodítica de ordem abstrata e no sentido ordinário da palavra. Seria uma compreensão capaz de realizar a totalidade do seu ser concreto sob o signo da liberdade apodítica, levando esse ser ao nível de uma razão apodítica, de uma razão que faria sua através de toda a sua vida ativa: esta razão é que faz a sua humanidade, como se disse, compreendendo-se racionalmente[42].

Assim a apoditicidade exprime ainda uma coerção, mas a coerção de uma tarefa total.

---

39. Ibid., § 9 fim, p. 135.
40. *Ideen* I, § 6.
41. Ibid., § 137.
42. No mesmo sentido, *Krisis* (passim e particularmente § 5 e 7). – A filosofia da história toma emprestado seu conceito de apoditicidade da lógica formal assim como o de enteléquia da ontologia aristotélica e o de Ideia do kantismo.

Portanto, não é inexato dizer que as considerações históricas de Husserl não passam de uma projeção, no plano do devir coletivo, de uma filosofia reflexiva já acabada no plano da interioridade: é compreendendo o movimento da história, como história do espírito, que a consciência alcança o seu próprio sentido. Assim como a reflexão dá o "guia intencional" para ler a história, poder-se-ia dizer que a história dá o "guia temporal" para reconhecer na consciência a razão infinita que combate para humanizar o homem.

Da crise da humanidade europeia à fenomenologia transcendental

Podemos agora compreender as visões de Husserl sobre a crise da filosofia e das ciências contemporâneas: elas constituem o essencial de *Krisis* II. A análise dos vários inéditos supracitados permite que se estabeleça essa interpretação limitada ao período contemporâneo.

O Renascimento é a nova arrancada do homem europeu, enquanto a conversão grega é deixada na sombra e até minimizada com relação ao segundo nascimento do homem moderno[43].

Eis os três traços principais dessa interpretação de conjunto do espírito moderno:

1) "O objetivismo", responsável pela crise do homem moderno: em Galileu se resume toda a empreitada moderna do conhecimento;

2) O movimento filosófico, que representa a ideia da filosofia diante do objetivismo, é o *transcendentalismo* no sentido lato, que remonta à dúvida e ao *cogito* cartesianos;

3) No entanto, como Descartes não ousou ir até o extremo de sua imensa descoberta, cabe à *fenomenologia*

---

43. É até curioso que, contrariamente ao texto retrabalhado da conferência de Viena, *Krisis* I retira ao pensamento grego, e singularmente à geometria euclidiana, a glória de ter concebido uma tarefa infinita de conhecimento: § 8.

2. Husserl e o sentido da história

transcendental radicalizar a descoberta cartesiana e reatar vitoriosamente a luta contra o objetivismo. Assim a fenomenologia transcendental sente-se responsável pelo homem moderno e capaz de curá-lo.

Esta interpretação da filosofia moderna como um *único* combate entre transcendentalismo e objetivismo não deixa lugar a problemáticas estritamente singulares. Os filósofos são colocados em perspectiva, situados nesta única história, confrontados com um único dilema: ou o objeto ou o *cogito*. Só a unidade da problemática filosófica permite salvaguardar o princípio de uma *teleologia* da história e, no fim das contas, a possibilidade de uma filosofia da história. Abordemos de novo esses três pontos:

1) A originalidade das vistas de Husserl sobre o "objetivismo" reside na distinção fundamental entre a ideia da ciência e os métodos próprios das ciências. Husserl não imagina de maneira alguma levar o debate ao terreno da metodologia científica ou da "teoria física". A "crise" dos princípios que suscita o interesse de cientistas como Einstein ou de Broglie, a metodologistas como Duhem, Meyerson ou Bachelard, não está em causa aqui. Toda ela se passa no interior da objetividade; ela diz respeito só aos cientistas e não pode ser resolvida a não ser pelo próprio progresso das ciências. A crise em pauta está relacionada com a "significação das ciências para a vida" (o § 2 traz este título: "A crise da ciência como parte de sua significação para a vida"). Acha-se no nível da Ideia, do projeto do homem. Crise de razão que significa crise de existência.

As duas conquistas autênticas do espírito moderno – que, ao realizarem parcialmente o anseio de uma compreensão do todo, alteraram ao mesmo tempo a Ideia da filosofia – são a generalização da geometria euclidiana em uma *mathesis universalis* de tipo formal e o tratamento matemático da natureza. A primeira inovação permanece ainda na linha da ciência antiga, mas a ultrapassa, como o infinito ultrapassa o finito, por um lado elaborando uma axiomática que circunscreve o campo fechado da dedução e, pelo outro, levando ao extremo a abstração de seu objeto, graças à álgebra, graças em seguida à análise geométrica, enfim a uma análise universal puramente formal, ela se expande em uma "teoria da multiplicidade"[44] (*Mannigfaltigkeitslehre*) ou "logística", segundo o antigo projeto de cálculo universal de Leibniz, cujo objeto seria o puro "algo em geral"[45]. Está conquistado assim o reino da *exatidão* absoluta e em primeiro lugar o das "figuras-limites" da geometria pura, em face da qual toda figura percebida ou imaginada não passa de aproximativa: esse reino é um conjunto fechado, racionalmente ligado, e que pode ser dominado pela ciência universal.

A segunda inovação está ligada ao nome de *Galileu*, ao qual se consagram as análises mais densas e as mais longas de *Krisis* II (o § 9 sobre Galileu não ocupa menos de 37 páginas). Ele é o homem que projetou uma ciência da natureza onde esta seria tratada, também ela, como uma "multiplicidade matemática" com a mesma consideração que as figuras ideais. Ora, a motivação desse plano genial deve ser inteiramente reconstituída pois repousa ao mesmo tempo sobre um "terreno sedimentado" de pretensas evidências que devemos fazer aflorar à consciência. Elas estão na fonte desse objetivismo que gerou nossos males.

Em primeiro lugar Galileu é o herdeiro de um pensamento geométrico já consagrado pela tradição: retirando-se dela, a consciência viva não mais percebe "a origem", a saber as operações (*Leistungen*) idealizantes que arrancam as figuras-limites ao fundamento percebido, ao "meio vital" (*Lebensumwelt* ou *Lebenswelt*) que constitui como que a matriz de todas as obras da consciência[46]. "Galileu vive na ingenuidade da evidência apodítica."

---

44. Quanto ao conceito de "multiplicidade", cf. *Logische Untersuchungen* I, § 69-72; *Ideen* I, § 72 e, sobretudo, *Formale und transzendentale Logik*, § 28-36. Cf., além disso, CAVAILLÈS, J. *Sur la logique et la théorie de la science*. 2. ed. Paris: PUF., 1947, p. 44s. [2. ed. Paris: Vrin, 1997, p. 57s.

45. *Krisis* II, § 8 e 9, p. 118-120.

46. Voltaremos a abordar estas duas noções cardinais de *Bewusstseinsleistung* e de *Lebenswelt*.

2. Husserl e o sentido da história 45

A segunda evidência morta de Galileu é que as qualidades percebidas são puras ilusões "subjetivas" e que a "verdadeira realidade" é de ordem matemática. A partir daí, a exigência de tratar matematicamente a natureza fica "evidente". Essa invenção, de consequências formidáveis, é "ingênua" e "dogmática" em seus pressupostos. O genial é o fato de ter pensado em contornar o obstáculo oposto pela qualidade à medida e ao cálculo tratando toda qualidade "subjetiva" como o indício, o anúncio (*Bekundung*) de uma quantidade objetiva. Mas a hipótese de trabalho, na ausência de autocrítica, não é reconhecida como audácia do espírito operante. Essa "matematização indireta da natureza" não poderia então verificar-se a não ser pelo sucesso de sua extensão, sem que jamais se possa romper o círculo da antecipação hipotética e da verificação sem fim. Todo o enigma da indução se acha inscrito nesse círculo. Só poderia escapar a esse círculo uma reflexão mais radical que reconduzisse toda a física à presença prévia, ao "pré-dado" do meio vital. Por ela, como se verá, vai a fenomenologia exercer a sua função crítica diante do objetivismo.

44

Importa ainda acrescentar às pseudoevidências que a reflexão contemporânea descobre na motivação de Galileu o agravamento do processo de "sedimentação" depois de Galileu. A álgebra fez toda a matemática e a física passarem a um estádio "técnico", onde a manipulação dos símbolos, semelhante ao jogo de cartas ou de xadrez, expulsa a compreensão das próprias operações do pensamento. Assim a ciência se aliena (*veräusserlicht*) e a consciência perde a chave de suas "operações".

Por todas essas razões, que não poderiam ser elucidadas na mesma época de Galileu, o fundador da física matemática é o gênio ambíguo que, ao *descobrir* o mundo como matemática aplicada, o *ocultou* como obra da consciência[47].

Apreendemos aqui, ao vivo, o estilo próprio da exegese histórica de Husserl: é claro que essa inspecção dos motivos de Galileu não pode ser senão uma retrospecção, em que a

---

47. *Kriris* II, § 9, p. 128.

crise atual esclarece a *Ursprungsmotivation*, ao mesmo tempo que esta permite compreender a desordem presente. Não se trata tanto de compreender psicologicamente Galileu, mas de compreender historicamente o movimento da ideia que o perpassa. Também só importa o sentido de conjunto que procede da sua obra e que acaba de se decidir na história procedente dessa obra. Poder-se-ia dar a essa *Motivationsanalyse* o nome de psicanálise racional, assim como J.-P. Sartre fala de uma psicanálise existencial, sendo a história o revelador específico do projeto.

2) O dogmatismo naturalista tinha de ser criticado, como já poderia sugeri-lo um duplo mal-estar: por que subsistem duas lógicas, uma *mathesis universalis* e uma lógica experimental ou, se quisermos insistir, duas matemáticas e duas legalidades: por um lado uma matemática ideal e uma legalidade *a priori*; e, pelo outro, uma matemática aplicada indiretamente à natureza e uma legalidade *a posteriori*?

No entanto, o mal-estar mais insuportável aparecia do lado da psicologia. Se a natureza fosse universalmente matematizável, seria necessário ao mesmo tempo separar o psíquico do físico – dado que o físico não era dominado a não ser fazendo abstração das consciências – e construir o psíquico segundo o modelo do físico – dado que o método das ciências da natureza era por princípio universalizável. Mas as dificuldades suscitadas pelo dualismo e pelo naturalismo psicológico atestavam surdamente que se perdera alguma coisa: a subjetividade.

Deve-se atribuir a Descartes a primeira reflexão radical acerca da prioridade da consciência sobre todos os seus objetos. Por isso é ele o fundador do *motivo transcendental*, o único capaz de arruinar a ingenuidade dogmática do naturalismo.

O alcance das duas primeiras *Meditações* é mais abrangente do que se poderia jamais suspeitar, mais do que o próprio Descartes pressentia.

2. Husserl e o sentido da história

Sua dúvida inicia toda crítica imaginável da suficiência própria das evidências matemáticas, físicas, sensoriais. Ele o primeiro a empreender a tarefa de:

> atravessar o inferno de uma *epochè* quase cética que ninguém conseguiria superar, a fim de alcançar a porta de entrada do céu de uma filosofia absolutamente racional e fazer desta mesma um edifício sistemático[48].

Indo até o extremo da universal "suspensão" de ser, ele fez surgir "o solo apodítico": *ego cogito cogitata*. Esta fórmula desenvolvida significa que o mundo, perdido como declaração de um em-si, só pode ser reafirmado como "aquilo que eu penso". O *cogitatum* do *cogito* é o único ser indubitável do mundo. Ampliando até os *cogitata*, que chama de ideias, a esfera do *cogito* invencível à dúvida, implicitamente assentava Descartes o grande princípio da intencionalidade[49]. Deste modo, começava a ligar toda evidência objetiva à evidência primordial do *cogito*.

Mas Descartes foi o primeiro que se traiu a si mesmo. Descartes continuou prisioneiro das evidências de Galileu. Para ele, também, a verdade da física é matemática, e toda a empreitada da dúvida e do *cogito* serve apenas para reforçar o objetivismo. Sendo assim, o eu do eu penso é compreendido como a realidade psicológica que resta quando se recorta a natureza matemática, como a *res cogitans*, a alma real. Em contrapartida, importa precisamente provar que essa alma tem um "fora", que Deus é a causa da ideia de Deus, que a "coisa" material é a causa da ideia do mundo. Descartes não percebeu que o *ego* "desmundanizado" pela *epochè* não é mais alma, que a alma "aparece" como o corpo: "Ele não descobriu que todas as distinções do tipo eu e tu, dentro e fora só se 'constituem' no *ego* absoluto"[50].

Esse equívoco, junto com o intento de confirmar a ciência objetiva, explica o estranho destino do cartesianismo, que ge-

---

48. *Krisis* II, § 17.
49. Ibid., § 20.
50. Ibid., § 19.

rou ao mesmo tempo o racionalismo de Malebranche e de Spinoza, de Leibniz e de Wolff, totalmente voltado para o conhecimento absoluto do ser em si, e o empirismo cético que tira todas as consequências da interpretação psicologista do *cogito*. A primeira corrente eliminou o motivo da dúvida e a "redução ao *ego*", a segunda se equivoca grosseiramente quanto à natureza da subjetividade fundadora, e arruína toda verdade.

3) Talvez pareça estranho que Husserl se demore mais em Galileu e em Descartes do que em Kant. Kant não é o filósofo transcendental por excelência, conforme o seu próprio vocabulário? Por que tantas reticências no elogio de Kant, em Viena e em Praga? A *Krisis* apresenta as razões dessa admiração mitigada: a interpretação de Kant está ligada à de Hume. Ora, o sentido oculto de Hume é mais profundo que o de Kant, porque Hume, bem compreendido, está no fim das contas mais próximo da dúvida cartesiana do que Kant. Fica bem entendido que Hume, considerado tal como ele se dá, significa a "bancarrota da filosofia e das ciências"[51]. Mas o verdadeiro motivo filosófico do abalo do objetivismo, *oculto* no absurdo do ceticismo de Hume", é permitir afinal a radicalização da *epochè* cartesiana. Enquanto Descartes desvia a *epochè* a favor de uma justificação do objetivismo, o ceticismo de Hume desvela todo conhecimento – pré-científico e científico – do mundo como um gigantesco *enigma*. Era necessário que houvesse uma teoria do conhecimento absurda, para descobrir que o próprio conhecimento é um enigma. Enfim o *Welträtsel* [enigma do mundo] acede ao "tematismo" filosófico. Pode-se enfim ir até o extremo e assegurar

> que a vida da consciência é uma vida operante (*leistendes Leben*), que ela opera um sentido de ser (*Seinssinn*) legítimo ou vicioso; ela já é tal, como consciência intuitiva de nível sensível, com mais forte razão como consciência científica[52].

---

51. Ibid., § 23.
52. Ibid., § 24.

2. Husserl e o sentido da história

Em suma, o objetivismo em geral – o do racionalismo matemático, o da experiência sensível – fica abalado em suas bases milenares.

Esta reabilitação última de Hume em nome do seu "motivo oculto" constitui a chave de todas as reservas de Husserl acerca de Kant. A filosofia de Kant não é a resposta à questão "oculta" no fundo do ceticismo de Hume, mas somente ao seu sentido manifesto. Por isso, em um sentido profundo, ele não é o verdadeiro sucessor de Hume, pois continua prisioneiro da problemática do racionalismo pós-cartesiano, de Descartes a Wolff, que a enorme descoberta das duas primeiras *Meditações* já não habitava. Por este motivo, Kant não remete ao *ego*, mas a formas e conceitos que são ainda um momento objetivo da subjetividade. Sem dúvida, ele bem merece o título de filósofo transcendental, pelo fato de reduzir a possibilidade de toda objetividade a essas formas. Assim, pela primeira vez, e de maneira nova, "o retorno cartesiano à subjetividade de consciência se manifesta em forma de um subjetivismo transcendental"[53]. Mas a consolidação da objetividade por essa fundação subjetiva o preocupa mais ainda que a própria *operação* da subjetividade que dá sentido e ser ao mundo. A reconstrução de uma filosofia do em-si para além da filosofia do fenômeno é um indício grave disso[54].

O que importa, então, é voltar à problemática cartesiana, radicalizada pelo "verdadeiro Hume", voltar "ao verdadeiro problema que animava o próprio Hume"[55]. É esse problema, mais do que a teoria kantiana, que merece o nome de transcendental[56].

Não vamos nos demorar, aqui, nos traços próprios dessa filosofia transcendental: a exegese desse "subjetivismo transcendental radical". A interpretação particular das duas no-

---

53. *Krisis* II, § 25.
54. *Krisis* III se conecta com *Krisis* II ao retomar a crítica de Kant.
55. Ibid.
56. Ibid., § 26.

ções solidárias, a de "operação de consciência" e a de "meio vital", que dão os eixos principais desta última filosofia de Husserl, constituiriam por si sós um vasto problema crítico. Igualmente *Krisis* II não a aborda diretamente, mas através da filosofia da história, como uma questão elaborada como uma problemática que se procura e se radicaliza através das pseudoevidências de Galileu, do *cogito* cartesiano, do problema de Hume, do criticismo kantiano[57].

Visto que o "telos" do homem europeu coincide com o advento deste transcendentalismo, vamos nos limitar a resumir em algumas fórmulas breves esse "motivo transcendental".

1) O transcendentalismo é uma filosofia em forma de *questão*. Trata-se de uma *Rückfrage* que leva de volta ao Si como última fonte de toda posição de ser e de valor:

> Esta fonte traz o título: *Eu mesmo*, incluindo aí toda a minha vida real e possível de conhecimento, numa palavra, minha vida concreta em geral. Toda a problemática transcendental gira em torno da relação desse eu, do meu eu – do *"ego"* – com aquilo que é a princípio posto em seu lugar como evidente, a saber, minha *alma*; em seguida, de novo ela se refere à relação desse Eu e da minha vida de consciência com o *mundo* do qual tenho consciência e cujo ser verdadeiro reconheço em meus próprios produtos de conhecimento[58].

Por sua forma de *questão*, essa filosofia acompanha de perto a própria *Ideia* de filosofia.

2) "A operação" (*Leistung*) da consciência é uma doação de sentido e de ser. É necessário ir até o radical abalo da objetividade, para alcançar o extremo desta convicção. O *Welträtsel* nos revela a *Leistung* da consciência.

---

57. O tema de *Krisis* III (inédito) é precisamente o *Lebenswelt*.
58. *Krisis* II, § 26.

2. Husserl e o sentido da história

3) O *ego* primitivo ganha o nome de uma *vida* (*Leben*). Sua primeira operação, com efeito, é pré-científica, perceptiva: toda matematização da natureza é um "revestimento" (*Kleidung*), segundo em relação à doação original de um mundo vital (*Lebenswelt*). Essa regressão ao mundo vital fundado no *ego* torna apenas relativa toda obra de grau superior, todo objetivismo em geral.

Krisis II não vai além desses modos de ver. O texto retrabalhado da conferência de Viena nos permite recolocar esse fragmento de história da filosofia nas perspectivas de conjunto que serão retomadas em *Krisis* III. O ponto alto de toda essa história da filosofia é a *catharsis* do espírito moderno que está enfermo. A volta ao *ego* é a chance do homem da modernidade. Descartes, subtraindo à dúvida a moral e a religião, não havia concebido esse projeto histórico.

A crise da humanidade não revela nenhum absurdo irredutível, nenhuma fatalidade impenetrável; a teleologia da história europeia lhe mostra a própria motivação.

Como se resolverá essa crise? Sempre são possíveis estas duas saídas: ou "alienação crescente" no "ódio do espírito e na barbárie", ou o renascimento da Europa por uma nova compreensão e uma nova afirmação do *sentido* da história a continuar. Brilha, aqui, a responsabilidade do filósofo, quando reconhece a baixa dominante de todos esses desenvolvimentos: "Somos..., pela nossa atividade filosófica, os funcionários da humanidade"[59].

Observações críticas

Essas reflexões de Husserl sobre o sentido da história e sobre a função da história da filosofia têm ao menos o mérito de provocarem uma interrogação que vai questionar até a possibilidade de uma filosofia da história.

---

59. *Krisis*, § 7.

Três grupos de questões nos solicitam:

1) As primeiras dizem respeito ao papel das ideias na história e, de modo singular, ao papel condutor da filosofia na história do Ocidente. O leitor fica logo impressionado pelo contraste entre o pensamento de Husserl e o de Marx. No entanto, convém não enrijecer essa oposição se, pelo menos, não se reduz o marxismo à sua caricatura positivista. Uma concepção dialética, que se mantém atenta à influência das ideias sobre a infraestrutura das sociedades, não pode deixar de refletir sobre as próprias origens do instrumental humano. O instrumento que encarna a técnica procede da ciência, e o próprio projeto da ciência da natureza está ligado precisamente a esse projeto de conjunto, interpretado por Husserl, quando trata da "motivação das ciências matemáticas da natureza em Galilei". Há, portanto, um advento da ideia que, até certo ponto, permite compreender um aspecto importante da história. Leitura que é ainda mais legítima por fazer parte da responsabilidade do filósofo que, por meio dessa compreensão, exerce o seu papel de filósofo.

Em compensação, essa leitura da história como *história das ideias* exige, ao que parece, criticar-se a si mesma duplamente: confrontando-se a cada passo com a história dos historiadores e, por outro lado, corrigindo reflexivamente a sua própria noção de *ideia*.

Parece então que se impõe o diálogo do filósofo da história com o puro historiador, logo que se afirma que a ideia é não somente a tarefa, o "dever", mas a realidade histórica do Ocidente. É necessário então, precisamente, que a leitura proposta seja confrontada com outras possíveis leituras da história, por exemplo, como história do trabalho, do direito, do Estado, da religião, etc. Uma filosofia da história, digna deste nome, não teria então como primeiro encargo o de enumerar as diversas leituras possíveis, examiná-las criticamente e, talvez, articulá-las? Não se pode dizer que a filosofia tem um papel "arcôntico", que ela é o "cérebro" do Ocidente, sem elaborar um sistema de conjunto que justifique o privilégio da exegese filosófica em face de qualquer outra. Em vez de seguir

2. Husserl e o sentido da história

uma única linha melódica – história da filosofia, história do direito, história econômica e social, etc. – tentar-se-ia escrever uma arte do contraponto que combinasse todas as linhas melódicas. Ou, para dar uma outra imagem dessa tentativa dialética, procurar-se-ia corrigir por uma leitura "vertical" cada uma das leituras longitudinais da história. E só então a interpretação husserliana, muito simples e por demais *a priori* para satisfazer o historiador, tenderia a fazer coincidir no infinito uma exegese *a priori* e uma exegese *a posteriori* da história. Mas, no atual estado da história das civilizações, essa coincidência parece pouco acessível.

Esse confronto com a história dos historiadores, ou seja, com uma síntese indutiva e dinâmica, não alcançaria, na verdade, a interpretação de Husserl na sua essência, pois a convicção de que a Ideia da filosofia é a tarefa do homem europeu não é em si mesma uma conclusão indutiva, uma constatação, mas uma exigência, como tal, filosófica. Se a história é racional – ou, caso se prefira, na medida em que a história é racional – deve realizar a mesma significação que aquela que pode ser alcançada pela reflexão sobre si mesma. Esta identidade do sentido da história e do sentido da interioridade é que funda a filosofia da história em Husserl. Ela lhe dá o seu caráter *a priori* com relação à história dos historiadores. Mas então ela não requer uma crítica propriamente filosófica, cujo tema seria mais ou menos este: sob qual condição a mesma Ideia pode ligar a história e a interioridade? Aqui o sentido da história pode se anunciar mais *secreto* que toda Ideia de filosofia, ao menos em sua forma especulativa. Sem dúvida, Husserl compreende essa Ideia como uma totalidade infinita: mas procura sempre interpretá-la como uma ciência e até como o projeto de uma teoria do conhecimento, sacrificando assim os aspectos éticos, a estética e os outros traços culturais da Ideia. A exigência de justiça, de amor e de santidade, será uma tarefa contida ainda na Ideia de ciência, mesmo quando se confere a esta uma extensão maior que todo saber objetivo? Mais ainda, a Ideia capaz de fundar ao mesmo tempo a história e a subjetividade não deverá ser também um Ato – Ato tão poderoso que seja capaz de fazer a história e bastante íntimo para instituir o homem interior? Mas

51

então, será que bastará para tanto uma filosofia do *cogito*, um subjetivismo transcendental?

Caberia, portanto, a uma crítica da filosofia da história a missão de fazer coincidir no infinito o sentido *a priori* da história: 1) com o sentido *a posteriori* que uma indução propriamente histórica poderia inferir: 2) com a mais radical subjetividade do *ego*. Em sua segunda forma, essa crítica levaria a uma dificuldade residual, comum a todas as filosofias que Husserl classifica como "transcendentais". A esta examinaremos em último lugar.

2) Perguntávamos se a história pode ter como sentido e como tarefa realizar a Ideia da filosofia. Essa questão supõe ainda uma outra: uma Ideia, uma tarefa em geral, desenvolvem uma história verdadeira? *Um advento faz um evento*?

Este é o paradoxo da noção de história: por um lado, ela se torna incompreensível se não for uma *única* história, unificada por um sentido, mas, pelo outro, perde a sua própria historicidade se não for uma aventura imprevisível. Por um lado, não haveria mais filosofia da história, pelo outro, não haveria mais história.

Ora, se a unidade da história é concebida vigorosamente por Husserl, em compensação, nele a própria historicidade da história constitui uma dificuldade.

Essa debilidade aparece em várias ocasiões: o esboço de história da filosofia de *Krisis* II sacrifica sistematicamente a problemática singular de cada filósofo a uma única problemática, denominada por ele o "verdadeiro" problema, o problema "oculto" (de Descartes, de Hume, etc.). Essa perspectiva tem seus perigos: omitem-se todos os aspectos de um filósofo que não se coadunem com essa leitura unificadora da história; e a interpretação do filósofo por ele mesmo é considerada como menosprezável. Pode-se, no entanto, perguntar se o caráter singular, incomparável de cada filósofo, não constitui um aspecto da história tão importante quanto a racionalidade da história em que se inscreve. Compreender um filósofo não será, *também*, alcançar a questão com a qual só ele se deparou, que só

2. Husserl e o sentido da história

ele pôs, a questão pensante e pensada que *é* ele mesmo? Não será procurar coincidir com ele, por uma espécie de "luta amorosa", bastante parecida com o esforço que despendemos para nos comunicar com nossos amigos?

Sendo assim, talvez se deva dizer que a história é ao mesmo tempo descontínua e contínua – descontínua como as existências singulares que organizam o seu sistema de pensamento e de vida ao redor de uma tarefa própria – e contínua como a tarefa comum que torna racional a sua tentativa.

Esta suspeita de uma estrutura paradoxal da história pode nos vir de outra maneira, na própria leitura de Husserl: o perigo de uma redução das filosofias à filosofia é ainda subordinar toda a filosofia à interpretação do último filósofo que se conscientiza disso. Esse perigo de orientar todo o movimento da história para a sua própria problemática é comum a todas as filosofias da história que preferem enfatizar a tarefa que "vem a si" – que "ad-vem" –, em vez da singularidade dos existentes que "surgem" diante da reflexão filosófica: a filosofia da história de Hegel ou a do *Progresso da consciência* de Léon Brunschvicg dariam ensejo aos mesmos escrúpulos.

Deve-se admitir que é grande essa dificuldade, pois o paradoxo da história esconde afinal um paradoxo da verdade. Se um autor confere certo valor a suas próprias tentativas, não será por reconhecer nelas uma verdade da qual ele mesmo não é a medida? Não terá razão em esperar que os outros também a reconheçam? Não poderá esperar que a história a realize? Toda pessoa que pensa invoca a autoridade da verdade e procura, justamente por isso, a consagração da história na medida em que esta é racional.

Mas, em contrapartida, como não confessar que a intenção ou a intuição de cada filósofo é, para uma compreensão humilde, rebelde a toda assunção em uma única tarefa? Como não renunciar a *dizer* o sentido da história, se é verdade que esta pretensão supõe que eu sobrevoe a totalidade das existências pensantes e me coloque a mim mesmo como o resultado e a supressão da história? Transposta assim em termos de verdade, a dificuldade da filosofia da história se agrava, pois a *racio-*

nalidade da história implica um dogmatismo nascente para o qual a história é Ideia e a Ideia pensável por mim. A historicidade da história insinua um ceticismo nascente para o qual a história é irremediavelmente múltipla e irracional.

Talvez uma filosofia da história tenha como tarefa segunda assentar corretamente os termos desse paradoxo. Não se está dizendo, assim, para se fazer uma filosofia com paradoxos. Pelo menos deve-se primeiro assumi-los, caso se pense em poder superá-los.

Mas a reflexão de Husserl sobre a história não sacrifica sempre o evento ao advento; ela pode também nos conduzir às proximidades do paradoxo. Esta história, que se compreende como "vinda a si" da razão, é também tal que dê margem à defecção, pois há uma crise da humanidade europeia. Seu caráter racional não exclui o seu andar dramático. Será necessário sublinhar que o próprio nascimento da filosofia na Grécia, a recaída da invenção em tradição, a corrupção da Ideia da filosofia pelo objetivismo, o despertar de Descartes, a questão de Hume, e mesmo o nascimento da fenomenologia husserliana são outros tantos *acontecimentos* no fim das contas imprevisíveis, acontecimentos singulares sem os quais não se daria o advento de um sentido? A própria língua de Husserl traz o sinal dessa tensão: "A *apoditicidade* do fundamento", ou seja, a dificuldade da Ideia, supõe a *responsabilidade* do homem pensante, que pode fazer avançar, estagnar, ou perecer a Ideia. Finalmente, as perspectivas de futuro de Husserl trazem a marca da proximidade do paradoxo. Por um lado, ele realça a coragem por um otimismo fundado sobre a racionalidade da história, pois "as ideias são mais fortes"; pelo outro, apela à responsabilidade de toda pessoa que pensa. Pois a Europa pode se tornar "sempre mais estranha à sua própria significação" *ou* "renascer do espírito da filosofia, graças a um heroísmo da razão".

Otimismo da Ideia e *tragédia da ambiguidade* remetem a uma estrutura da história onde a pluralidade dos seres responsáveis, o evento do pensar são o inverso da unidade da tarefa, do advento do sentido.

2. Husserl e o sentido da história

3) Todas as questões levantadas pela tentativa de Husserl de instituir uma filosofia da história vão culminar em uma derradeira dificuldade. Se a história infere o seu sentido de uma tarefa que vai desenvolver, qual é o *fundamento* dessa tarefa?

Duas tendências contrárias parecem compartilhar a filosofia da *Krisis*. Por um lado, parece que Husserl se aproxima de Hegel. Acontece-lhe falar do Espírito (*Geist*) em um sentido bastante próximo ao do grande filósofo idealista: "somente o espírito é imortal". Por outro lado, todo o sentido da história europeia é carregado pelo "subjetivismo transcendental". Esse motivo filosófico é denominado "a volta ao *ego*", "meu *ego*", "minha vida de consciência", minha "operação de consciência", cuja primeira obra é "meu meio vital".

Husserl não casou a água e o fogo, Hegel e Descartes, o *espírito objetivo* e o *cogito*, ou melhor: o *cogito* radicalizado pelo ceticismo de Hume?

A questão é tanto mais perturbadora por ser precisamente na *Krisis* que a teoria da *Bewusstseinsleistung* e do *Lebenswelt* atinge o seu ponto culminante. Portanto, é essa mesma obra que inaugura uma filosofia do espírito histórico e leva a seu paroxismo uma filosofia do *ego cogito*. Como é possível?

Para dar a essa questão um alcance geral, poder-se-ia perguntar se uma filosofia socrática, cartesiana, transcendental – seja lá qual for o nome que possa receber uma filosofia da "volta ao *ego*" – será capaz de uma filosofia da história. Por um lado, uma filosofia transcendental (no sentido amplo proposto por Husserl) não funda todo ser, inclusive o do outro e o da história, no *ego cogito*? Pelo outro lado, uma filosofia racionalista da história não funda toda tarefa privada em um grande projeto comum, e o próprio *ego* na *Ideia* histórica?

Cabe à última filosofia de Husserl o mérito de ter assumido essa antinomia aparente e tentado superá-la. A este propósito, é muito esclarecedor o cotejo entre a V *Meditação cartesiana* e o ciclo da *Krisis*.

A V *Meditação cartesiana* procura preencher a enorme lacuna do cartesianismo, que não comporta teoria alguma da existência do outro. Ela estabelece que o outro é um ser que se constitui "em" meu *ego*, mas se constitui ali precisamente como um *outro ego*, que me escapa, existe *como* eu, e com o qual posso entrar em uma relação de reciprocidade. Esse texto, um dos mais difíceis de Husserl, é também um dos mais extraordinários em força e lucidez. Pode-se perfeitamente dizer que todo o enigma de uma história que engloba o seu próprio *englobante* – ou seja, eu que compreendo, quero, faço o sentido dessa história – está já compendiado na teoria da *Einfühlung* (ou experiência do outro).

Efetuando uma última *epochè*, essa *Meditação* "suspende" todas as certezas e todas as experiências que temos do nosso comércio com o outro: a crença em um mundo comum de percepção e a crença em um mundo comum de cultura. Fica assim posta a nu a esfera "própria" do *ego*, sua "esfera primordial de pertença". A isto a *Krisis* mais ou menos vai chamar de "meio vital". É "em" essa esfera última de vida e de experiência, "no interior" desse ser próprio, que se elabora a experiência do outro, *justamente enquanto ele é "estranho"*.

Este estilhaçamento para o "estranho", no próprio seio do "próprio", é precisamente o problema que se deve assumir. A inerência do outro enquanto outro à minha vida própria constitui todo o enigma da *Einfühlung*. Por um lado, é bem verdade que todo ser é "fenômeno" para e no *ego*; e, no entanto, aquilo que está "em" minha esfera de pertença não é absolutamente uma modalidade de mim mesmo, um conteúdo de minha consciência privada: o outro se dá em mim com outro diferente de mim.

Deixemos de lado a análise concreta dessa "apercepção por analogia" – que Husserl denomina "apresentação" (pois lá só é "apresentado" o corpo do outro, mas não o seu vivido próprio)[60]. Essa análise constituiria por si só o objeto de um estudo. Vamos aqui reter apenas o movimento de conjunto

---

60. "É nessa acessibilidade indireta, mas verdadeira, daquilo que é inacessível diretamente e em si mesmo que se funda para nós a existência do outro", V *Meditação cartesiana*, § 52. Trad. G. Peiffer e E. Lévinas. Paris: Vrin, 1947 (reimpr. 1992), p. 97.

2. Husserl e o sentido da história 59

dessa *Meditação*, na medida em que ela nos aproxima do círculo aparente formado pelo conjunto do eu e da história.

Toda a teoria da constituição fenomenológica – quer se trate das coisas, dos seres animados, das pessoas, etc. – nos põe diante do paradoxo de uma imanência que é um estilhaçamento para uma transcendência. Esse paradoxo vai culminar na percepção do outro, visto que desta vez o objeto intencional é um sujeito como eu. Em ligação íntima com seu corpo, o outro e o mundo do outro se constituem como uma outra mônada por "apresentação na minha"[61].

Caso se chegasse a compreender corretamente o que é essa constituição, essa inerência que não é uma inclusão real, mas intencional, deixaria de ser enigmático

> poder eu constituir em mim um outro eu ou, para falar de modo mais radical ainda, poder eu constituir em minha mônada uma outra mônada e, uma vez constituída, apreendê-la precisamente enquanto outra, compreendemos também este fato, inseparável do primeiro, que eu possa identificar a natureza constituída por mim com a natureza constituída pelo outro ou, para falar com toda a precisão necessária, com uma natureza constituída em mim na qualidade de constituída por outrem[62].

Mais adiante:

> Admitir que é em mim que os outros se constituem como outros é o único meio de compreender que podem ter para mim o sentido e o valor de existência e de existências determinadas.

Mas são justamente mônadas "que existem para si mesmas da mesma forma que existo para mim"[63]. Posso perfeitamente dizer, então, que "o outro me apreende tão imediatamente como outro para ele como eu o apreendo como outro para mim"[64].

---

61. Ibid., § 52.
62. Ibid., § 55.
63. Ibid.
64. Ibid., § 56.

Esta é a tentativa suprema para vencer as dificuldades que a noção de história encontra em uma filosofia do *ego cogito*. Desde a época das *Meditações cartesianas*, Husserl descortinou o alcance de sua teoria da *Einfühlung* para uma teoria da cultura e da vida social. Os parágrafos 56-59 anunciam as principais análises da *Krisis*.

Será que Husserl conseguiu manter a história ao mesmo tempo como real e o eu como o único fundamental? Ele imagina ser bem-sucedido onde Descartes e Hume fracassaram, por ser o primeiro que concebeu um idealismo *intencional*, ou seja, um idealismo que constitui todo ser outro – mesmo a outra pessoa – "no" eu, mas para quem a constituição é um olhar intuitivo, uma superação, um estilhaçamento. A noção de intencionalidade permite, em última instância, fundar o homem sobre a história e a história sobre minha consciência. Sua pretensão final: justificar uma verdadeira transcendência da história sobre o fundamento de um subjetivismo transcendental.

Pode-se apenas perguntar se a constituição é uma operação efetiva, a verdadeira solução dos problemas das transcendências diversas, ou se ela é apenas o nome dado a uma dificuldade cujo enigma permanece na sua integridade, e o paradoxo escancarado.

Husserl ao menos acertou com os contornos do verdadeiro problema: como escapar do solipsismo de um Descartes, revisto por Hume, para levar a sério o caráter histórico da cultura, seu poder verdadeiro de formar o homem? Como ao mesmo tempo se prevenir da armadilha hegeliana de uma história absoluta, exaltada como se fosse uma divindade estrangeira, para permanecer fiel à perturbadora descoberta das duas primeiras *Meditações* de Descartes?[65]

---

[65]. Este problema em forma de paradoxo pode ser achado diretamente, sem passar por Husserl; cf. *Dimensions d'une recherche commune* (*Esprit*, dez. de 1948).

3
Método e tarefas de uma fenomenologia da vontade*

Husserl indicou em várias páginas das *Ideen* que a problemática da vontade podia e devia ser integralmente renovada pelo método de análise intencional que dera primeiramente seus frutos no plano da consciência percebente e, de modo mais geral, no plano dos atos objetivantes. E ele esboça essa transposição do método para os "vividos afetivos e volitivos" em uma dupla direção.

A fenomenologia aplicada a esses novos *Erlebnisse* deve em primeiro lugar verificar a universalidade da análise intencional e, em particular, a universalidade da distinção do noema e da noese[1]. Convém lembrar que essas duas expressões designam respectivamente o correlato da consciência – a visada como tal – e a visada de consciência, depois que a redução fenomenológica levantou a hipoteca da interpretação naturalista da consciência: a consciência que não é mais parte de um mundo existente absolutamente se revela como pura consciência de... e toda realidade é "reduzida" à condição de "objeto" – *Gegenstand* – dessa consciência.

Trata-se então de saber se a análise das estruturas noético-noemáticas, cujo projeto foi elaborado a propósito da per-

---

* Primeira publicação em *Problèmes actuels de la phénoménologie*, Atas do colóquio de fenomenologia, Paris/Bruxelas, 1951. In: VAN BREDA, J.L. (org.). Paris: Desclée de Brouwer, 1952, p. 110-140.

1. *Ideen* I, § 95.

cepção, da imaginação, da lembrança, do signo, da crença, enunciativa, do juízo de realidade, numa palavra, no nível da "representação" (*Vorstellung*) vale ainda para o imenso setor afetivo e prático da consciência.

Esta nova extensão da análise intencional deve além disso, segundo Husserl[2], confirmar que os vividos compostos ou, como diz ele, "sintéticos", entre os quais ele classifica afetos e volições, não põem em questão o primado, na consciência total, dos atos "objetivantes", variedades de representações "simples", de um só "raio". Afetividade e vontade se edificariam "sobre" a representação, como vividos "fundados" de ordem complexa sobre vividos "fundadores" de ordem "simples" (*schlicht*).

1) O objetivo desta comunicação é, em primeiro lugar, mostrar a fecundidade deste paciente método de análise descritiva, aplicado às funções práticas da consciência. Neste primeiro nível, "constituir" significa simplesmente soletrar as intencionalidades misturadas, exibi-las de certa maneira diante de uma consciência distinta e identificar os aspectos do mundo, do outro, do meu corpo, que aparecem como correlatos dessas visadas afetivas e volitivas.

2) Em um segundo nível, porém, os resultados obtidos mediante a extensão do *método* intencional à vontade devem ser voltados contra a *doutrina* transcendental edificada sobre a base estreita da análise da "representação" (isto é, de todas as operações de consciência que têm na percepção seu tipo primeiro). É neste nível que se pode interpretar o poder "constituinte" da consciência com os recursos de uma descrição do voluntário e do involuntário e que é possível criticar o idealismo transcendental de Husserl à luz dessa nova descrição.

3) Enfim, em um terceiro nível, esboçar-se-á a passagem de uma fenomenologia descritiva e constitutiva para uma on-

---

2. *Ideen* I, § 116.

tologia da consciência. Tentar-se-á, então, circunscrever uma experiência privilegiada que, no plano do voluntário e do involuntário, se constitui como reveladora de minha situação ontológica. Como se verá, essa experiência pode ser uma experiência de deficiência, de não ser. Bastará, pelo menos, para denunciar como ingênuas as pretensões do sujeito de arvorar-se em realidade primitiva – ou primordial – sob o pretexto de possuir em um sentido limitado, mas autêntico, a função "transcendental" de "constituir" os aspectos involuntários de sua vida e do mundo.

61

O nível da análise descritiva

Deixando provisoriamente de lado a interpretação dada por Husserl do caráter "fundado" dos vividos afetivos e volitivos em relação às "representações", coisa que talvez não seja ainda mais que um preconceito que a fenomenologia deve abandonar, deve-se agora tomar a vida prática da consciência tal como ela se dá, e aplicar-lhe diretamente o método de análise intencional, sem o rodeio de uma fenomenologia prévia da percepção e, em geral, dos atos objetivantes.

Este estudo tende então, em primeiro lugar, a uma defesa e ilustração da análise intencional. Não se poderia por demais insistir neste ponto: num primeiro nível, ao menos, a fenomenologia é uma descrição que procede por análises; ela pergunta assim: que "querem dizer", ou que "significam" querer, mover, motivo, situação, etc.? A fecundidade da análise noético-noemática do período das *Ideen* foi sem dúvida subestimada pela geração fenomenológica que foi logo em seguida para os escritos do período da *Krisis*. Esta escola de fenomenólogos procurou na teoria do *Lebenswelt* a inspiração de uma descrição muito apressadamente sintética, no meu modo de ver: se em todo problema se vai direto ao "projeto existencial", ao "movimento de existência" que desencadeia todo comportamento autenticamente humano, corre-se o risco de não captar a especificidade dos problemas, de afogar os contornos das funções diferentes em uma espécie de monismo

62 existencial indistinto que, no limite, leva a repetir a mesma exegese da "existência" a propósito da imaginação, da emoção, do riso, do gesto, da sexualidade, da palavra, etc. A fenomenologia deve ser, ao menos em um primeiro tempo, estrutural. Mais precisamente, essa arte de distinguir e de soletrar as intencionalidades entrelaçadas deve ser dirigida por algo que Husserl chamava a reflexão noemática. Ele entendia por isso uma reflexão sobre o vivido, sem dúvida, mas sobre o "lado" do vivido que é, não a própria visada de consciência, mas o seu correlato, uma reflexão sobre o objeto das várias visadas de consciência. Então, refletindo de preferência sobre o querido como tal, sobre o emotivo, sobre o imaginado, chega-se à distinção dos atos em si, das visadas de consciência. Por exemplo, uma coisa é querer e outra mover, porque os correlatos não têm a mesma significação.

É necessário, além disso, insistir sobre a noção de significação. Dizer que a fenomenologia deve distinguir "significações" de funções ou de estruturas quer dizer em primeiro lugar reconhecer-lhe a tarefa de examinar a terminologia vulgar e científica da psicologia, por exemplo, de arrancar à confusão e às extensões abusivas de sentido expressões como projeto, motivo, ação, situação, que sofreram uma espécie de inflação na literatura fenomenológica contemporânea. É, em um segundo momento, esperar dela que saiba discernir, através dessa terminologia corrigida, "essências" de vivido. Não se deve esquecer, com efeito, que a redução transcendental, que resgata o sentido da consciência em geral, não pode ser praticada sem a redução eidética que fixa significações tais como perceber, entender, ver, imaginar, decidir, agir, etc. – compreendidas em cima de um pequeno número de exemplos. O temor de platonizar sobre as essências não deve nos fazer falhar em realizar a tarefa de constituir objetos fenomenológicos, entendendo por isso os conteúdos ideais capazes de preencher as intenções significantes múltiplas e variáveis que a linguagem elabora todas as vezes que dizemos eu quero, eu desejo, eu lamento, ou todas as vezes que compreen-
63 demos uma situação, um comportamento como significando vontade, desejo, pesar. Essas significações podem ser identifi-

3. Método e tarefas de uma fenomenologia da vontade 65

cadas e reconhecidas, malgrado o caráter fluido da consciência e malgrado a singularidade de cada consciência. Esta dupla alteridade, a alteridade temporal de uma consciência e a alteridade recíproca das consciências, tornaria as consciências inefáveis para cada uma delas e uma para a outra, se "o outro" não pudesse significar "o mesmo", numa palavra, se situações relativamente incomparáveis não pudessem ser *compreendidas* e *ditas*.

A fenomenologia aposta na possibilidade de pensar e de nomear, até na floresta escura dos afetos, até na corrente do fluxo de sangue. A fenomenologia aposta nesta discursividade primordial de todo vivido que o torna apto para uma reflexão que seja implicitamente um "dizer", um *légein*. Se a possibilidade de dizer não estivesse inscrita no "querer dizer" do vivido, não seria a fenomenologia o *lógos* dos *phainómena*.

Esta análise intencional, aplicada à função prática da consciência, não pode ser feita aqui com o cuidado que exige. Só se pode indicar muito esquematicamente as articulações dos diversos momentos intencionais da vontade e propô-las como um *programa* de trabalho, mesmo com o risco de se deter mais sobre o sentido desse trabalho[3].

Se praticamos aquilo que Husserl chamava de reflexão noemática, isto é, a reflexão sobre o correlato intencional como tal de uma consciência de..., o querido designa em primeiro lugar *o que* eu decido, o *projeto* que formo. Tomamos, portanto, o termo projeto no sentido estrito de correlato do decidir. Nele significo, designo a vácuo uma ação futura que depende de mim e que está em meu poder. O projeto é a ação no gerundivo, o pragma futuro no qual me acho implicado (no acusativo) como aquele que fará e (no nominativo) como aquele que pode. Essa definição encerra, de forma abreviada, uma enorme gama de análises precisas que seria necessário explicitar. A maneira imperativa, e não indicativa, como o projeto designa aquilo que se tem "*a fazer*" – a modalidade cate-

---

[3]. Para uma abordagem sistemática desta análise intencional, cf. *Le Volontaire et l'Involontaire*. Paris: Aubier, 1950, p. 37-75, 187-216, 319-331.

górica desse "a fazer" em confronto com o desejo, a dimensão futura do projeto, diferente daquela da previsão – seu indício "a fazer por mim" por oposição ao "a fazer por outro" do comando, etc.

Deve-se, por outro lado, mostrar de que modo essa intencionalidade do decidir, voltada para o projeto, se articula sobre uma imputação de mim mesmo. Dizer "eu decido..." envolve um "eu *me* decido". Essa consciência surda de responsabilidade conserva pronto para a reflexão o próprio impulso da consciência que se supera para uma obra a fazer no mundo. Enfim, o projeto envolve uma certa referência a um curso de motivação: "eu me decido *porque*..." Essa relação do projeto a seus motivos deve ser cuidadosamente distinguida da relação naturalista de causalidade. É ela, com efeito, que encerra em germe todas as mediações entre o corpo e o querer.

Mas o "a fazer" está a caminho para o fazer: aqui a estrutura intencional que se propõe é aquela do agir; o querer não designa mais "no vácuo", opera no presente. Eu opero presenças como feitas por mim, e o mundo inteiro, com seus caminhos e seus obstáculos, com o que tem de não resolvido e não passado, é a matéria e o contexto do meu agir. O "feito por mim", o "pragma", digo eu, diversamente do projeto, está no mundo e não mais tem ao fundo o mundo. Está no mundo e não mais *em* meu corpo. O que "faço" não é um movimento, nem mesmo um gesto complexo tomado na postura completa do corpo. No agir o corpo se vê "atravessado": não é o objeto do agir, mesmo no sentido amplo de correlato, mas o seu *órgão*; através de sua função órgão, em que se apaga, ele fica aberto sobre a obra completa (que exprimo por todos os infinitivos de ação: correr, trabalhar, etc.). A obra é assim a minha resposta prática, inscrita no tecido do mundo, a uma dificuldade aberta *in medias res*.

Enfim, o querer se completa em uma visada mais secreta, mais dissimulada a que chamo consentir. Para o consentimento, a necessidade em mim e fora de mim, não é simplesmente olhada, mas ativamente adotada. Ela é minha situação, minha condição de existir como ser querente no mundo.

3. Método e tarefas de uma fenomenologia da vontade

Essa ativa adoção da necessidade erige-a em categoria prática, e simultaneamente a assume na primeira pessoa. A partir daí é possível uma fenomenologia da finitude, do oculto (ou do inconsciente) e da condição primeira de ser nascido – *natus* –, numa palavra, uma fenomenologia do *estado* de existir no próprio seio do ato de existir.

Antes de preparar a passagem para uma vista mais sintética da vida voluntária e involuntária, é mister sublinhar o duplo benefício deste método descritivo no próprio plano de uma psicologia construída fenomenologicamente.

O primeiro benefício, direi paradoxalmente, é dar-nos uma compreensão do involuntário. A psicologia clássica construía o homem como uma casa. Embaixo, funções elementares e, na parte de cima, o andar suplementar da vontade. Necessidade, desejo, hábito eram eventualmente transpostos da psicologia animal. Omitia-se assim que a vontade já está incorporada a uma compreensão completa do involuntário. Em regime humano, necessidade, emoção, hábito só assumem um sentido completo em relação a uma vontade que solicitam, motivam, comovem e, em geral, afetam, ao passo que em contrapartida a vontade preenche o seu sentido, nem que seja por sua demissão: é a vontade que os determina pela sua opção, move-os pelo seu esforço, adota-os por seu consentimento. Não há inteligibilidade *própria* do involuntário como automatismo, como choque emocional, como inconsciente, como caráter, etc. Só é inteligível a relação viva do voluntário e do involuntário; é por essa relação que a descrição é também compreensão.

Essa inversão de perspectiva não é senão um aspecto da revolução copernicana que, sob múltiplas formas, é a primeira conquista da compreensão filosófica. Para a explicação, o simples é a razão do complexo: para a compreensão, o uno é a razão do múltiplo. Essa inversão, longe de destruir toda psicologia do involuntário, inaugura-o, dando-lhe um sentido. Uma vez que eu disse que o involuntário é *para* o involuntário, a elucidação desse "para" é o próprio programa de uma psicologia do involuntário. As múltiplas maneiras de ser *para* o

66

voluntário dão-me as categorias concretas do involuntário, como motivo de..., órgão de..., condição do querer. Vê-se em que sentido medido o querer é *constituinte*: no sentido de qualificar todo o involuntário como humano resgatando-o como motivo de..., órgão de..., situação de...

O segundo benefício dessa fenomenologia consiste em levar de volta da vontade constituída, de que trata a caracterologia e que cai sob o domínio empírico, ao querer constituinte. Ela apela da vontade que *tenho* mais ou menos ao querer que *sou*: esse querer não é mais objeto de sondagens estatísticas, de generalizações indutivas: é resgatado como o ato *primitivo* da consciência.

Em que sentido esse constituinte prático será, então, chamado primitivo? No sentido em que não posso fazer dele uma gênese empírica. Se hesito, minha decisão se dá como escolha ausente, impossível, desejada, retardada, temida. Mas, até nas férias da escolha, permaneço ainda nas categorias da escolha, da opção, como também meu silêncio subsiste nas da palavra. Um querer embaraçado, lento, um querer que cede é ainda um querer. Para mim, o mundo continua sendo o mar em que embarquei para escolher. A carência total do querer seria a carência do ser-homem. Da mesma forma também um querer-criança é ainda um querer compreendido pelas categorias concretas do projeto, do motivo, da imputação, do mover, do poder, etc. A psicologia das idades, explicitando os grandes *acontecimentos* da vida afetiva, ativa e intelectual, mostra o *advento de um sentido* que se historializa em um crescimento e assim passa a ser o que é.

Este breve esboço descritivo deixa ao menos entrever em que sentido a fenomenologia, no seu nível descritivo e analítico, continua sendo sempre um *logos*. Acabamos de evocar um duplo caminhar rumo ao inefável; do lado do corpo próprio e da obscura afetividade que ele nutre, do lado do querer primitivo que transcende por sua singularidade todas as generalidades caracterológicas. É possível ser fiel até o fim, nessas duas direções, ao juramento de compreender e dizer?

3. Método e tarefas de uma fenomenologia da vontade

Não é absurda a ideia de uma fenomenologia do involuntário. Perdi, certamente, a ingenuidade do puro sentir, mas, precisamente, ser homem é já ter começado a tomar posição quanto ao desejo ou quanto ao sofrer. Não há fenomenologia do involuntário puro, mas do involuntário como o outro polo de uma consciência querente. Esta compreensão-fronteira de minha própria vida involuntária, como afetando diversamente o meu querer, é a única inteligibilidade dessa vida involuntária enquanto vivida.

Ademais, a fenomenologia não está condenada a iniciar toda descrição e toda análise a partir de nada. O conhecimento naturalista do homem, aquele que a psicologia empírica em todas as suas formas elabora, não é pura e simplesmente recusado; psicofisiologia do querer, psicologia experimental do movimento elementar e das posturas, psicologia do comportamento, psicopatologia das deficiências, das alterações, das implosões do querer, psicologia da vida social, etc. tendem, como todas as ciências da natureza, a elaborar conceitos empíricos, noções funcionais. É o que cientista chama de "fatos", que são sempre contemporâneos da elaboração de uma "lei" para que sejam dignos do grau de "fatos científicos".

Esses "fatos" que, no plano do conhecimento objetivo, mundano, naturalista, explicam a vida voluntária e involuntária do homem, e são integrados a uma ciência do homem, não são vividos de consciência; mas, se nada conservassem do vivido de consciência, não diriam de maneira alguma respeito ao homem e à sua consciência, não significariam em absoluto o homem. Uma boa fenomenologia implícita se dissimula muitas vezes nas ciências mais objetivistas e às vezes avança através dos conceitos "naturalizados" da psicologia. Encontrar-se-iam bons exemplos de um tal progresso da fenomenologia pelo desvio da clínica ou da psicologia de comportamento na psicologia da linguagem e da função simbólica. A fenomenologia do voluntário e do involuntário abunda em exemplos da mesma ordem: há uma boa fenomenologia não tematizada, que se extraviou em problemáticas ingênuas como a do behaviorismo (estou particularmente pensando em Tolman) e, sobretudo, como a da *Gestaltpsychologie* (in: Köhler, Koffka, Lewin e sua escola). É possível resgatar essa fenomenologia de certa forma alienada servindo-se dos "fatos" da psicologia científica como de um diagnóstico do *vivido* fenomenológico. Por essa relação de diagnóstico, um conceito naturalista assinala e, de certa forma, denuncia uma significação eventual da consciência. Algumas vezes, até um conceito empírico muito elaborado, tal como o conceito psicanalítico de inconsciente, designa por diagnóstico um momento da consciência que está de tal maneira escondido que aí já não se trata mais de fenomenologia. Uma fenomenologia do "oculto" é por definição. No entanto, só essa fenomenologia de certa forma evanescente pode livrar de uma mitologia naturalista, como a do freudismo, onde o inconsciente sente e pensa e onde a consciência aparece ingenuamente como uma parte, um efeito ou uma função do inconsciente.

Por essa relação de diagnóstico a fenomenologia, em uma época dada, toma parte no trabalho da ciência psicológica e elabora suas "essências" do vivido em tensão com as noções das ciências do homem.

Quanto à ideia de uma fenomenologia da consciência *singular*, também não é tampouco uma ideia absurda. A consciência singular, sou eu, é você. Então, para o fenomenólogo, a subjetividade designa a função sujeito de uma consciência intencional que eu compreendo sobre mim e sobre o outro. A compreensão de si e a compreensão do outro se elaboram mutuamente e permitem assim ter acesso a verdadeiros conceitos da subjetividade, válidos para o homem meu semelhante. Mesmo a noção da solidão da escolha é elaborada intersubjetivamente. A solidão é ainda uma possibilidade comum da humana condição. Eu a compreendo como aquilo de que "cada um" é capaz, isto é, ainda o homem meu semelhante.

O nível da constituição transcendental

A descrição analítica das intencionalidades embaralhadas na consciência querente não é senão um primeiro patamar da fenomenologia. Falta ainda resgatar o movimento de conjunto

3. Método e tarefas de uma fenomenologia da vontade 71

da consciência operante do futuro, marcando sua paisagem com seus gestos e operando através daquilo que ela não faz.

É nesta passagem da análise intencional à síntese existencial que se põe em questão a interpretação de conjunto da vida da consciência.

Fomos levados a dizer que o querer é "*constituinte*", ou seja, isto quer dizer que ele qualifica todo o involuntário como humano ao retomá-lo como motivo de..., órgão de..., situação do querer. Acrescentamos que esse mesmo querer é "*primitivo*". Em que sentido? No sentido de não poder nem pensar a sua ausência, nem sua gênese, sem suspender o ser-homem. Este uso das duas expressões husserlianas de "constituinte" e de "primitivo" confirma o idealismo transcendental edificado pelo filósofo de Friburgo em ligação com suas análises da percepção?

A fenomenologia da vontade que se limita, em um primeiro momento, a estender a um novo setor de realidade um *método* que realizou em outro setor as suas provas, volta seus resultados contra a *doutrina* que pouco a pouco se tornou indiscernível do método. Essa doutrina do idealismo transcendental, será que só vale nos limites de uma teoria da representação, da consciência espetacular?

O problema não se punha com força para Husserl, pois, como se disse no início, os "vividos afetivos e volitivos" eram a seu ver vividos "fundados" sobre a representação. Este primado dos atos objetivantes depende, ao que parece, de um preconceito logicista que a reflexão direta sobre a vida prática não verifica. O querer [a vontade] tem um jeito de dar sentido ao mundo, abrindo algo de possível prático, inserindo algo do querido em suas áreas de indeterminação, povoando o real com obras humanas, colorindo com sua paciência ou suas revoltas as próprias resistências do real. Urge, portanto, restituir toda a sua envergadura a essa "doação de sentido", a saber, a consciência sob todas as suas formas. É até possível mostrar, como sugere o início de *Ideen* II, que a atitude puramente teorética – que triunfa com a ciência (e que já esboça naquilo que os psicólogos formados pelo neocriticismo chamam de "representação"), procede por correção e depuração segunda de uma primeira presença às coisas que é indivisamente observação espetacular, participação afetiva e contato ativo com as coisas. Não o ignorava Husserl, mas acreditava encontrar nesse vivido complexo um "núcleo de sentido" de caráter "objetivante", que se achava já ali e carregava as "camadas" afetivas e práticas da consciência. Ora, cremos nós, a reflexão noemática sobre o projeto (ou correlato do decidir), sobre o pragma (ou correlato do agir), sobre a situação (ou correlato do consentir) não revela nada disso.

Eis como se pode explicar o preconceito logicista de Husserl: comparando uma constatação, um desejo, uma ordem, um projeto, uns com os outros, todos eles são enunciados em modalidades que têm nos "modos" gramaticais do indicativo, do optativo, do imperativo, etc. expressões mais ou menos fiéis. Ora, pode-se depreender de todos esses modos uma espécie de modo neutro, digamos o infinitivo (comer, viajar, pintar), que é como o *quid* comum de todos os noemas. Pode-se cair na tentação de identificar esse *quid* comum, esse "núcleo de sentido" com a representação e reconstruir o desejo, a ordem, o projeto a partir dessa representação neutra: eu desejo (viajar), eu lhe ordeno (comer), eu desejo, eu quero (pintar). Mas esse sentido em comum não é de modo algum uma representação; não é absolutamente um noema completo, isto é, algo de concreto em que a consciência possa se ultrapassar. É um abstrato retirado dos noemas completos da constatação, do desejo, da ordem. Graças a uma modificação segunda e idêntica em cada caso, esse "núcleo de sentido", esse *lekton* (para usar um termo da lógica estoica), é então visado por um novo ato que não é mais nem consentimento, nem desejo, nem ordem, mas uma operação de gramático ou de lógico. Esse *lekton* é simplesmente o correlato lógico-gramatical desse tipo de operação.

Deve-se, portanto, considerar todos os "modos" – o indicativo, o optativo, o imperativo – como iguais e primitivos. O próprio fato de se poder fazer uma gênese do mundo do espetáculo a partir do mundo do desejo ou do mundo da *praxis* atesta que são possíveis todas as permutações, e que o "Eu

3. Método e tarefas de uma fenomenologia da vontade

quero" é primeiro a seu jeito na enumeração cartesiana que desenvolve o "Eu penso"[4]. Não parece, por conseguinte, contestável que a vida voluntária dê um acesso privilegiado e irredutível aos problemas de *constituição*. Ela tem uma maneira própria de exprimir a *Sinngebung* da consciência. Tal como o Deus de Spinoza, a consciência está toda inteira em uma de suas faces. É a existência humana em seu conjunto que, percebendo, querendo, sentindo, imaginando, etc., "dá sentido".

A vida prática da consciência levanta, portanto, problemas originais que não são resolvidos no princípio por uma interpretação da representação. Pode-se então tentar salvar o idealismo de Husserl identificando o transcendental e "a existência" como *praxis*[5]. Não é, aliás, o que subentendemos quando consideramos o "Eu quero" como o constituinte do involuntário humano?

Mas isto só é verdade parcialmente: a fenomenologia da vontade dissipa certos equívocos da *Sinngebung*, equívocos que só podem ser superados no plano de uma teoria da "representação". Caso se queira ainda dar o nome de transcendental à existência voluntária que institui e descobre os aspectos práticos do mundo, esse transcendental não pode ser considerado como criador. Com efeito, a significação da passividade permanece dissimulada em uma teoria da "representação". Sabe-se qual mal-estar é suscitado pela teoria husserliana da *hylè* em *Ideen* I[6]. A passividade recebe o seu sentido funcional na *dialética* do voluntário e do involuntário.

Vamos nos deter um momento examinando os traços dessa *dialética*. Por um lado, ela dissipa os dualismos elementares e tende para o limite da pessoa simples e indivisível, mas,

---

4. "O que é uma coisa que pensa? É uma coisa que duvida, que concebe, que afirma, que nega, que quer, que não quer, que imagina também e que sente" (ADAM & TANNERY (orgs.). *II Meditação*. T. IX/1. Paris: Vrin, p. 22.
5. MERLEAU-PONTY. *Phénoménologie de la perception*. Paris: Gallimard, 1945, p. 43s.
6. *Ideen* I, p. 172, 203. Cf. Die phänomenologische Philosophie Edmund Husserls in der gegenwärtigen Kritik. In: *Kantstudien*, t. 38, cahier 34.

em sentido inverso, faz em fragmentos aquilo que se poderia chamar de monismo existencial, isto é, uma reflexão que pretendesse estabilizar-se no nível desse movimento indivisível da existência humana.

Esclareçamos sucessivamente uma e outra face dessa relação dialética que estamos tentando sugerir[7].

A fenomenologia da vontade em busca da união vivida entre o voluntário e o involuntário ataca o dualismo em sua raiz, nas atitudes metodológicas que o instituem: ponho de um lado o pensamento, que tende a identificar-se com a consciência de si, só conserva da vida voluntária os movimentos mais *reflexivos*, aqueles mediante os quais me resgato das coisas, da resistência de meu corpo, de meus motivos, e me exilo na consciência do "sou eu que...": "sou eu que" me decido, que quer querer, que pode poder; sou o esforço que se opõe a um corpo que resiste; sou a liberdade que se resgata do mundo estranho da necessidade. Do outro lado ponho o pensamento objetivo, que postula objetos verdadeiros para todos em um mundo desligado de toda perspectiva singular, repele a vida involuntária e toda a vida corporal para a área das coisas e se omite a si mesmo como consciência para a qual haja objetos. Nascem assim legitimamente uma biologia e uma psicologia científicas.

A ruptura (ou o corte) entre a alma e o corpo, para falar a linguagem dos clássicos, procede então em um sentido das atitudes da consciência em face de sua própria vida. Portanto, ainda não é um dualismo ontológico, mas talvez se possa dizer pré-ontológico.

A fenomenologia, ao recolocar essas atitudes em relação a uma atitude mais fundamental, resgata o movimento unitário do voluntário e do involuntário. Remontando aquém da consciência de si, ela mostra a consciência aderindo a seu

---

[7]. Este movimento de pensamento resume uma análise mais pormenorizada feita diante da *Société française de philosophie* (sessão de 25 de novembro de 1950), intitulada: "A unidade do voluntário e do involuntário como ideia-limite".

3. Método e tarefas de uma fenomenologia da vontade 75

corpo, a toda a sua vida involuntária e, através dessa vida, a um mundo da ação que é sua obra e o horizonte de sua obra. Remontando, por outro lado, aquém das formas objetivas dessa vida involuntária, ela encontra na própria consciência a aderência do involuntário ao "Eu quero".

É nesta reflexão além dos aspectos reflexivos do querer e neste resgate do involuntário na primeira pessoa de suas formas objetivas pela psicologia científica que superamos verdadeiramente o estádio puramente *analítico* da fenomenologia e cessamos de soletrar intencionalidades e seus correlatos, para resgatar um movimento de conjunto da vida de vontade.

74

Vamos considerar essa caminhada convergente tomando por suas duas extremidades. A reflexão faz a vontade culminar nas determinações de si por si: eu *me* decido, sou eu que *me* determino e determino. A forma pronominal do verbo frisa bem essa relação ao mesmo tempo ativa e passiva de si para si. E deve-se dizer que esse juízo de reflexão não é de modo algum artificial: basta-me reivindicar a responsabilidade de meus atos ou me acusar, para essa imputação refletida de mim mesmo irromper na minha consciência. Ainda que eu vá até o extremo desse movimento reflexivo, descubro-me como a possibilidade de mim mesmo que sem cessar se precede e se reitera na angústia do poder-ser. Mas, escavando até chegar à raiz dessa imputação refletida de mim mesmo, descubro uma imputação não refletida, implícita até a meus projetos. Em primeiro lugar, decisão corre lá adiante, junto aos lugares e aos seres, e conjura a nova obra por sinais no imperativo. E enquanto me projeto a mim mesmo na ação a fazer, enquanto me designo, se posso dizer, no acusativo como um aspecto do projeto, ponho-me assim a mim mesmo em causa no desígnio do ato a fazer. E esse eu ali imputado não é ainda um verdadeiro *ego*, mas a presença surda de meus próprios poderes não realizados, projetados e apreendidos na figura da ação que vai ocorrer. Antes de todo juízo de reflexão do tipo "sou eu que", descobrimos essa consciência pré-judicial, que basta para conservar pronta para a reflexão a intenção de meus projetos. Neste sentido, o primeiro possível inaugurado pelo querer não é o meu próprio poder-ser, mas a possibilidade do acontecimento da obra no mundo projetando agir. É o poder-ser feito, visado sobre o próprio mundo que permanece sempre no horizonte da minha escolha como o campo de operação da minha liberdade.

Mas por sua vez um projeto não concentra minha vida em um momento dado a não ser porque se enraíza de uma certa maneira em minha vida involuntária pela motivação. Não há decisão sem motivo (sob a condição de se distinguir motivo e causa). Existe aí uma relação original entre uma iniciativa e uma busca de legitimidade. O impulso da minha escolha e o amadurecimento de meus motivos são uma só e a mesma coisa.

Mas como será possível? Retomando a descrição pelo lado contrário, a partir do involuntário, e não mais do voluntário, ver-se-ia, conforme ocorre com o desejo, por exemplo, como o corpo nutre de certa forma a motivação onde poderá ser comparado com um valor não corporal. Assim, só um ser humano pode fazer greve de fome. O sacrifício da necessidade atesta que ele se dispôs a uma comum avaliação. Foi mister que a opaca afetividade encontrasse primeiro na representação da coisa ausente e do caminho para que o alcançasse uma forma que é aqui uma forma imaginativa, mas também que a antecipação imaginativa toque o próprio prazer e que, sobre um afeto mantido, que é de certo modo a efígie afetiva, o *analogon* do prazer futuro, eu apreenda a bondade do pão, aquém do juízo refletido de valor. O afeto transfigurado por uma intenção avaliativa leva o corpo ao nível de um campo de motivação, e o faz corpo humano.

Claro que é na noção voluntária que se ligam querer e poder e se anula a distância das coisas, essa espécie de irrealidade do projeto. Ora, aqui se deveria refazer o mesmo movimento de retorno aquém da reiteração reflexiva do esforço, até à moção que se desdobra no corpo dócil e que é o querer não refletido que vai até as próprias coisas, atravessando o corpo. Aqui, ainda, seria mister mostrar como a espontaneidade estimulada e costumeira do corpo previne a moção voluntária. Até nossos saberes são também uma espécie de corpo. Através de regras gramaticais e de cálculo, através de saberes so-

3. Método e tarefas de uma fenomenologia da vontade 77

ciais e morais, partimos para atos novos e assim atuamos nosso saber como atuamos nossos poderes.

Esses exemplos tinham simplesmente como alvo mostrar como a fenomenologia pode livrar do impasse o problema do dualismo, e se propõe como tarefa surpreender a "mediação prática" do *cogito* e do *sum* nas articulações do voluntário e do involuntário. É evidente que a demonstração seria completa se conseguíssemos mostrar o enraizamento recíproco da liberdade e da natureza até nas formas mais irrecusáveis da necessidade, no nível da consciência surda de existir vivente.

Mas se a crítica do *dualismo metodológico* nos restitui a união vivida do querer pré-reflexivo e do corpo próprio, em contrapartida a descrição faz aflorar formas sempre mais sutis de dualidade que denominarei *dualidade de existência*. Estas arruínam o monismo intencional de toda a empreitada anterior.

Certos aspectos dessa dualidade se explicam pela estrutura temporal do nosso ser-no-mundo, segundo a expressão de Merleau-Ponty[8], no sentido de que uma tendência à persistência, à fixação, está inscrita em todo presente vivo. O deslizamento para a generalidade e o anonimato enrijece as persistências em resistências e assim todo projeto novo surge em um mundo que já está aí, em um mundo de projetos sedimentados. Então uma parte de minha energia de viver se gasta na vigilância orgânica pela qual mantenho antigas presenças de mim mesmo de certo modo contraídas como aquisição.

Se pudéssemos ir até o extremo dessa empreitada, não precisaríamos falar de uma *reciprocidade* do voluntário e do involuntário, com aquilo que esta linguagem conserva ainda de dualismo, mas da *ambiguidade* de um movimento de existência que de uma só feita, por via de temporalização, se faz liberdade *e* servidão, escolha *e* situação. Mas não há como ir até o extremo dessa assimilação das resistências nas sobrevivências. Pois não se vê constituir-se assim por sedimenta-

---

8. *Phénoménologie de la perception*. Op. cit., p. 98-105.

ção a não ser os aspectos o involuntário tributários, de perto ou de longe, do hábito. A descrição do involuntário revela todos os tipos de formas do involuntário que não são produtos de história.

Mas, sobretudo essa fusão de um e de outra, do projeto e da situação, é posta em xeque por alguns aspectos fundamentais da vida voluntária que nos autorizam a falar de uma dualidade dramática ou polêmica, e cujo estatuto insólito – que oscila entre monismo e dualismo – é forçoso reconhecer.

É preciso partir do mais manifesto para ir ao mais oculto. O mais manifesto é a brecha instituída pelo sofrimento entre mim e mim mesmo, entre mim como aquele que assume e mim como aquele que padece. O sofrimento introduz uma falha existencial em minha própria encarnação. A necessidade não é vivida somente como afetante, mas como vulnerante. Por isso, em contrapartida, a liberdade permanece como a possibilidade de não me aceitar e dizer não ao que me diminui e me nega. Então, a ativa negação da liberdade irrita essa espécie de negatividade difusa da minha condição. A parcialidade do meu caráter, a minha impotência para me igualar em uma consciência transparente, a situação em que estou, entregue à graça nutrícia e sanadora do meu corpo, suscitam sem cessar o movimento de deiscência, o movimento de recuo, pelo qual começo a formar o desejo fazer círculo comigo, a fim de expulsar para fora de mim, em um sujeito empírico que eu constituiria, os limites do caráter, do inconsciente e do ser-em-vida.

Aflora, assim, o momento de recusa, que talvez esteja implícito na reflexão. É esta recusa da condição humana que se exprime no tríplice anseio do ser humano: o anseio de ser total, sem a perspectiva finita do caráter; transparente, sem a opacidade do inconsciente; e, afinal, ser por si, não nato. Está assim instalado o escândalo no seio da condição.

Retrocedendo do nível de consentimento ao nível do agir, observo que a continuidade do querer ao mover através do poder comporta igualmente a sua dualidade nascente e sempre renascente: a moção voluntária é sempre em certo grau um esforço, na medida em que o corpo é espontâneo, isto é, em que me escapa, toma a frente, resiste. Esta dialética concreta se exprime no papel contrastante da emoção e do hábito: uma me surpreende no instante, o outro me aliena graças à duração; e se uma cura do outro, fica sempre de pé que a espontaneidade ora é órgão ora obstáculo. Mas o movimento voluntário perfeito, se é possível dizê-lo, seria aquele em que o corpo se apagasse totalmente em sua função de órgão. Não sou, porém, esta docilidade suprema a mim mesmo, e meu domínio sobre meu é sempre uma nova tomada de posse. Igualmente a unidade do esforço e da espontaneidade permanece no horizonte como uma ideia-limite, e a vida voluntária permanece como perpétuo conflito.

Enfim, nosso movimento regressivo nos leva de volta ao próprio foco do ato voluntário. Se, com efeito, tornamos a situar uma decisão no tempo em que amadurece, de novo aparece o que chamamos imediatamente a falha existencial. Ela aparece neste fato bastante paradoxal, a saber, o acontecimento de uma escolha pode ser lido de duas maneiras diferentes. Em um sentido é o cessar de uma avaliação: decido-me *porque* me rendo a esta ou àquela razão; mas em outro sentido é o surgimento de um novo ato que fixa o sentido definitivo de minhas razões. Ora, esta dupla leitura se acha inscrita na própria estrutura da decisão que, por um lado, é uma invenção de projeto e, pelo outro, uma acolhida de valores elaborados em outra camada de consciência. É precisamente por isso que sempre houve duas filosofias da liberdade. Segundo uma, a escolha é apenas o término da deliberação, o repouso da atenção, dizia Malebranche. Segundo a outra, na escolha temos um surgimento, uma irrupção. Na certa sempre se pode conciliar as duas teoricamente, dizendo que é a mesma coisa deter-se nos motivos de um partido e escolhê-lo. Mas, na vida concreta da consciência, essas duas leituras não correspondem às mesmas situações. Existem escolhas que não chegam a irromper de uma avaliação e de uma reavaliação sem fim, outras que tendem para a aposta, para o lance de dados. No limite, teríamos o escrúpulo ou o ato gratuito, a avaliação indecisa, a escolha sem valor. Ora, essas duas possibilidades estão sempre à minha espreita e revelam a tensão interior à escolha. A síntese da legitimidade e da inventividade, do valor e da audácia, permanece também como ideia-limite.

Assim não se pode exprimir a unidade da pessoa, a não ser em uma linguagem dividida: decisão e motivo, mover e poder, consentimento e situação.

Esta decisão é capital para a nossa interpretação do poder constituinte da consciência, segundo o idealismo transcendental de Husserl. Sem dúvida, é possível falar ainda de uma operação – *Leistung* – da consciência, pois a atividade de decisão, de moção, de consentimento leva a termo o sentido humano da afetividade, da espontaneidade desse corpo animal. Neste sentido a fenomenologia da vontade renova em um sentido mais existencial, mas não arruína o transcendentalismo husserliano. Ela acentua somente a sua tendência a se afastar do kantismo e em geral de toda a corrente criticista. Mas em contrapartida a fenomenologia da vontade barra toda pretensão a interpretar a consciência "doadora" como "criadora": a bipolaridade de sua condição parece irredutível. A reciprocidade do voluntário e do involuntário ilustra a modalidade propriamente humana da liberdade. A liberdade é uma independência dependente, uma iniciativa receptora. A ideia de criação é antes o contrapolo dessa maneira de existir do querer humano.

Terceiro nível: no limiar da ontologia

O caráter "constituinte" da consciência é uma conquista da *crítica* sobre a ingenuidade naturalista (ou mundana). Mas o nível transcendental assim conquistado oculta por seu turno uma ingenuidade de segundo grau – a ingenuidade da crítica – que consiste em considerar o "transcendental", o "constituinte", como o "primitivo" absoluto. A reflexão capaz de desmascará-la, digamos a "reflexão segunda" (para retomar uma expressão de Gabriel Marcel), assegura a passagem de uma fenomenologia *transcendental* a uma fenomenologia propriamente *ontológica*.

3. Método e tarefas de uma fenomenologia da vontade

Nosso problema, aqui, é mostrar os recursos de uma fenomenologia da vontade nessa caminhada rumo ao limiar da ontologia. A fenomenologia tem, com efeito, uma maneira própria de preparar a passagem ao problema do ser do existente humano: des-velando um *não ser* específico da vontade, uma deficiência ontológica própria da vontade. A experiência privilegiada desse não ser, malgrado sua face negativa, é já de dimensão ontológica. Ela é, se assim se pode dizê-lo, a prova negativa do ser, a ontologia vazia do ser perdido.

A exegese desse momento negativo consiste em boa parte em uma fenomenologia das paixões, sem no entanto esgotá-la aí. Chamemo-la, em um sentido muito lato, de reflexão filosófica sobre a culpabilidade.

Pode parecer estranho, em um primeiro momento, ligar as paixões – a ambição, a avareza, o ódio, etc. – a um princípio "metafísico" tão discutível como o da culpabilidade –, interpretada também ela como um *não ser*! No entanto, não se poderia frisar bastante até que ponto a psicologia, que pretende passar sem esse princípio, banaliza o mundo humano das paixões. Quer se tente uma derivação das paixões a partir das emoções ou dos sentimentos, quer se recorra à metáfora vazia da cristalização ou se assimile a paixão à ideia fixa, falta a uma psicologia das paixões a dimensão, a espessura, a opacidade que, no teatro, sabem conjurar o "terror" e a "piedade", e a qual compartilha no imaginário a complacência fascinada do leitor de romance. A paixão não é um grau da emoção nem em geral do involuntário.

Que o fenômeno da paixão excede a psicologia ordinária, disso nós podemos assegurar de outra maneira: esta maneira de estar ligado ou de se ligar, esse cativeiro inconsistente, é algo bem diverso de uma complicação do involuntário, pois ela caracteriza uma maneira de ser total do voluntário e do involuntário, uma figura global da existência. A paixão não é uma função, uma estrutura parcial, mas um estilo de conjunto, uma modalidade de escravidão que tem sem dúvida a sua intencionalidade própria (a do ciúme, da ambição, etc.), mas onde todas as intencionalidades de funções parciais são arrastadas. Pode-se perfeitamente encontrar em cada função do involuntário (desejo, hábito, emoção) a região de menor resistência por onde se infiltram e proliferam as paixões, mas as paixões são a própria vontade em um modo alienado.

E é precisamente por isso que o fenômeno da paixão diz respeito ao *ethos* humano em seu conjunto: sob o regime das paixões, os valores que poderiam ser inerentes ao querer como seus impulsos primitivos e aos quais o querer se acha aberto pela motivação, dali em diante se opõem a ele na transcendência hostil do dever; nascimento passional da "moral", da *dura lex*, que condena sem ajudar e "atiça a concupiscência".

Ora, importa confessá-lo, o problema da culpabilidade se apresenta como um novelo de aporias. Em um sentido as paixões parecem pedir somente uma descrição que mobilize a observação ordinária, a literatura e a história. Não serão as paixões a figura cotidiana do querer, diante do qual as funções do voluntário e do involuntário não passam ainda de abstrações, como um vigamento, uma ossatura, a que falta uma carne? Isto é bem verdadeiro. Mas logo se vê que essa descrição se dispersa em figuras aberrantes, indefinidamente multiplicadas. Para fazer um mundo, um *kosmos*, falta às paixões um princípio de ordem, uma inteligibilidade semelhante às de funções parciais, tais como a emoção, o hábito, o desejo, etc., que são tomadas na dialética do voluntário e do involuntário. É necessário decifrar os sinais de cada paixão pelo uso da vida e pela cultura. Como então será possível uma fenomenologia das paixões? Na falta de um princípio de ordem, será capaz a fenomenologia de tematizar um princípio de desordem? Mas, aqui, ela esbarra no caráter irredutivelmente *mítico* da noção de culpabilidade. Ora, a filosofia bem que gostaria de "reduzir" o mito e dele inferir uma compreensão puramente racional que poria a falta ou a culpa na mesma linha do sofrimento e da morte, e até a reabsorveria na finitude, assimilando-a a uma "situação-limite". Mas o mito resiste, porque só ele é capaz de ligar *Sinn* [sentido] e *Bild* [imagem], em um acidente, uma catástrofe, que seria uma espécie de acontecimento trans-histórico da liberdade: o acontecimento da queda. Eis a aporia: somente um mito assim pode reagrupar, se

3. Método e tarefas de uma fenomenologia da vontade 83

é que se pode dizê-lo, a desordem, o contra*cosmos* das paixões, mas a filosofia tende a *reduzir* o aspecto acontecimental (*événementiel*) da culpabilidade a uma estrutura homogênea às outras estruturas do voluntário e do involuntário. Sob esse aspecto, as filosofias da existência, que muito fizeram para outra vez introduzir a culpa na reflexão filosófica, procedem de forma semelhante a Plotino e Spinoza: para elas, também, a finitude é o último álibi filosófico da culpabilidade. Essa tentativa parece inerente a um tratamento filosófico da noção de culpabilidade.

A essa aporia, que se pode chamar de metodológica, acresce uma aporia de certo modo constitucional: o *não ser*, operado pela culpabilidade é indivisivelmente "vaidade" e "poder". A paixão é o "poder da vaidade". Por um lado, toda paixão se organiza em torno de um "nada" intencional, que o mito representa com imagens de trevas, de abismo inferior, de corrupção, de servidão. Este nada específico, este "vão" é que habita suspeita, repreensão, injúria, censura, e faz de toda paixão uma corrida atrás do vento. No entanto, do outro lado, a paixão une indissoluvelmente grandeza e culpabilidade, anima o movimento da história e, lançando o homem em busca de melhor-ser e do poder, funda a economia e a política. A paixão é poderosa e faz o homem poderoso. A mentira da paixão reside precisamente no investimento da responsabilidade em uma fatalidade estranha que possuiria e arrastaria consigo o querer. Por isso o mito lhe dá o nome de demônio, e ao mesmo tempo de nada e trevas.

Diante dessas aporias, a fenomenologia da vontade fica embaraçada, não, porém, desguarnecida. Cabe-lhe, em primeiro lugar, elaborar conjuntamente uma *empírica* e uma *mítica* da vontade. Por um lado, ela deve reagrupar os traços descritivos das paixões a partir da dupla ideia de nada e de poder, e elaborar a quase-inteligibilidade de um quase mundo das paixões a partir de um acidente mítico, deve em particular aliar a psicologia das paixões de tradição estoica e spinozista à sua dramatização pelo romance e pelo teatro. Além disso, a história lhe fornecerá a ilustração de todas as paixões, principalmente as do poder. Não se pode negar que o universo dos campos de concentração levou em nossos dias a dimensões caricaturais a alienação passional cujo tema é o poder. Uma crítica da história do ponto de vista da luta pelo poder é provavelmente mais importante para a compreensão da culpabilidade que a exegese das paixões minúsculas da vida privada.

Assim o mito pode servir de guia heurístico em uma descrição ameaçada de se dispersar indefinidamente. Por outro lado, importa elaborar uma crítica filosófica do mito que não seja uma crítica redutora, mas lhe restitua a intenção significante. A tarefa principal dessa crítica é precisamente resgatar a ontologia negativa da ideia de culpabilidade, destacar o sentido específico dessa "vaidade poderosa", mostrando o fracasso de sua redução aos outros modos de negatividade (falta provada da necessidade, "vazio sempre futuro" aberto diante de si pelo projeto, negação inerente à recusa e, sobretudo, falta de asseidade, não necessidade de existir constitutiva da finitude).

A finitude é prioritariamente a noção sobre a qual tende a rebaixar-se a culpabilidade, pois ela deve servir ao mesmo tempo de referência e de rejeição a uma crítica filosófica da culpabilidade. Reconhecer a brecha entre essas duas noções significa "salvar o mito". Assim a polaridade da finitude, como "nada" constitutivo, seja permitida a expressão, e da culpabilidade, como "nada" acontecimental, seria o tema diretor dessa exegese do não ser do querer.

Se agora deixamos este limiar da ontologia e nos voltamos para a reflexão transcendental precedente, vemos que toda a dialética do voluntário e do involuntário não poderia ter sido edificada a não ser por omissão dessa peripécia nova que introduz o ser pelo não ser. A dimensão transcendental do *cogito* se revela muito depois ligada a essa *epochè* da culpabilidade e da ontologia que implica. Deve-se agora explicitar o sentido dessa omissão.

Quando se colocam entre parênteses as modalidades passionais do querer, tem-se ao mesmo tempo um ganho e uma perda.

3. Método e tarefas de uma fenomenologia da vontade

Em primeiro lugar há um ganho, porque isso faz aparecer o querer e, em geral, a existência humana, como aquilo que "dá sentido". Impunha-se ir até o extremo dessa *epochè* para conquistar a função constituinte da consciência, isto é, ir até o plano da vontade, sua capacidade de qualificar todo o involuntário como humano. Uma reflexão que principiasse muito cedo demais pelas paixões, pela "miséria do homem", correria o risco de não captar esta significação do querer e da consciência. Em particular, a noção de escravidão prematuramente considerada correria o risco de se confundir com algum tipo de determinismo, de automatismo, e encerraria a antropologia em um pensamento por objetos. Sendo assim, para dissociar o mundo subjetivo da motivação do universo objetivo da causalidade, para reconquistar o sentido da espontaneidade dos poderes que o corpo em movimento oferece à ação, para resgatar, em termos ainda mais sutis, essa necessidade pessoal que eu sinto pelo fato de que sou vivo, nascido da carne, era mister organizar essa tríplice ideia de motivação, de espontaneidade, de necessidade vivida, em torno de um "eu quero" constituinte (ou, em sentido limitado, transcendental). Era, portanto, necessário manter em suspenso a escravidão que oprime o querer, para penetrar até essa possibilidade fundamental do eu que é sua responsabilidade. Era mister omitir a falta [a culpa], para compreender a reciprocidade do voluntário e do involuntário que os faz inteligíveis, um pelo outro, sob a ideia-limite de sua unidade.

Muito mais, essa omissão da culpa, e só ela, possibilita a reintrodução ulterior desta dimensão nova. Como a liberdade é constituinte de todo o involuntário, inclusive da necessidade, a liberdade não é suprimida pela culpabilidade: a própria servidão é um acidente *da* liberdade. A dialética do voluntário e do involuntário é a estrutura indiferenciada da inocência e da culpabilidade. Ela é a condição de possibilidade de um paradoxo como uma liberdade serva. O homem não é metade homem e metade culpado; ele é sempre poder de decidir, de mover e de consentir, mas poder ocupado pelo inimigo.

E, no entanto, a ambiguidade de uma reflexão transcendental consiste em ser ao mesmo tempo ganho e perda; conquista do poder constituinte do homem, ela é igualmente perda ontológica. Como se uma segunda ingenuidade a habitasse, uma ingenuidade transcendental que sucederia à ingenuidade naturalista. A reflexão transcendental suscita a ilusão para a qual a filosofia poderia ser uma reflexão sem uma ascese, sem uma purificação de seu próprio olhar. E omite então este fato decisivo de que a liberdade que *constitui* o involuntário é, apesar de tudo, uma *liberdade que se deve libertar*, e é necessário então atravessar vários planos de consciência para ir do seu não ser ao seu ser.

Essa ingenuidade talvez seja mais difícil de vencer que aquela da atitude "natural". Se o *ego* se perde facilmente em seu mundo e se compreende de bom grado pelas coisas que o cercam, uma ilusão mais persistente ainda o mantém encerrado no próprio circuito de sua subjetividade. A omissão do ser parece que se deve à *dissimulação* que a liberdade serva segrega. E a "vaidade" do *ego* permanece estendida como um véu sobre o próprio ser da sua existência.

A conquista da subjetividade constituinte pela filosofia é assim estranhamente uma grandeza cultural culposa, tal como a economia e a política. A fenomenologia transcendental é já obra deste Si que se quereria por Si e sem raízes ontológicas.

E, no entanto, o sentido da subjetividade, uma vez conquistado, já não poderia mais se perder: transcender o Si será ao mesmo tempo o conservar e o suspender como instância suprema.

Se o acesso à fenomenologia transcendental é a obra de uma espécie de revolução copernicana, a passagem da fenomenologia transcendental à fenomenologia ontológica vem a ser, por seu turno, uma espécie de conversão que "des-centra" do Eu a preocupação ontológica. A exegese da "vaidade" seria o ponto de inflexão dessa reflexão segunda. Revelando um não ser específico, uma *pseudès ousía*, a "vaidade" põe em negativo o problema do ser do querer, do ser do homem. Talvez esse acesso à ontologia pela "vaidade" do querer seja mais fecundo que a pesquisa das implicações ontológicas dos fenômenos no plano da consciência teórica.

3. Método e tarefas de uma fenomenologia da vontade

Se, por conseguinte, fosse possível uma tal reflexão segunda, a fenomenologia, centrada na *Sinngebung* em geral e no poder constituinte do "Eu quero" em particular, suporia uma iniciativa prévia, a colocação em suspenso da questão do ser e do não ser da "consciente doadora". Iniciativa fecunda, dado que só ela daria à luz o sentido próprio da subjetividade. Mas, neste caso, passar à ontologia consistiria em levantar esses parênteses e, mesmo guardando o benefício da subjetividade conquistada pela colocação entre parênteses, consistiria em tentar a aventura de uma *poiesis*, de uma "poética" da vontade.

4
Análises e problemas em *Ideen* II de Husserl*

Na sua introdução à bela edição alemã das *Meditações cartesianas* de Husserl, S. Strasser lembrava recentemente o estranho destino das obras principais do fundador da fenomenologia. Por três vezes – na época das *Ideen* (de 1911 a 1925 aproximadamente), na época das *Meditações cartesianas* (de 1928 a 1931), na época da *Krisis* (de 1931 a 1936) – tentou Husserl reunir em uma obra de conjunto a interpretação filosófica de seu método e os exercícios metodológicos que deveriam ao mesmo tempo dar-lhe desenvolvimento e justificá-la. Sempre de novo correções sem fim e escrúpulos de redação mutilavam o projeto primitivo. Deste modo, o público só conheceu a exposição sistemática que deveria servir de introdução ao conjunto das *Ideen*, sob o título *Ideen* I. *Introdução a uma fenomenologia e uma filosofia fenomenológicas puras*. Quanto às *Ideen* II e III, embora inteiramente redigidas, permaneceram inéditas. Da mesma forma, a edição francesa das *Meditações cartesianas* não foi seguida pela edição do texto alemão primitivo, dado que este ficou empenhado em uma vasta refundição, que jamais chegou a termo. A partir do fim de 1930, Husserl estava absorto na grande obra da qual somente um fragmento deveria ser publicado numa revista de Belgrado, em 1935, sob o título *Die Krisis der europäischen Wissenschaften und die transzendentale Phänomenologie*. Parece que a probidade e o trabalho do filósofo teriam sem cessar pro-

---

* Publicado a primeira vez em *Revue de Métaphysique et de Morale*, 57, 1952. Reproduzido em *Phénoménologie, Existence*. Paris: Vrin, 1984, p. 23-76.

4. Análises e problemas em *Ideen* II de Husserl

vocado uma ultrapassagem dos resultados adquiridos e se contraposto à necessidade contrária de dar um caráter definitivo, quem sabe até peremptório, à unidade sistemática. Como essa necessidade encontrava mais facilmente uma saída nas grandes exposições de doutrina, compreende-se que tenham sido as exposições de pesquisa que foram regularmente sacrificadas. Para nós que temos agora acesso aos inéditos, graças ao admirável trabalho dos *Archives-Husserl de Louvain*[1], é importante que possamos controlar as teses de caráter sistemático e programático de *Ideen* I através das análises de *Ideen* II, intituladas *Investigações fenomenológicas sobre a constituição da realidade em seu conjunto*.

O interesse é duplo: por um lado *Ideen* II testa o método de "análise intencional", preconizado por *Ideen* I; pelo outro, as análises de *Ideen* II elucidam retrospectivamente a doutrina idealista que, a partir de 1905, interpreta o método fenomenológico e que encontrou em *Ideen* I e, sobretudo nas *Meditações cartesianas*, sua expressão sistemática. Convém, portanto, distinguir bem esses dois aspectos da obra de Husserl que são muitas vezes confundidos pelo seu próprio autor sob o título ambíguo de constituição. Em um primeiro sentido, os exercícios de "constituição" são exercícios de análise intencional; consistem, a partir de um "sentido" já elaborado, num objeto que tem uma unidade e uma permanência diante do espírito e, em desfazer as múltiplas intenções que se entrecruzam nesse "sentido". Daí o nome de análise intencional. *Ideen* I pratica esse método conforme o exemplo privilegiado do objeto percebido: remonta-se assim da estabilidade indivisível da coisa, tal como "aparece" ao olhar, no fluxo dos perfis, aspectos, esboços através dos quais a consciência antecipa e pres-

---

1. Os Arquivos Husserl, em Lovaina, sob a direção do Doutor H.L. van Breda, já transcreveram uma parte considerável desses inéditos. Uma cópia se acha arquivada no Instituto de Filosofia da Universidade de Estrasburgo. As Edições Martinus Nijhoff de Haia se lançaram à publicação das "obras completas" de Husserl. Já vieram a luz três volumes de Husserliana: *Die Idee der Phänomenologie, fünf Vorlesungen* (edição e introd. por Walter Biemel); *Ideen zu einer reinen Phänomenologie und phänomenologischen Philosophie*, livro I (edit. por Walter Biemel); *Cartesianische Meditationen und Pariser Vorträge* (edit. e introd. por S. Strasser), 1950.

supõe a unidade da coisa. A análise intencional toma sempre como "guia transcendental" um objeto, um sentido, no qual se reúnem visadas de consciência. Ela não aborda jamais diretamente a genialidade selvagem da consciência, cujo racionalismo implícito a leva para o uno, a ordem, o sistema no qual se ultrapassa polarmente. Uma unidade é sempre o fio de Ariadne no diverso da consciência. Esse método não préjulga nada a respeito do sentido último da consciência. É um idealismo metodológico, não tanto doutrinal, que ela implica. É o firme compromisso de limitar-se a considerar toda a realidade como um sentido para uma consciência e escandir em "momentos" temporais e em "camadas funcionais" as diversas sílabas do sentido.

Quanto a este sentido "para" uma consciência, Husserl o interpreta como um sentido "em" minha consciência. Toma simultaneamente uma decisão metafísica sobre o sentido último da realidade e ultrapassa a prudência metodológica de não interrogar senão a consciência. As *Meditações cartesianas* vão tirar todas as consequências dessa decisão, mostrando uma coragem filosófica exemplar. O retorno ao *ego* leva a um monadismo de acordo com o qual o mundo é em primeira instância o sentido que o meu *ego* desdobra. Husserl assume lucidamente a responsabilidade do "solipsismo transcendental", e tenta ao mesmo tempo encontrar uma saída no conhecimento do outro, que deve realizar o extraordinário paradoxo de constituir *"em"* mim o "estranho" primeiro, o "outro" primordial. Este, ao subtrair-me o monopólio da subjetividade, reorganiza em torno dele o mundo e inaugura a peripécia intersubjetiva da objetividade.

Ideen II permanece aquém dessa problemática propriamente filosófica e desdobra suas análises nos limites do idealismo metodológico que acima caracterizamos. O "guia transcendental" da análise intencional é a noção de "realidade em seu conjunto" (*die gesamte Realität*). Esse tema se articula em dois graus: a realidade como natureza e a realidade como "mundo espiritual" (*geistige Welt*). A própria natureza é analisada como "natureza material" e como "natureza animal ou psíquica". A "coisa", a "alma", o "espírito" são assim os três temas diretores, os três objetos reguladores da pesquisa.

4. Análises e problemas em *Ideen* II de Husserl

Este percurso do grau inferior para o superior reproduz à primeira vista um esquema muito tradicional ao mesmo tempo da realidade e do encadeamento das ciências. Não se deve, porém, perder de vista que se trata cada vez de "constituir na consciência" esses objetos diretores. Noutros termos, trata-se de os encontrar ao término das intenções de consciência que aí se depositam e, portanto, de falar da natureza em outra atitude que não a natural, de falar transcendentalmente da natureza e da realidade. Ademais, trata-se de constituir igualmente a articulação entre esses objetos, "fundar" uma na outra as "camadas" de sentido. Entre os dois níveis da natureza, como também entre a natureza e o espírito não há uma relação que se encontre na natureza ou no espírito, mas uma relação constituída pelas significações dos atos de consciência que se edificam uns sobre os outros[2]. Essa relação "não real" se vê, portanto, elucidada somente pela fenomenologia transcendental: sem ela, o cientista não sabe o que diz quando constrói o animal sobre o mineral, localiza o psíquico, engloba a cultura na natureza ou reciprocamente. Quando não constitui essa relação "na consciência", o cientista é condenado ou a reduzir todas as ciências a uma só (por exemplo, a física matemática) ou a dissociá-las em função de metodologias heterogêneas.

No entanto, esse trabalho de constituição, que iremos dilucidar agora, não permite que se dê uma resposta categórica às hesitações e às ambiguidades do idealismo de *Ideen* I[3], nem que se justifique a interpretação mais coerente e mais radical das *Meditações cartesianas*. Ver-se-á como se destaca pro-

---

2. *Ideen* I usa várias vezes dessa estrutura de *Fundierung* para designar o enraizamento dos valores de coisas na objetividade da coisa (p. 66-67), para caracterizar a edificação dos noemas ou das noeses nos atos compostos de coligação, de explicitação, de relação, etc. (§ 93 e § 118).

3. *Ideen* I sustenta, ao mesmo tempo, que toda realidade é o "sentido" da consciência *e* que sentido: a) repousa sobre a intuição, sobre um ver; b) põe em forma uma matéria – uma *hylè* – não intencional; c) visa por sua vez, além de si mesmo, um objeto que dá a marca última da "realidade" esse sentido e da "razão" à própria consciência. Esses temas deixam o leitor com um certo mal-estar cujo eco se podia ter ouvido um dia em Fink (*Kantstudien*, 1933).

gressivamente da análise intencional uma curiosa polaridade que não deixa de recordar a polaridade kantiana do idealismo transcendental e do realismo empírico. *Ideen* II não trabalha para dissipar o prestígio das ideias de realidade e natureza, nem o prestígio das ciências objetivas do homem. Muito pelo contrário, enraizando-as em uma operação (*Leistung*) de consciência, a fenomenologia as justifica e as erige em frente à subjetividade transcendental como os objetos que lhe dão sentido, salvam-na da irracionalidade ameaçadora de um fluxo de consciência não concordante. O objeto é a discordância possível superada. *Ideen* II sugere a imagem de uma ampla respiração que faz alternar um movimento de influxo ou de *retorno reflexivo* ao *ego* puro da fenomenologia e um movimento de expiração ou de *objetivação*, mediante o qual a consciência se estabiliza em algo de *real*, em significações unas e dignas de serem ditas, dignas do *légein* e do *logos*. Deste modo o andamento de *Ideen* II é marcado pela tríplice polaridade do *ego* transcendental e da coisa, armadilha do exterior absoluto – do *ego* e da alma que, ela também, está fora entre as coisas – do *ego* e do espírito que é objetivo nas pessoas e nos grupos históricos. A fenomenologia mostra, com certeza, a relatividade desses falsos absolutos à consciência que os visa, mas não mostra igualmente o que seria a vaidade a loucura de uma consciência que não se ultrapasse em um "sentido"?[4]

Primeira parte: A constituição da natureza material

A estrutura da primeira parte de *Ideen* II é bastante simples: o estudo central, constituído pela análise intencional do "sentido" da coisa, é feito no capítulo II; mas é precedido por

---

4. Este estudo consagrado à aplicação da análise intencional preconizada por *Ideen* I, é, segundo penso, a contrapartida de um outro estudo consagrado à motivação do idealismo das *Meditações cartesianas* e que será publicado em 1952 na *Revue Philosophique de Louvain*. Nele justifico a distinção de um idealismo metodológico implicado pela fenomenologia transcendental e de um idealismo doutrinal que seria oriundo da interpretação de segundo grau do método intencional pelo filósofo.

4. Análises e problemas em *Ideen* II de Husserl

uma reflexão sobre a *atitude* geral em que a coisa *aparece* como coisa. Essa atitude recorta, diante de si, se não um "sentido" com seus caracteres precisos e suas camadas ou níveis de significação, pelo menos uma "ideia" – a ideia de natureza em geral – isto é, um tema regulador que exclui certas determinações *a priori*, tais como o útil, o belo, o bom, etc., e prescreve certos comportamentos teóricos. Deste modo, o sentido da *coisa* se perfila tendo ao fundo a "*natureza*"[5]. A análise intencional da coisidade[6] reclama, por seu turno, uma mudança de perspectiva. Pois o sentido da "coisa mesma", tal como ela se dá, não está completo enquanto não se levam em consideração as suas interferências com as disposições corporais e psíquicas do sujeito. Nesta ocasião Husserl desenvolve pela primeira vez a sua importantíssima interpretação da função percebente do corpo[7]. Mas essa teoria não é aqui senão uma etapa em direção da análise complementar da objetividade da coisa. Com efeito, a entrada em cena da subjetividade individual provoca uma clivagem entre os traços e os aspectos da coisa que continuam sendo relativos a um só indivíduo e aqueles que são não relativos e verdadeiros para todos. Essa referência da objetividade à subjetividade acaba de constituir o sentido da natureza material (vamos sublinhar esta inflexão final da análise do capítulo III, cindindo um capítulo IV que liga as conclusões alcançadas pela teoria do "corpo percebente" à questão do sentido da coisa, tal qual ela é elaborada no capítulo II, dedicado precisamente às diferentes "camadas" do "sentido da coisa como tal").

A "ideia" da natureza em geral

A primeira tarefa do fenomenólogo consiste em circunscrever *a priori* o campo de pertença da natureza pelo tipo de interesse ou de atitude que nela tem o seu correlato. Não sabemos

---

5. Cap. I.
6. Cap. II.
7. Cap. III.

quais objetos são da natureza, mas de *qual* consciência são o face a face (*vis-à-vis*). Neste sentido temos uma *ideia* da natureza, regra da ontologia regional que vamos elaborar.

A esta atitude dá Husserl o nome de experiência (*Erfahrung*)[8] e, mais precisamente, dóxico-teórica (*doxisch-theoretisch*). Na linguagem do fenomenólogo, experiência diz mais que percepção. O sentido da percepção só aparece mediante a redução de certos caracteres da experiência, redução que põe a nu o seu aspecto de necessidade e incompletude. A experiência nos põe já no nível de uma percepção atravessada por uma "tese", ou seja, por uma *crença que põe seu objeto como sendo*: vivemos a percepção dando crédito à veemência, se assim posso dizer, da presença, a ponto de nos esquecermos aí, de nos perdermos aí. Essa crença (*doxa*) tem como modo fundamental a certeza, cujo correlato é o indício de realidade que se liga ao percebido e onde se pode reconhecer aquilo que os antigos designavam pelo nome de "manifesto" (*enargès*). Com efeito, a crença é um tipo de fiança, um crédito, aquém do juízo propriamente dito que toma posição acerca do verdadeiro e do falso. A modalidade de ser que a *doxa* confere ao real é preliminar à operação do *sim* que sublinha, que corrobora a crença, e à do *não* que a elimina[9]. É este caráter "tético", posicional que, uma vez percebido, pode ser

---

8. Das gesamte räumlich-zeitliche Weltall *[ist]* der Gesamtreich möglicher Erfahrung.

9. Sobre tudo isto, cf. *Ideen* I, § 103s. As modalidades da crença (certeza, suposição, conjetura, questão, dúvida) e as modalidades da realidade que lhe correspondem do lado do objeto (real, possível, provável, problemático, duvidoso) também se acham no nível pré-judicativo. – Eu me pergunto se esta notável análise da *doxa*, feita por Husserl, não seria um bom guia para desempatar as análises clássicas do juízo e da crença em Descartes e em Spinoza. Talvez se pudesse dizer que tendo confundido as duas coisas, crença e juízo explícito, eles não estão falando a mesma coisa e não se opõem no mesmo nível. Descartes tem razão no nível do juízo verdadeiro que é um ato responsável, voluntário e livre; Spinoza está com a razão no nível da crença prévia ao juízo, onde a operação posicional (*doxisch*) é de certo modo tecida na própria "representação". Seria necessário acrescentar que o momento de "crise", que separa a *doxa* do juízo, é a contestação, aquela que elimina, que risca, e não a afirmação, aquela que sublinha.

4. Análises e problemas em *Ideen* II de Husserl

neutralizado, suspenso. A consciência, em lugar de se colar ao seu mundo, se destaca desse poder envolvente e se descobre pondo, sob os acentos afetivos e práticos que a realidade deve a minha atividade valorativa e volitiva. Deste modo, ignorando positivamente o belo e o bom, o útil e o valioso, faço-me puro espectador. Tirado o aspecto *Wert*, resta o aspecto *Sache* (na língua de Husserl, *Ding* nomeia a coisa em oposição ao ser animado, *Sache* a coisa em oposição à camada de valor). "A natureza aí está para o sujeito teorético". Os juízos de valor do homem não interferem com o olhar do cientista: não são constitutivos da ideia da natureza[10].

Assim nos fazemos conhecedores ao mesmo tempo por um ato de crédito e por um ato de desconfiança, por um ato de posição e por um ato de redução: admitimos o "ente" [o "sendo"] e retiramos o "valioso". A esta dupla ação de consciência (*Leistung*) Husserl chama *objetivação*. Essa objetivação, uma vez iniciada no círculo das coisas, pode se voltar por seu turno contra aquilo que excluiu, partir à conquista dos predicados afetivos, axiológicos, práticos e incorporá-los então ao saber teórico. E assim o processo de objetivação, pelo qual ponho e delimito uma natureza, ultrapassa a própria natureza, mas tendo sempre por modelo a natureza. A natureza das coisas se torna então exemplar para uma psicologia, uma sociologia, uma estética "naturalistas".

O "sentido" da "coisa" em geral

Sabemos em qual atitude a coisa aparece como coisa. Agora que sabemos que a coisa é "para" uma certa maneira de olhar, não podemos mais ter medo de interrogar "a coisa mesma", e tomá-la como guia. Vamos praticar aquilo que *Ideen* I chama de reflexão noemática. Trata-se de uma reflexão, pois, em lugar de viver simplesmente, questionamos o senti-

---

10. "Temos acesso a uma ideia da natureza, delimitada *a priori*, onde o mundo é mundo de puras coisas (*Sachen*), quando nós mesmos nos tornamos sujeito puramente teorético" (p. 31).

do daquilo que estamos vivendo. Mas é uma reflexão noemática porque é o *cogitatum*, não o *cogito* – o noema e não a noese – que é elucidado[11].

Aqui tocamos no âmago, na análise que vem a seguir, o tipo propriamente husserliano de transcendentalismo. O que interessa a Husserl, na consciência, não é a sua genialidade, seu poder de inventar em todos os sentidos, mas as significações estáveis, unificadas, nas quais ela se ultrapassa e se unifica. O *objeto* é sempre o "guia transcendental" que se deve seguir no dédalo das intenções embaralhadas. Por isso, se é verdade que a consciência é um "eu posso" – Husserl o repete em todas as grandes exposições filosóficas do seu método –, esse poder da consciência não lhe interessa enquanto gratuito, mas como legislador. A fenomenologia é uma filosofia do sentido muito mais do que da liberdade. Talvez se ache aí o segredo de seu parentesco maior com Kant do que com as fenomenologias "existencialistas". Estas lhe devem um método e análises particulares, mas o espírito vem de outro lugar e é outra a preocupação.

Vamos interrogar então a coisa mesma, a coisa como tal – o sentido da coisa – e perguntar o que a distingue da ordem espiritual (*Geistigkeit*). A resposta de Husserl é dupla: a extensão (*Ausdehnung*) é aquilo que marca a coisa, mas a materialidade é o seu atributo essencial. Noutras palavras, a extensão não pode marcar sem que falte a coisa. No entanto, a extensão qualificada não é ainda coisa, mas apenas, como se dirá, "fantasma".

O estudo da extensão, em *Ideen* II, não apresenta nada de notável em confronto com, por exemplo, a *Estética transcendental*. A divisão do espaço é divisão da própria coisa; toda qualidade sobrevém ou desaparece no espaço, o "preenchimento" de certo modo (esse "preenchimento" difere de um registro sensorial para outro: a cor "cobre"; o odor se "difunde",

---

11. Daí o título do cap. 11: *Die ontische Sinnesschichten des anschaulichen Dinges als solchen*. Sobre "noema" e "sentido", cf. *Ideen* I, § 90 e 129s.

etc.). As qualidades não podem senão se substituir; não há vacância absoluta da qualidade.

Em compensação, aqui se introduz uma observação interessante para a análise ulterior do psíquico: o psíquico não se distende, não preenche um espaço, não é dividido por ele. Está localizado no espaço, o que não é a mesma coisa, ou, caso se queira, ele se ordena ao espaço. Esta relação de fundação (*Fundierung*), que será esclarecida no momento oportuno, não ocorre por acaso, mas por essência.

O que é que faz de um espaço extenso uma *Res*, uma *Realität?* (como se disse, trata-se de depreender uma essência: a essência da coisidade, ler essa essência em cima de um exemplo bem escolhido, podendo esse exemplo ser também emprestado da memória ou da livre imaginação[12]. Façamos uma hipótese: suprimamos da coisa toda mudança sob todos os aspectos – quanto à forma e quanto à qualidade; isolemo-la de todo o contexto que possa fazer aparecer uma *mudança em relação com* o resto da situação; resta um "esquema sensível", forma pintada, sonora, etc. Enquanto a forma sem qualidade é impensável, a forma qualificada pode ser abstraída, por variação imaginativa, de todas as outras determinações materiais. Ora, o que é que falta a um fantasma como este? Falta-lhe este "acréscimo" que permite que se espere dele isto ou aquilo. Ele é aparecer puro, fechado em si e tornando-se sem cessar outro. Escapa à questão: "O que é?" esse aparecer onde *alguma coisa* não aparece/escapa ao discurso.

Suspendendo toda relação a um contexto, suspendemos aquilo que faz a realidade da coisa material. O sentido de coisa só se manifesta quando levantamos os parênteses: a relação do fantasma a circunstâncias (*Umstände*) parece então o momento decisivo da coisidade. Consideremos uma dessas circunstâncias: o esclarecimento. Sob luzes diferentes, o fantasma do objeto não cessa de variar. Mas nós dizemos que é a mesma coisa iluminada de outro modo. Destacamos, então, do

---

12. Não se poderia subestimar o papel das variações imaginativas na redução husserliana do fato à essência: cf. *Ideen* I, § 4 e 23.

fluxo das variações uma constância de qualidade ou de forma. E esse fluxo de variações, nós o relacionamos ao mesmo tempo com variações nas circunstâncias. Esta referência do variável a circunstâncias variáveis é o contrário da *Dingsetzung*, mediante a qual pomos uma coisa como a mesma coisa. A materialidade é, por conseguinte, aquilo que se anuncia como independente das circunstâncias através das variações do esquema sensível. Por exemplo, a cor objetiva é aquela que a coisa tem, tanto à noite como de dia. Toda propriedade tira sua realidade material (*real*), objetiva, de uma operação relacional da mesma ordem, e a realidade é tão múltipla quantas são as propriedades que se podem tratar como "unidades persistentes com relação aos múltiplos esquemas regulados sobre as circunstâncias correspondentes"[13].

Esta análise da *realisierende Auffassung* que eleva o passageiro aparecer ao nível de "estado" duradouro (*Zustand*) pede algumas observações. Ela vai surpreender tanto os fenomenólogos "existencialistas", que a considerarão muito intelectualista, como também os filósofos acostumados às análises de Lagneau e de Alain, e com mais forte razão ainda os pensadores formados pela *Analítica transcendental* de Kant.

Por um lado, com efeito, essa "posição de coisa" é uma operação relacional: com o nome de "circunstâncias" Husserl evoca, se não a relação de causalidade, pelo menos um estilo causal[14] que seria a raiz, a forma original de uma relação explícita pertencente à camada superior do *Denken*. Ao mesmo tempo, Husserl empenha toda a análise posterior em uma direção que decepcionará os leitores acostumados à oposição da "existência" e da "objetividade", tal como se encontra, por exemplo, em Gabriel Marcel, e depois em Merleau-Ponty. Não se trata, em *Ideen* II, de encontrar um tipo de presença do

---

13. *Ideen* II, p. 55.

14. "Conhecer uma coisa é saber por experiência como ela se comporta quando se pressiona, se choca com ela, se curva, se quebra, se aquece, se esfria, numa palavra como ela se comporta no encadeamento das suas circunstâncias causais (*im Zusammenhang seiner Kausalität*), por quais estados ela passa, como permanece a mesma através desses estados", *Ideen* II, § 16.

mundo, cujas significações seriam projetadas pelo desenvolvimento de nossos poderes corporais, aquém das relações objetivas do nível intelectual e científico. Um projeto como este é absolutamente estranho a Husserl, em todos os casos na época de *Ideen* II. É, ao contrário, a determinação progressiva da objetividade que lhe interessa. Esta preocupação se tornará ainda mais evidente no nível da *Psychè*, que se tratará precisamente de elaborar como o tema válido de uma psicologia objetiva.

No entanto, por outro lado, essa análise não é intelectualista: essa "causalidade" não é pensada; é uma dependência vista, percebida como um aspecto da situação percebida. Ou seja, quando a iluminação de uma figura colorida varia, a dependência quanto à iluminação vem, ela mesma, dar-se originariamente. Husserl orienta a análise no sentido de uma investigação de relações, das quais se pode dizer que são simultaneamente concretas e percebidas. Sem dúvida, admite Husserl que prestar atenção à constância da forma ou da qualidade e prestar atenção à dependência causal são duas direções diferentes do olhar, enraizadas, porém, no mesmo "esquema". Mas a relação deste "estado" a esta "circunstância" é incorporada à base perceptiva do fantasma: faz parte do percebido e do seu sentido. O esquema se presta assim a múltiplas "apreensões causais" que indicam séries possíveis de percepções, funcionalmente relacionadas com séries possíveis de circunstâncias (por exemplo, fico esperando essa aparência do mesmo vermelho sob a luz solar, sob uma luz azulada, à sombra, etc.). Mesmo quando Husserl relaciona os "estados" a uma "substância", permanece no nível daquela *doxa* perceptiva de que falávamos no início e fala de uma mostração originária (*originär...aufweist*: p. 56-57) das propriedades reais nos estados dependentes das circunstâncias.

Vemos as tendências gerais da interpretação:

1) Por um lado, a ciência não levanta problemas absolutamente novos no que tange à constituição perceptiva da coisa. Portanto, é esta que o fenomenólogo deve interrogar, em lugar de subordinar o percebido ao cientificamente conhecido.

98 *Ideen* II acentua assim a tendência de *Ideen* I a deslocar o interesse da filosofia das ciências para a fenomenologia da percepção[15].

2) Em compensação, a consciência perceptiva põe em operação a consciência científica pelo seu caráter relacional: a causalidade compreendida mergulha suas raízes em uma relação percebida de dependência das propriedades intuitivas diante das "circunstâncias", estas mesmas percebidas intuitivamente.

3) A fenomenologia da percepção é possível porque a constituição da coisa comporta uma "essência" que se pode apreender através de alguns exemplos. Este ponto foi mantido sob silêncio pelas modernas filosofias da percepção que dificilmente justificam o seu direito de falar da percepção ao invés de vivê-la, isto é, o seu direito de falar reflexivamente do pré-reflexivo, de falar racionalmente do pré-racional. Husserl, com ou sem razão, justifica esse direito por uma teoria das essências: há significações *a priori* tais como extensão, fantasma, relação a circunstâncias, realidade, substancialidade que são lidas, por inspeção direta, nas coisas mesmas. Mas essa pretensão de ter acesso a essências de noemas, decifrar por intuição eidética a essência de coisidade, levanta um problema grave solidário do precedente: as estruturas da coisa, elaboradas pela ciência, têm uma história progressiva. Husserl desejaria que aquelas que o fenomenólogo destaca não fossem assim. Eis por que ele deve enraizar a "coisa física" na "coisa percebida", a fim de que a história das ciências, onde Brunschvicg instruía o sentido da realidade, não devore a eidética da percepção. Parece que Husserl, depois de 1930 e na época da *Krisis*, considerou essa posição mais difícil de sustentar. Por um lado se viu forçado a acentuar a face irracional desse *Lebenswelt*, que é como a matriz da nossa existência, e em particular sublinhar-lhe o caráter pré-racional; pelo outro, teve que sublinhar a ruptura introduzi-

---

15. *Ideen* I, § 40s.

da pela revolução galileana, mediante a matematização do real, em nossa leitura das coisas e, portanto, pôr em questão essa continuidade entre a percepção e a ciência e conferir o papel decisivo à visão científica do mundo: teve ao mesmo tempo que integrar os *a priori* da *Dingauffassung* em uma história da cultura, com todas as dificuldades que a história introduz em uma filosofia das essências.

Mas *Ideen* II compensa também essa interpretação da continuidade entre a *Dingauffassung* perceptiva e a *Dingauffassung* científica por um olhar lançado a sua descontinuidade. Esta mudança de perspectiva aparece quando se considera uma outra dimensão do percebido, a saber sua relação às disposições corporais e psíquicas do percebente. É a partir deste ângulo novo que se justifica o corte entre a "subjetividade" da coisa percebida e a "objetividade" da coisa física.

O percebido relacionado ao corpo que percebe

É na ocasião da passagem para a última "camada" constitutiva" da *coisa real* que Husserl elabora pela primeira vez, em *Ideen* II, a sua doutrina do corpo. Por que este recurso ao corpo neste momento da análise? Porque a última elaboração da objetividade supõe que se dê a devida atenção a todas as alusões, a todas as referências que a coisa conserva diante de um sujeito senciente e encarnado. A objetividade se depreende de uma subjetividade até aqui não notada, que se omitia a si mesma de certo modo ao se superar nos aspectos mesmos do percebido. É necessário, então, perceber que se estabeleceram até o presente apenas os aspectos da coisa para um sujeito isolado, e que é necessário passar à "coisa para todos". Por conseguinte, importa em primeiro lugar refletir sobre os modos não observados de implicação do meu corpo na "apreensão das coisas".

Vale a pena sublinhar esta maneira de se introduzir o corpo: graças a um movimento regressivo remontamos do percebido, no qual a consciência se ultrapassa, ao corpo percebente, do objeto ao órgão. Essa empreitada rompe deliberadamente com todo tratamento "naturalista", com toda psicofisiologia da sensorialidade. Uma vez que se tenha situado a sensação espacialmente na parte do mundo que é o olho ou a pele, como uma coisa advinda ao mundo, nunca mais se encontra a sua significação de face a face para uma consciência, de *Gegenstand*. Em compensação, a primeira significação do corpo é elaborada pelo movimento de reflexão que surpreende o corpo "estético" – como diz Husserl – nos *aistheta*.

Mas a omissão do sujeito e do corpo "estético" não pode, na verdade, ser total. Não posso apreender uma coisa sem que ela remeta, por certos traços, ao aspecto "animal" do sujeito.

No nível em primeiro lugar daquilo que denominamos o "fantasma" ou o "esquema sensível", o corpo é sinalizado como o centro de orientação a origem zero, o *hict et nunc* a partir de onde vejo tudo o que vejo. Essa referência ao *Nullpunkt* é percebida em cima do próprio real que comporta uma relação concreta de orientação: à direita, à esquerda, longe, perto, etc. Da mesma forma, a livre mobilidade do corpo é percebida como em sua função "estética" como uma dimensão mesma do espetáculo das coisas. Deste modo, em toda percepção o corpo é *mit dabei* como totalidade livremente móvel dos órgãos dos sentidos.

Mas essa livre mobilidade não ganha todo o seu sentido a não ser no nível daquilo que denominamos a "materialidade", ou ainda a "realidade" das propriedades de coisa. Ora, neste nível da *Dingauffassung*, convém lembrar, um aspecto se torna real quando permanece através de um fluxo de "circunstâncias" mutáveis. Essa noção de "circunstância", como categoria concreta, pré-intelectual, da causalidade, era, por conseguinte, a chave dessa função do real. O corpo próprio é elaborado como uma dimensão original da relação muito geral do tipo *wenn-so* ou *weil-so*.

Se considerarmos, por exemplo, as sensações cinestésicas do olho ou da mão, elas diferem, com efeito, totalmente das sensações de cor, de rugosidade, de calor, que constituem os aspectos da coisa mesma, pelo meio das "apreensões", das "visadas" intencionais que os perpassam. Essas sensações, portanto, não se alcançam a não ser de modo abstrato, por uma análise da intenção que vai se encerrar na cor *da* coisa, na rugosidade *da* coisa, etc. Pelo contrário, as sensações cinestésicas não vão além da coisa mesma, mas me revelam a minha existência corporal. No entanto, essa revelação do corpo ainda continua sendo uma função do percebido, nem tampouco é verdadeiro como *hylè* – como matéria bruta –, mas como circunstâncias "motivantes" do curso da percepção: a coisa pode aparecer-me assim, *se* eu viro a cabeça, os olhos, *se* estendo a mão. Deste modo, o próprio curso da percepção remete polarmente a um fluxo de vivido cinestésico, como a um grupo típico de circunstâncias. Portanto, a relação de motivação, a referência vivida a uma ordem motivada das aparências ainda faz parte da apreensão das "coisas". E como todas as outras sensações podem ser "motivadas" em um movimento espontâneo do meu corpo, o conjunto da sensorialidade se configura como uma única operação de dupla polaridade: por um lado, a sensorialidade se ultrapassa na ordem espacial da coisa; pelo outro, se motiva na livre espontaneidade de um curso de consciência (Ver-se-á mais tarde a importância desta análise para a "constituição do psíquico": se é verdade que o psíquico se dá imediatamente como "localizado" no caso único das sensações tácteis e cinestésicas, encontramos aqui uma das raízes-mestras dessa constituição bipolar da realidade da coisa e da realidade do psíquico).

Vamos deter-nos um instante na correlação que subordina o corpo ao percebido como uma "condição" de percepção. Essa correlação se presta, por seu turno, a uma espécie de clivagem interna que separa o "normal" das "anomalias". Já vimos como ligamos à "verdadeira" qualidade, a "verdadeira" cor, a forma "real" a condições "normais" de percepção (há uma "boa" iluminação graças à qual se pode ver bem). Sob este ponto de vista, o ritmo do dia e da noite, o *nictemero* dos antigos, é uma estrutura da percepção. A luz do dia se relaciona com o percebido como seu meio privilegiado. Haveria da mesma forma toda uma fenomenologia do "ambiente" aéreo, do nevoeiro, das telas, da transparência e da opacidade e, de modo geral, dos meios interpostos. Há igualmente uma "falsidade" da percepção correspondente às "anomalias" do corpo estético; o corpo, habitualmente omitido, se impõe de novo à nossa atenção como "circunstância anormal".

Mas a grande diferença entre o condicionamento psicofísico e as circunstâncias tais como a iluminação, etc., é que estas últimas aparecem, elas mesmas, de fora. Neste caso, a própria alteração da aparência é percebida como "produzida" pelas "más" condições de sua percepção. Por isso, a confusão da percepção, por exemplo, ocorre como alteração da percepção normal, mas como alteração "verdadeira". Ora, é excepcional que a própria intervenção do meu corpo como uma "perturbadora" do percebido seja também percebida, como acontece quando minha mão faz sombra ou esbarra em um objeto. A ingestão de santonina, que altera minha percepção das cores, não é como tal uma circunstância percebida. Igualmente a própria alteração da coisa não aparece como alteração "verdadeira", mas como "simulacro" (*Scheinveränderung*): creio estar vendo todas as cores mudadas. Como a dependência de circunstâncias não se dá no campo fenomenal, não tenho a oportunidade de relacionar a alteração do percebido a circunstâncias desfavoráveis, portanto, de considerá-la como "real". É "como se" interferisse uma outra fonte luminosa, mas o conjunto da situação percebida exclui essa interferência. E mesmo este "como se" fica no ar, e a alteração, por não se achar um condicionamento no percebido, é vivida como "irreal". Tenho de mudar de atitude, para fazer surgirem acontecimentos da esfera subjetiva como condições capazes de perturbar o curso da experiência combinando-se com "circunstâncias" do percebido. Mas, mesmo quando que se encontre, essa "condicionalidade" somática não se coordena à situação percebida e permanece, com relação a ela, "irreal". (Deve-se observar que o corpo que aparece assim não é aquilo que os autores franceses, seguindo G. Marcel, chamaram de corpo próprio, mas já uma quase realidade psicofisiológica. Na verdade, a preocupação de Husserl em *Ideen* II não consistirá nunca em opor "existência" e "objetividade", mas seguir ao contrário o progresso da objetivação, não tendo como fundo algo "existencial", mas tomando como fundo algo "transcendental". O lugar ocupado pela noção de "circunstâncias", na estrutura do real e até na teoria do corpo, o preser-

4. Análises e problemas em *Ideen* II de Husserl

va desse tipo de oposição, mas talvez também o impeça de ir até o extremo de uma descoberta radical. A esse ponto iremos voltar quando retomarmos mais tarde a análise do corpo como lugar do psíquico).

O que esta reflexão sobre as "anomalias" nos ensina quanto à constituição da camada superior da coisa que denominamos "realização" (*Realisierung*)? Esta prova do "irreal" mostra por contraste o papel mudo da condicionalidade normal do corpo em nosso sentido do "real". O real é um aparecer ortoestético para um corpo ortoestético. Essa constituição prévia da condicionalidade normal é a *Urbestand*, o estatuto primordial, por relação à modificação aberrante. Enquanto a orientação faz parte da constituição do aparecer real e as sensações cinestésicas "motivam" o curso do percebido, as "anomalias" não podem ser postas no mesmo plano: elas supõem um aparecer canônico para um corpo "sadio" (Na maior parte dos casos uma "anomalia" se destaca diante de um fundo normal. Por exemplo, uma só mão tem o tato enfermo, um só sentido é perturbado com relação ao resto da sensorialidade que continua normativa). A constituição da coisa supõe, portanto, a prioridade do normal sobre o patológico: "a constituição normal constitui a primeira realidade do mundo e do meu corpo"[16]. Essa constituição normal é que denuncia "a anomalia" como uma modificação da "mesma" coisa percebida normalmente. Esta remissão à percepção normal é a outra face dessa prova do "irreal" no aparecer.

Assim, as anomalias não cooperam para a *Dingauffassung*. Elas não revelam novas camadas da coisa, mas condicionam os simulacros. Essa falsidade perceptiva é, por outro lado, múltipla por princípio assim como é una a normalidade da percepção concordante: "há um único mundo constituído normalmente como o mundo verdadeiro, como a 'norma' de verdade, e existe uma multiplicidade de *Scheine*, de simulacros, de perturbações do modo como a coisa se dá, que en-

---

16. *Ideen* II, p. 87.

contram sua "explicação" na experiência da condicionalidade psicofísica"[17].

Ao longo de toda esta análise temos permanecido fiéis ao método fenomenológico que, sem cessar, remonta do percebido ao percebente: é o sistema já constituído de percepção concordante, portanto o caráter ortoestético do percebido, que mostra claramente como em um reflexo o caráter ortoestético do corpo percebente. A ideia de uma percepção integralmente discordante – que não é absurda, conforme *Ideen* I, § 47 – permitiria vislumbrar a possibilidade de uma percepção radicalmente perturbada. Mas mesmo esta hipótese, que seria em suma correlativa daquela de um não mundo, de um *a-cosmos*, não pode fazer com que se ponham no mesmo plano, como o fazem os relativismos e os ceticismos sumários, as condições normais e anormais da percepção. A referência da percepção concordante ao corpo ortoestético pertence ao aparecer real; a referência às perturbações psico-orgânicas não constitui nada de real.

Se então estendermos ao conjunto do sujeito psicofísico essa referência do percebido canônico ao corpo ortoestético, conquistaremos a ideia de uma dupla *relatividade* do percebido a esse sujeito. Ou seja, por um lado a relatividade ao corpo e à *psychè* ortoestética define apenas as condições *ótimas* em que a coisa sobrevém com as propriedades "que lhe cabem a ela mesma". Longe de ser sinônimo de perturbação, essa relatividade é justamente a polaridade do "normal" e do "real". Do outro lado, a relatividade do simulacro às anomalias define a relatividade como perturbação, mas a sua significação intencional (perturbação de...) a remete precisamente e a subordina à precedente.

---

17. Ibid., p. 95. Pode-se duvidar, novamente, se uma patologia da percepção, mesmo no estado nascente, pertence ao vivido. A experiência primitiva do corpo próprio envolverá, sem uma inversão de atitude, esse conhecimento fisiológico mínimo?

4. Análises e problemas em *Ideen* II de Husserl

A camada "intersubjetiva" da coisa e a constituição de uma "natureza objetiva"

O novo passo consiste em elevar-se de uma identidade "relativa" ao sujeito a uma identidade "não relativa". Aqui é que se efetua a cisão entre qualidades e quantidades. O trabalho foi preparado pela elaboração da coisa "verdadeira" em condições "normais" de percepção: resta desligar a camada superior da coisa dessa relatividade ao próprio corpo "normal". Por que o geométrico goza desse privilégio, e não o qualitativo?

É a passagem da experiência solipsista à experiência intersubjetiva que contém a resposta a essa pergunta. De resto, essa mesma distinção repousava sobre uma abstração que se deve agora levantar.

Mas como é que "essa relação a uma pluralidade de sujeitos, que trocam entre si a sua experiência, vai entrar na constituição da coisa e, mais precisamente, de sua realidade objetiva"? Não estamos em um círculo, se é verdade que os outros homens são apreendidos pelo corpo deles que faz parte do meu ambiente? Interroguemos de preferência o *sentido* da experiência, o sentido da coisa "objetivamente real". O que ela quer dizer? Portanto, que tipo de legitimação lhe está ligado? Lemos neste sentido "coisa objetiva" uma "intenção não preenchida" (*eine unerfüllte Intention*) que descuramos na análise dos diversos níveis de constituição da coisa. Noutros termos, a coisa objetiva é coisa para todos, para quem quer que seja. A coisa que se constitui em um diverso para um sujeito individual não é senão pura "aparência" subjetiva *da* realidade objetiva. Portanto, a objetividade é contemporânea da intersubjetividade.

Temos de confessar que essa virada é feita de maneira bastante brusca. Husserl identifica rapidamente a relação a uma comunidade de sujeitos e a *não relação* da coisa física a um sujeito individual no nível lógico-matemático[18]. Não é difí-

---

18. *Ideen* II, p. 105.

cil compreender que essa objetividade implica a possibilidade de ser conhecida por um só ou por todos, mas isso quer dizer que a não relatividade a *estes* e *àqueles* sujeitos enumerados individualmente funda a possibilidade de princípio de ser reconhecida por *quem quer que seja*? A validade de direito da objetividade e a condição de fato da intersubjetividade são mantidas juntas por Husserl: sua análise supõe que se fundamente a inter subjetividade na objetividade, dado que é o *sentido* dessa intenção não preenchida que propõe o enigma. Ao mesmo tempo, o trabalho de constituição tende a encontrar a objetividade na confluência das visadas inter subjetivas. Talvez essa ambiguidade seja essencial a uma análise que toma sempre o objeto como "guia transcendental" que parte do sentido, mas depois torna a descer das visadas múltiplas até o objeto uno.

Seja lá qual for essa dificuldade, a constituição do espaço objetivo é que é o fato decisivo da constituição do objeto. A "relação de orientação" de cada coisa ao *hic et nunc* do meu corpo é superada em um sistema de lugares, verdadeiro para todos, com o qual é possível identificar todo "aqui" e todo "lá-longe": é nesta "idealização" do espaço de orientação que consiste essa "intenção" evocada acima como característica do grau superior de apreensão da coisa.

A esse espaço objetivo se ordena toda forma, todo movimento. No dia em que o cientista decidiu rejeitar todo aspecto do real que não se ordenasse ao espaço objetivo, teve acesso à condição física do mundo. E Husserl evoca essa matematização do real nas últimas páginas da I Parte de *Ideen* II, e que será o ponto de partida das reflexões da *Krisis* sobre o conflito entre a atitude objetiva e a atitude transcendental. *Ideen* II se limita a situar com relação ao edifício das camadas de intenções essa determinação "intersubjetivo-objetiva" que mais uma vez ainda interpreta como a determinação "irrelativa" e assim ao mesmo tempo intersubjetiva" da realidade.

Segunda parte: A constituição da natureza animada

A II Parte de *Ideen* II é consagrada à alma (*Seele*). Por alma não se deve entender um princípio metafísico, *res cogitans* ou *pneuma*, mas um nível de realidade, a ordem do psíquico. Eu até arriscaria traduzir: a *Psychè*. Esta nova dimensão da realidade ainda faz parte da ideia da natureza, e ao mesmo tempo ela fragmenta a estrutura descritiva da coisa. Será então abordada com os mesmos recursos metodológicos que a coisa há algum tempo. Tentar-se-á interrogar o *sentido* dessa realidade tal qual ela se anuncia, desentranhar as intenções de consciência que se entrecruzam no sentido: *Psychè*, este sentido, nós o levaremos até o nível da intuição eidética. Ou seja, usaremos do duplo auxiliar da experiência efetiva e da imaginação para elucidar o "gênero supremo" que rege a região do psíquico enquanto tal.

A caminhada de Husserl é digna de nota: o psíquico é uma ordem de realidade muito ambígua que se deve examinar por duas abordagens convergentes. Por um lado, o psíquico é o limite de um movimento de objetivação pelo qual o eu se exterioriza, se faz coisa, se *realiza*. Pelo outro, o psíquico é o limite de um movimento de interiorização pelo qual o corpo recebe uma nova camada de significação, *se anima*. Realização do eu puro e animação do corpo-objeto constituem a *psychè*.

Esse itinerário é muito diferente daquele dos fenomenólogos marcados pelo existencialismo, que tentam logo de início se situar no nível de uma experiência em que o psíquico e o corpo próprio viriam dar-se. Nada disso em Husserl. Deve-se primeiro percorrer o rude caminho da redução transcendental, pois só ela ensina o que significa *ego* e, a seguir, misturá-lo ao mundo: não existe caminho mais curto que o do eu constituinte para o eu constituído. Em sentido inverso, é necessário construir o vivente sobre a coisa. Não é possível passar sem o corpo-objeto: é a ele que se deve animar. A fenomenologia existencialista tenta, ao contrário, elaborar uma compreensão direta de um psiquismo encarnado para o qual o eu refletido e o corpo-objeto seriam o limite superior e o limite inferior atingidos por uma operação segunda, reflexiva em um caso, objetivante no outro. Husserl questiona a possibilidade de fazer obra fenomenológica sem a dupla referência do *ego* puro e do corpo-coisa e de alcançar a ambiguidade de outro modo a não ser por dupla aproximação.

"Realização" do ego: *do "eu puro" ao "eu homem"*

A distinção entre o eu puro, proveniente da redução fenomenológica, e do eu homem, realidade deste mundo, é uma constante do pensamento de Husserl: ela é que faz a clivagem da fenomenologia e da psicologia. Mas a psicologia não se compreende a si mesma, vive literalmente extraviada, caso não acompanhe a fenomenologia. Esta é que instrui aquela acerca da essência da subjetividade. Quem não sabe o que é o eu puro, constituinte de toda realidade, aquele por quem e em quem são coisas, animais e homens, não saberá o que é o psiquismo, realidade constituída, tecida no meio ambiente do eu puro. Eu puro e realidade psíquica têm de ser elaborados polarmente como o constituinte único e um constituído *entre* outros. No entanto, a *Psychè* não é um constituído *como* outro qualquer, dado que ela é o mesmo eu, a mesma subjetividade, o mesmo fluxo do vivido, sem princípio nem fim, mas "percebido" em um corpo, entrelaçado com ele de maneira a formar uma única realidade. O *ego* se constitui como *Psychè* por essa volta de si mesmo às coisas. É, portanto, como contrapartida da redução que se compreende a realização do eu: reduzindo as coisas, reduzo o eu homem e logo lhe vem o espanto de estar fora, real.

Esse movimento significa que não posso fazer a exegese do ser-no-mundo sem esse recuo, sem essa "abstração"[19] do corpo. Neste ponto, Husserl se mantém fiel a Descartes: compreendo a união da alma e do corpo a partir do *cogito* que efetua um certo exílio da corporeidade. Percebe-se então a encarnação como aquilo que esse exílio anula. Assim como a es-

---

19. *Ideen* II, p. 124.

4. Análises e problemas em *Ideen* II de Husserl 111

pessura bruta do mundo me é entregue no limite da destruição ideal do mundo pelo método das variações imaginárias[20], da mesma forma o vínculo da condição encarnada é o que anula a *epochè* que, no entanto, contestava esse pacto com minha carne.

Consciência pura e consciência empírica 108

Em compensação, não é nada fácil entender bem o eu puro. As variações de Husserl a partir da V *Investigação lógica*[21], até *Ideen* I e II[22] atestam que é difícil elucidar em que sentido toda *cogitatio* é *cogitatio* de um *ego*.

1) *Ideen* I colige uma série de observações progressivas. Parte-se da imagem de *Ideen* I: todo pensamento é um "raio do eu". O eu emite raios "através de" seus atos. *Ideen* II completa assim essa imagem: essa irradiação "do" eu é assinalada por uma contrairradiação proveniente dos objetos. Afirmar que eu desejo é dizer que o objeto me atrai; se odeio, o objeto do ódio me repugna; se mergulho na tristeza, se sou arrebatado pela cólera, presa de indignação, cedo, resisto, etc. Eis aí todo um conjunto de modos do eu "se comportar relacionando-se", como já dizia *Ideen* I. Portanto, o eu não é nem ato nem objeto; revela-se, porém, como *Ichpol* em um certo "momento" de seus atos. Quer seja passivo, desatento, obliterado, é ainda uma maneira de ser "eu". E assim todo *cogito* está pronto para uma modalidade "vigilante" (*waches*) do eu, que "o eu pode acompanhar todas as minhas representações", nelas introduzir o seu olhar, sem alterar a situação.

2) A maneira como o eu é *apreendido* é a reflexão, cuja propriedade consiste em instituir a identidade daquele que re-

---

20. *Ideen* I, § 49.
21. *Logische Untersuchungen*, V, § 4 da segunda edição, que corrige a concepção "não egológica" da consciência, tal como se encontrava na primeira edição.
22. *Ideen* I, § 80.

flete e do que é refletido. Essa identidade não é uma coisa qualquer, sobretudo não é lógica, em vista da temporalidade. Eis o motivo pelo qual Husserl evoca[23], no mesmo sentido que certas alusões de *Ideen* I, uma *autoconstituição do eu no tempo*: o eu é "a unidade do tempo imanente com o qual se constitui". Não é nem um momento, nem uma parte: é "o idêntico do tempo imanente".

3) Por esta razão, se o eu "passa", não passa como um acontecimento. Não acontece, mas tudo o que acontece lhe acontece. Quando muito, pode cessar de ou começar a refletir, ou seja, "operar" o ato reflexivo do *cogito*, mas não irradiar de seus atos[24]. Esta é a sua maneira de ser *imutável*. Sua identidade não é, portanto, a do objeto que mantenho o mesmo na variação das circunstâncias, como a verdadeira cor sob condições diferentes de luminosidade, nem mesmo a da pessoa que se mostra a mesma sob diferentes condições de iluminação social. Pois o eu puro não aparece em absoluto, nem se exibe mostrando a face; não tem lados; é a ipseidade absoluta[25].

Esta palavra que não é de modo algum objeto, que não é absolutamente uma unidade visada, noemática, seria, então, apenas um *eu pontual*? Certas expressões levariam a crê-lo. Diz-se "centro funcional" (daí a imagem do centro de irradiação), *terminus a quo*, contrapolo do objeto, que terá por análogo o corpo como centro de orientação e de olhar. Tenta Husserl, porém, superar essa abstração.

---

23. *Ideen* II, p. 131-133.

24. Ele não pode nem *entstehen* nem *vergehen*, mas apenas *auftreten* e *abtreten*; não é capaz nem de nascimento nem de desfalecimento, mas de "inserção" e de "deserção".

25. "Vielmehr ist es in absoluter Selbstheit und in seiner unabschattbaren Einheit gegeben, ist in der reflektiven, auf es als Funktionszentrum zurückgehenden Blickwendung adäquat zu erfassen. Als reines Ich birgt es keine verborgenen inneren Reichtümer; es ist absolut einfach, liegt absolut zutage, alles Reichtum liegt im *cogito* und der darin adäquat erfassbaren weise der Funktion" (*Ideen* II, p. 134).

4. Análises e problemas em *Ideen* II de Husserl 113

4) O que se disse da vigilância e da temporalidade permite prever que o eu puro, embora "não real", é, no entanto, uma vida, um "viver" (*Erlebnis*). Assim existem "*habits*", que Husserl com razão não pretende confundir com as disposições "reais" que o psicólogo confere ao psiquismo real. O que são esses "habitus" que desempenham um papel tão importante na IV *Meditação cartesiana*? É uma necessidade de estrutura do tempo imanente que toda operação, opinião, juízo, afeto, volição, etc., "permaneça" de tal maneira que seu "tema" seja reconhecido em sua permanência: é ao meu eu mesmo permanente que encontro e reconheço. Que fique bem claro: não se trata do reconhecimento do mesmo objeto, de uma identidade noemática, mas do reconhecimento de mim mesmo enquanto permanece na mesma visada, como retido na retenção do mesmo "tema". Esta maneira de se comportar com coerência[26] não é, portanto, constituída mais na realidade do eu empírico que na identidade do objeto visado; ela vem, antes, dessa constituição por si mesmo do tempo original (não é em sentido algum uma constituição de transcendência, mas de imanência); não é a permanência de um conteúdo, mas de um ato e de uma maneira. O *habitus* marca a flexão do ser ao ter[27], do eu ao meu, por uma espécie de inércia da duração: "toda visada é uma fundação (*Stiftung*) que permanece como posse do sujeito enquanto não sobrevierem motivações que impliquem uma mudança"[28].

110

Vê-se como é complexa esta doutrina do eu puro: Husserl quis ao mesmo tempo ir até o extremo da abstração de toda a condição humana para polarmente fundar o eu real na sua mundanidade, e dar a esse eu puro uma espécie de estatuto concreto, atribuindo-lhe a espontaneidade de um olhar vigilante ou entorpecido e a permanência de um *habitus*. A temporalidade funda essa liberdade no instante e essa constância na duração. As *Meditações cartesianas* irão acentuar essa

---

26. *Ideen* II, p. 145.
27. Ibid., p. 153.
28. Ibid., p. 145.

dupla tendência: o eu puro vai ser, ao mesmo tempo, polo dos atos e mônada concreta.

Realidade e *psychè*

Apoiado no eu puro, o eu real e seu paradoxo.

Eu – Fulano – sou um cantão do mundo: esta afirmação radical põe a alma do lado de fora. A *psychè* vem a ser um face a face [= objeto] (*Gegenstand*) do sujeito, como toda "transcendência".

No entanto, o seu estatuto de objeto é insólito: a *psychè* não fica do lado de fora como as coisas. Pensar o homem como psíquico é ir direto nele ao *ego*, ao *alter ego*, ler lá fora um polo sujeito, irradiante em todas as suas intenções de consciência, picado em seu meio ambiente. Portanto, eu puro e eu objeto realizam uma paradoxal coincidência: o sujeito puro tornou-se objeto, o *terminus a quo* de toda noese se fez *terminus ad quem* do olhar.

Em *Ideen* I a consciência se dizia "entrelaçada" (*verflochten*) com o mundo natural de uma dupla maneira: por encarnação e por percepção. O estilo de *Ideen* I comporta subordinar a união da consciência ao real por encarnação à sua união por percepção[29]. A naturalização da intencionalidade sob as formas que a psicofisiologia conhece é a chave dessa naturalização global da consciência psicológica que se tornou realidade intramundana. Entretanto, *Ideen* I consagra dois parágrafos a este processo de vir-ao-mundo (*Hineinkommen*) da consciência: ela é um abandono (*preisgeben*) de imanência por participação (*Teilnahme*) nas coisas. Mas *Ideen* I não elu-

---

29. *Ideen* I, § 39. Em *Ideen* I, a "redução" do caráter encarnado da consciência é um aspecto da redução geral da "tese do mundo". Isto é claro no caso da percepção. Não se pode suspender o caráter "natural", "mundano" da relação perceber-percebido sem suspender a encarnação da consciência. Na natureza, a coisa age fisicamente sobre o corpo, mas para se compreender que ela é puro percebido *para* uma consciência, deve-se desligar o perceber da psicofisiologia. A suspensão do eu empírico e da sua encarnação é assim o pressuposto da fenomenologia da percepção.

4. Análises e problemas em *Ideen* II de Husserl

cida o papel constituinte do corpo: deste modo "a percepção" da consciência como "realizada" continua sendo um enigma. Somente é sublinhada a identidade do eu puro e desta consciência "ligada" ao corpo (*Anknüpfung*) e, no entanto, "transformada em outra coisa".

Portanto, a psicologia é intramundana como seu objeto: ela estuda um conjunto de estados (*Zustande*), dispostos em camadas, e de propriedades constantes. Mas diversamente da física, ela não tem nenhuma inteligência direta do seu objeto. Não se compreende a si mesma, se não compreende seu objeto como uma não realidade realizada. Há mais e não menos em um fenômeno psicológico que em um vivido fenomenológico: há esse vivido *mais* sua *Naturbedeutung*.

Ideen I atribui tal importância a essa subordinação da psicologia à fenomenologia que faz questão de observar que a fantástica hipótese da "destruição do mundo", que me remete a uma consciência capaz tanto de um não mundo como de um mundo, é uma ascese necessária ao próprio psicólogo. A destruição do mundo é também a dos corpos, dos seres animados e dos seres humanos[30]. Esta maneira de se anular animal para se encontrar pensante nos restitui o psiquismo como "relativo", "contingente", "transcendente". Vê-se então que a encarnação não é uma estrutura transcendental, mas uma "regulação empírica" no interior do fenômeno do mundo. A dupla "união" da consciência ao mundo mediante encarnação e percepção é assim conquistada por compensação da purificação fenomenológica da consciência e de sua mundanização. É por contraste com esse ato de desprendimento, pelo qual começa a filosofia, que surge o próprio *problema* da encarnação: antes dessa elaboração da consciência pura por *reflexão*, a encarnação era

---

30. "Pode-se decerto pensar uma consciência sem corpo, e por mais paradoxal que isso pareça, sem alma (*seelenloses Bewusstsein*), uma consciência não pessoal (*nicht personales*), isto é, um fluxo de consciência onde não se constituiriam as unidades intencionais empíricas chamadas corpo, alma, sujeito pessoal empírico, e onde todos esses conceitos empíricos, inclusive por conseguinte o do vivido no sentido psicológico (enquanto vivido de uma pessoa, de um eu animado), perderiam todo ponto de apoio e em todos os casos qualquer validade" (*Ideen* I, p. 106).

"toda natural". O gesto que repele a natureza como "o estranho", como o "ser outro", torna insólito esse entrelaçamento da consciência com o mundo.

A *psychè* e a coisa

Antes de tentar dizer de que modo o sujeito se realiza pela constituição do corpo como corpo "animado", procuremos reconhecer o tipo de realidade que vai nos servir de guia transcendental neste trabalho de constituição. Portanto, vamos tomar em bloco o sujeito na sua animalidade e interrogar essa experiência: o encontro de um ser animado. Vamos distinguir o seu sentido daquele da coisa, sem levar em conta a relação entre sua camada psíquica e sua camada corporal.

Aqui se manifesta o caráter ambíguo da *psychè*: real entre as realidades; não, contudo, real como as coisas.

Husserl não tenta inovar em psicologia: ela a toma assim como a encontra, nos laboratórios e nos institutos alemães do início do século XX, como um departamento das ciências naturais. O *psíquico* se ordena à realidade porque lhe respeito a sinalização mais geral, a saber uma certa estratificação entre "estados" que permanecem na variação das circunstâncias, das "propriedades" ou das "disposições" que coordenam esses estados com relação a grupos de circunstâncias de segundo grau, e um sujeito de inerência (aqui o metal, lá o elétron, e agora a *psychè*). Falamos do ser humano como de um substrato dotado de propriedades (*Eigenschaften*). Essas propriedades, sem dúvida, são muito originais, enquanto precisamente psíquicas. A analogia é ao menos completa do ponto de vista formal. Assim, uma propriedade psíquica (aptidão, traço de caráter, função) "se anuncia" pouco a pouco, é uma *Einheit der Bekundung* que se experimenta, também, na variação das circunstâncias (por ex., a acuidade visual, a emotividade geral, a tenacidade da memória, a inteligência das relações ou das situações, etc.). A psicologia, tal como a física, elabora unidades de graus superpostos que são não os pró-

4. Análises e problemas em *Ideen* II de Husserl

prios fatos, mas aquilo que se anuncia nos fatos. A diferença não está na forma da experiência, mas no estilo dos fatos como tais. A psicologia empírica responde integralmente ao critério geral da experiência: chegar a propriedades através dos estados relacionando-os causalmente a circunstâncias.

Esta analogia entre a *psychè* e a coisa, que permite nos dois casos falar de experiência, de realidade, de propriedade, de estado, de circunstância, repousa sobre a comunidade de uma mesma ontologia material, que regula os conceitos comuns para toda a região da natureza.

No entanto, essas determinações devem ser de tal modo corrigidas que serão *quase* anuladas pelo próprio estilo dos fatos psíquicos. Se é verdade que o real é, em todos os casos, um ser que persiste em circunstâncias variáveis, a realidade "psíquica" não tem nem a mesma persistência que a coisa nem uma dependência em face de circunstâncias do mesmo tipo que a coisa.

Como se recorda, no caso da coisa a primeira camada é o "esquema" que se esboça através dos aspectos variáveis segundo a orientação do corpo; a seguir, o esquema é realizado em propriedades constantes à medida que se infere um estilo de comportamento do jogo variável das circunstâncias.

Outra é a maneira como a realidade psíquica anuncia "propriedades" em "estados": pois esses estados não são mais da ordem do esquema, mas da ordem do vivido. A transcendência do ser humano (no sentido husserliano do termo transcendência) tende a se anular. Na ausência de esquema inicial, o processo de matematização do real aqui não tem base; não se pode tampouco falar de em si, no sentido de "índice" fixo das propriedades intuitivas da coisa. Parece que tudo aquilo que se disse acima acaba sendo negado: "a alma não tem 'em si' como a natureza, nem uma natureza matemática como a coisa da física, nem uma natureza como a coisa da intuição, visto não ter unidade esquematizada"[31]. O que ocupa o lugar do em si da coisa é, precisamente, o estar-em-fluxo. Ou seja, "fluxo"

---

31. *Ideen* II, p. 169.

opõe-se, aqui, a "forma espacial", a "esquema". As propriedades estão em fluxo, a alma está em fluxo e não se achará tampouco uma estabilidade comparável à da coisa, antes do nível das comunidades de tipo social em que a forma de constância lembrará a forma espacial da coisa.

Por outro lado, o tipo de "dependência de circunstâncias" não merece tampouco o nome de "causalidade". Pode-se falar de uma "funcionalidade regulada por leis", mas o seu estatuto é particularmente equívoco. Com efeito, a unidade do fluxo psíquico tem sua coerência própria através de sua dependência do corpo. Isto é absolutamente insólito no tocante à dependência unilateral da coisa quanto a circunstâncias.

Mais precisamente, várias espécies de dependências se entrelaçam no tipo de funcionalidade que convém ao psíquico. No mais baixo dos graus, encontramos uma dependência psicofísica, ou melhor "fisiopsíquica": a apreensão constituinte do psíquico atribui propriedades reais à alma em *função* das "circunstâncias corporais". Essa dependência se refere principalmente às sensações e a suas reproduções, os afetos sensíveis e instintivos, mas aos pouquinhos se vai estendendo a toda a vida psíquica. Em certo sentido é possível continuar indefinidamente essa leitura fisiopsíquica do homem. Mas em outro nível uma dependência "idiopsíquica" interfere com essa dependência "fisiopsíquica", pois a alma depende de si. Ela se motiva a si mesma, segundo um padrão associativo ou de acordo com outros modos mais sutis de encadeamento (como se percebe no caso da alteração das convicções intelectuais, dos gostos afetivos, das decisões volitivas, etc.). Este segundo tipo de dependência vai muito além, mais ainda que o primeiro, da analogia com a natureza material.

Esses dois tipos de dependência, porém, entrecruzadas na psicologia, deixam ainda fora de cena um tipo mais essencial de dependência que abala os limites da psicologia. Trata-se das dependências intersubjetivas que constituem o nível da pessoa. Esta nova dimensão será constantemente mantida em suspenso nesta segunda parte consagrada ao psíquico. Se o psíquico extrapola o natural em que se ordena, o pessoal extrapola o psíquico que conserva sempre a marca de sua dependência da natureza pela mediação do corpo. A pessoa se anuncia por outros traços diversos de sua relação "natural", "real" a um ambiente, a saber, por comportamentos em meio humano, em circunstâncias sociais (direito, costumes, religião, etc.).

Na verdade, mudamos aqui de "atitude": a "atitude personalista" e a "atitude naturalista" (no sentido mais amplo abrangendo o psíquico) são duas *Auffassungsweisen* eideticamente diferentes. Vamos fingir em seguida que a pessoa fica absorvida na alma e vamos pôr entre parênteses a *Geisteswissenschaft-Auffassung* (que constituirá o objeto da III Parte) para permanecermos nos limites da *psychologische Auffassung*, diríamos no nível da união da alma e do corpo ou, como diz Husserl, no nível da natureza organopsíquica (*leiblish-seelisch*).

Daí resulta que é omitindo a camada da pessoa que a psicologia se presta ainda a uma visão naturalista, se insere na natureza *quase* negando-a: já se viu como a dependência "idiopsíquica" recusa a dependência totalmente exterior da coisa em face de circunstâncias causais e como o caráter histórico da alma recusa o tipo de unidade espacial da coisa e *a priori* exclui toda matematização do psíquico. A alma está, se assim se pode dizer, na encruzilhada de uma realidade "supranatural" e de uma realidade "natural". Sua dependência fisiopsíquica e sua dependência idiopsíquica traem essa natureza mista: talvez fosse melhor falar de "quase natureza" e de "quase causalidade". Não se deve, afinal, perder de vista que a "realidade" da alma não se refere senão à unidade global, massiva do ser humano na sua ligação do psíquico ao corporal. Como já se disse acima, "aquilo que opomos à natureza material como segunda espécie de realidade não é a alma, mas *a unidade concreta* do corpo e da alma, o sujeito humano (ou animal)"[32]. Ainda falta reconhecer, por análise intencional, a camada do corpo animado e da *psychè* animadora nes-

---

32. *Ideen* II, p. 178.

sa quase natureza do homem-animal. Ao menos nessa etapa da análise curiosamente renovamos a velha ideia segundo a qual a alma é um "misto".[33] Ou seja, ela é constituída no ponto de convergência onde o Eu puro *realiza* o seu corpo e a sua *psychè* no mundo e onde a natureza física é sobrepujada por uma camada significante que a interioriza e a inclina para a imanência.

O corpo e a psychè

Temos agora de nos situar no outro pólo e ver como, sobre a base o corpo material (*Körper*), se constroem as camadas psico-orgânicas (*leiblich-seelischen*), ainda aquém, no entanto, do nível do *Geist*.

O movimento de pensamento de Husserl se articula em duas etapas distintas: a primeira tem por origem a análise da I Parte: *o percebido relacionado com o corpo percebente*. Esta se desenvolve no quadro limitado de uma omissão, de uma colocação entre parênteses: vamos abstrair do conhecimento mútuo, da *Einfühlung* e de modo mais geral, de tudo aquilo que devemos à intersubjetividade. Portanto, vamos de propósito limitar-nos a uma experiência solipsista, a fim de depreender tudo o que for possível de uma experiência do corpo próprio. Em um segundo tempo, vamos de novo introduzir a dimensão omitida: a abstração prévia terá permitido fazer surgir o sentido original que a intersubjetividade confere ao corpo animado e ao psiquismo. Esta distinção de uma experiência solipsista e de uma experiência intersubjetiva não tem nenhuma significação "histórica": ela não pré-julga da anterioridade cronológica de uma sobre a outra. Tem alcance apenas metodológico. Quanto a esse método de abstração, consiste ele em preparar um campo de experiência delimitando-o, a fim de melhor *distinguir* as significações sobrepostas.

---

33. Ibid., p. 176.

O nível da experiência solipsista

Partimos, por conseguinte, das alusões que todo objeto percebido faz a meu corpo: a constituição da natureza material, como o vimos, remete a este corpo *com o qual* percebo. Husserl prenuncia, assim, as investigações dos autores franceses sobre o "corpo próprio". Mas o notável, e o que o opõe a esses autores, é o fato de não estar preocupado em explicitar o sentido do corpo próprio em *oposição* ao conhecimento objetivo, científico, biológico do corpo, mas, pelo contrário, mostrar como uma realidade "fisiopsíquica" ganha sentido em *correlação* com uma natureza material. Torno a insistir, a oposição da existência e da objetividade é estranha a Husserl. Os problemas de constituição não dirimem essa oposição: a análise intencional começa, preferencialmente, no nível do corpo próprio e terminará manifestamente no nível do corpo objeto quando entrar em cena a intersubjetividade.

A experiência primordial é aquela em que o corpo se revela como órgão do perceber, implicado no percebido. Que revelação é esta? Desviemos a atenção da *coisa* constituída "através" da função órgão e coloquemo-la de novo nas *sensações locais* cujo portador é o corpo. Surpreendemos o psíquico, de certo modo, no plano da função órgão (o caso do duplo contato é o mais revelador: toco minha mão esquerda com a mão direita; meu corpo parece duas vezes: como *aquele que* explora e *o que* eu exploro).

Vamos interrogar a sensação do contato. Ela tem uma função dupla muito notável: é a mesma sensação que "apresenta" a coisa explorada e que revela o corpo. Todo tato em sentido lato (tato superficial, pressão, calor e frio, etc.) se presta a duas "apreensões" (*Auffassung*) em que se constituem duas espécies de coisas (*Dinglichkeit*). A extensão *da* coisa e a localização *da* sensação se elaboram de certa maneira em sobreimpressão: por um lado se elaboram os perfis em um esquema sensível fluido, o qual se ultrapassa em um objeto idêntico; pelo outro, a sensação anuncia a sua pertença a uma *psychè* e simultaneamente revela meu corpo como meu.

Esta primeira experiência atesta o privilégio do tato na constituição do corpo animado. O olho não aparece visualmente e a mesma cor não pode mostrar o objeto e aparecer localizada como sensação. A experiência do duplo contato – do "tocante-tocado" – não tem equivalente. Não há "vidente-visto": "qualquer coisa vista pode ser tocada e, deste modo, remete a uma relação imediata ao corpo, não, contudo, ao meio de sua visibilidade. Um sujeito puramente ocular não poderia ter corpo que aparece"[34]; veria seu corpo como coisa. As sensações cinestésicas me revelariam no máximo a minha liberdade de movimento, não a pertença de meu corpo. "É como se o eu, indiscernível desta liberdade, pudesse no plano cinestésico mover a coisa material 'corpo' com liberdade imediata"[35]. Vê-se o parentesco e a distância que há entre Husserl e Maine de Biran: é lidando com as coisas que apareço a mim como corpo. Mas o papel revelador pertence ao tato como tal, não ao esforço: "as sensações de movimento devem fundamentalmente a sua localização à sua combinação constante com sensações localizadas em primeira instância".

O sentido do corpo, revelado por esta localização primária das sensações tácteis, é ser uma coisa senciente que "tem" sensações. Numa palavra, o psiquismo se mostra assentado na espacialidade vivida do corpo e reciprocamente o corpo é vivido como campo de localização do psíquico.

Todos os outros aspectos que opõem o corpo à coisa material supõem essa localização primária do psíquico. Em primeiro lugar, sua propriedade de ser um órgão de vontade, de ser o único objeto imediatamente dócil a minha espontaneidade motora: todo movimento mecânico das coisas é mediatizado por um movimento não mecânico, espontâneo e imediato. Já vimos acima o papel dessa espontaneidade na constituição do percebido. Mas ela não se absorve somente na constituição das coisas, ela se restabelece nessa constituição para cooperar com a do corpo como Gegenglied da natureza ma-

---

34. Ideen II, p. 192.
35. Ibid., p. 193.

terial. Isso é possível porque primeiramente o corpo pertence ao eu a título de campo de localização de minhas sensações.

Outras sensações, implicadas nos atos de avaliação, participam dessa constituição do sujeito corporal: esses sentimentos "sensíveis" (tensão e relaxamento, prazer e dor, agradável e desagradável, etc.) constituem a infraestrutura "material" (*stoffliche*), não intencional ou, como diz Husserl, a *hylè* dos vividos intencionais, onde se elaboram não mais as coisas, mas os valores. Como há pouco as sensações tácteis, esses efeitos estão encarregados de uma dupla função: implicam uma intenção para... e ao mesmo tempo exibem uma localização corporal imediata, embora difusa, e deste modo revelam sua pertença imediatamente intuitiva ao corpo como corpo próprio (*aus seinem Leib selbst*).

Tal é a ideia interessante destas páginas: toda a infraestrutura hilética da consciência se dá como imediatamente localizada. O momento intencional como tal não é localizado: "Os vividos intencionais não formam uma camada do (*am*) corpo". Assim, para o tato, não é o tocar, como apreensão da forma, que reside nos dedos, mas a sensação táctil. A intencionalidade, que é o próprio sentido da consciência, só é localizada indiretamente por sua *hylè*.

A ambiguidade do psiquismo no nível solipsista

A esta altura de nossa análise, de novo surge a questão sobre a "realidade" do psíquico. Se a *hylè* informe é a face localizável da consciência, não se achará toda a unidade do lado do corpo-coisa que, de certa maneira, é o lugar de implantação desse estranho avesso da consciência?

Topamos outra vez com o problema, abandonado mais acima, da quase realidade do psíquico, mas com os recursos de uma nova análise do psíquico localizado.

Husserl põe a questão nos seguintes termos: "como é que o conteúdo de sensação se liga ao constituído e como é que o corpo, que é ao mesmo tempo coisa material, tem em si e

119

para si (*in und auf sich*) os conteúdos de sensações?"[36] A própria posição do problema impressiona: trata-se de saber o que significa a atribuição do psíquico ao corpo conhecido como coisa. A questão não é resgatar e proteger uma experiência não objetiva, "existencial" da consciência encarnada, mas resgatar o conhecimento físico do corpo para atribuir-lhe sensações. Em que sentido tem o corpo a propriedade de sentir? Em que sentido a sensibilidade pertence ao corpo? Portanto, o que se acha em questão é possibilidade da psicofísica e da psicofisiologia, e não a localização de uma experiência existencial irredutível.

Os exemplos dados por Husserl não deixam dúvida. Ele considera o problema psicofísico das variações concomitantes de uma série de excitantes mecânicos e de uma série de sensações tácteis localizadas. O exemplo supõe que a coisa percebida é considerada no nível mais objetivo: é o "excitante" no sentido do físico, referido ao corpo como campo de sensações. É sob esta condição que se institui uma relação de dependência entre "estados" e "circunstâncias", coisa que, já o sabemos, é o essencial do pensamento objetivo. E como o campo das sensações localizadas é sempre ocupado por sensações, as variações do excitante provocam variações de "estados" em uma "propriedade" permanente de ser afetada: "a sensorialidade (*Empfindsamkeit*) se constitui, então, inteiramente como propriedade 'condicionada' ou psicofísica"[37].

Sendo assim, perceber um corpo como coisa é também "co-apreender" (*Mit-auffassung*) a sua sensorialidade: a esta coisa corpo pertencem campos sensoriais. Essa pertença não é um fenômeno existencial fora de série, mas uma aplicação da relação de dependência (*wenn-so*). A mão é "percebida" como mão com seu campo sensorial, com seus "estados" sensoriais "co-apreendidos". Husserl não vê, portanto, oposição entre o corpo como coisa e o corpo como vivido. Compreender um corpo animado é apreender uma coisa impregnada por uma

---

36. *Ideen* II, p. 196.
37. *Ideen* II, p. 198.

nova camada de propriedades extrafísicas que dela fazem uma unidade *physisch-aesthesiologische* – unidade concreta em face da qual o físico e o estético são apenas abstrações.

Temos perfeitamente, com o corpo animado ou com a alma corporalmente localizada, uma "realidade", pois é alguma coisa que conserva suas propriedades idênticas quando se modificam as circunstâncias externas. Além disso, sempre é possível elaborar novas propriedades, novos poderes (*Vermögen*) em função de novas circunstâncias, e assim a relação a circunstâncias intramundanas (*reale*) permite tratar todo o psíquico como intramundano. No início da análise intencional o corpo era o *Mitglied* de toda percepção de coisa, agora é o seu *Gegenbild*. O corpo é a coisa que "tem" sensações localizadas e por elas é o portador da *Psychè*.

Sempre é verdade que esse corpo animado é a quase realidade que dizíamos acima. Os traços que quase anulam o seu estatuto de realidade intramundana são invencíveis.

Primeiro, como centro de orientação, ele é "a origem 0", o aqui para o qual todo objeto está lá adiante, o aqui que permanece e em relação ao qual o resto muda de lugar. Na perspectiva solipsista, que é ainda a nossa, meu próprio corpo não está em alguma parte, em um lugar objetivo. Ele é "o aqui" original para todo "lá adiante". Não tenho, por outro lado, a possibilidade de fazer variar o ângulo, o lado, o aspecto sob o qual meu corpo me aparece, afastar-me dele, fazê-lo dar uma volta. Neste sentido, o órgão de percepção é um percebido inacabado, "coisa constituída de maneira espantosamente incompleta"[38].

Somos assim confrontados de novo com a ambiguidade do psíquico: ele participa do subjetivo, pois é a alma que tem seu corpo; e do objetivo, pois é a coisa-corpo que tem sensações. Este corpo é uma parte das coisas e, no entanto, o psíquico que o habita é o centro em torno do qual o resto do mundo se reagrupa. O psíquico se dispõe às relações causais

---

38. Ibid., p. 203.

e, todavia, é o ponto onde a causalidade retrocede da ordem fisiopsíquica para a ordem idiopsíquica.

Mas faltam a essa realidade traços que só vão aparecer ao sair do solipsismo e ao entrar de novo na intersubjetividade. Então o objeto natural "homem" será completamente o respondente da atitude naturalista.

121 O nível intersubjetivo

O conhecimento do outro, que *Ideen* I já chamava de *Einfühlung* (empatia) propicia o principal acesso ao *psíquico* enquanto realidade da natureza. Eis os homens, lá, fora, entre as coisas e os animais. Compreendo que eles têm sua vida psíquica, que este mundo é o mesmo para eles e para mim, e que, juntos, formamos o mundo psíquico dos homens.

A análise intencional que principia aqui é o primeiro esboço do que será a V *Meditação cartesiana*. Mas enquanto as *Meditações cartesianas* se situam no plano da interpretação idealista do método e tentam resolver pela *Einfühlung* o paradoxo do solipsismo transcendental ao qual parece dever acuar a redução do mundo ao meu *ego*, à minha mônada, *Ideen* II não recorre ao conhecimento do outro para resolver o conjunto do problema filosófico da objetividade, mas o problema limitado da constituição do psíquico. Da mesma forma, Husserl não insiste ainda sobre o paradoxo da constituição do próprio *alter ego*, o qual se constitui como "o estranho", embora se constitua "em mim". O todo da análise permanece aqui mais descritivo. Constituir significa apenas interrogar um sentido explicitando as intenções significantes que têm no respondente o seu sentido. Esse trabalho de constituição permanece, portanto, aquém do nível da interpretação filosófica.

O ponto de partida é a presença "no original" – *Urpräsenz* – do corpo do outro. Tal é o corpo do outro para quem quer que seja, presente como cada coisa. Em compensação, a subjetividade não é presença originária a não ser para um só; ela só é exibida indiretamente pelo corpo do outro. Ela não é *Urpräsenz*, mas *Appräsenz*.

Como é que se constitui essa "apresença"? Com base na *semelhança* entre todos os corpos considerados como coisa (é o fenômeno designado pela V *Meditação* como "emparelhamento" – *Paarung*. Graças a essa semelhança, a "localização" direta e indireta do psíquico no corpo, aquela que se mostra na experiência solipsista de meu corpo animado e de minha alma encarnada, *é transferida (übertragt ist)* a todos os corpos análogos.

Esse processo de transferência ganha uma tal extensão que, gradualmente, vou aprendendo a coordenar o psíquico ao orgânico percebido. Assim uma localização "apresentada" do psíquico segue-se à localização vivida no nível do tato e dos afetos. As "localizações cerebrais" são deste tipo; o cérebro é sempre o cérebro do outro, e é a título indireto que dou um sentido à expressão: o cérebro é a sede do psiquismo. A localização não significa mais aqui senão uma pura correspondência funcional entre duas séries de mudanças. Trata-se de uma correlação empírica elaborada no nível da consciência teórica, portanto no mesmo nível a "coisa física" que estrutura o percebido.

Assim "a apresentação" do psiquismo do outro tem sua referência original – sua *ursprüngliche Vorlage* – na experiência solipsista de uma *com-presença* total do psíquico e do físico. Aí somente, e mais precisamente só nas sensações tácteis e afetivas, está presente a unidade do homem. A "apresença" do psiquismo do outro "em" seu corpo é uma com-presença transposta (*eine übertragene Kompräsenz*). O outro sente e pensa *como* eu: seu corpo também é "campo psíquico", como o meu era a título originário campo sensorial. Mas a carreira dessa transferência não tem limites: toda com-presença se transmuda na endopatia (*geht dann in die Einfühlung über*): a mão do outro que vejo "me apresenta" o toque solipsista dessa mão e tudo que pega com esse tato. Todo um mundo nasce nessa mão, um mundo que não posso não me figurar, me "tornar" presente (*vergegenwärtigen*) sem que ele me "esteja" presente. Forma-se assim pouco a pouco uma arte dos sinais, uma imensa gramática das expressões, que tem na linguagem a ilustração mais eminente: compreender esses sinais é constituir o homem, apreender o outro como "análogo de mim mesmo"[39].

A primeira consequência da endopatia é o seu ricochetear sobre a experiência solipsista: aplico-me a mim mesmo essas correlações empíricas, não originárias, porém menos limitadas, entre o psíquico e o físico:

> Só com a endopatia e pela orientação constante da observação experimental sobre a vida psíquica apreendida com o corpo do outro, e constantemente tomada objetivamente com o corpo, é que se constitui a unidade fechada (*abgeschlossene*) homem: esta unidade, eu a aplico em seguida a mim mesmo[40].

Assim tiro proveito do conhecimento do outro.

Segunda consequência: a quase localização da alma. Em virtude dessas correlações novas do psíquico ao corporal, a mudança da alma é *como um co-deslocamento* da alma (*gleichsam auch seine Seele sich mitgewegt*). Sem dúvida, a alma não está em parte alguma, mas a sua ligação com o corpo a põe algures. Ela não é localizada a não ser por estar ordenada a um lugar por uma regulação empírica (*regelmässig zugeordnet*). Neste sentido, o homem se desloca, se afasta, se aproxima de novo. Por essa quase localização o homem é incorporado com sua subjetividade a meu ambiente espacial. O *analogon* de mim mesmo está lá adiante.

Mas – terceira consequência – participando da maneira como o outro percebe as coisas, ponho-me a mim mesmo de fora. Acabo objetivando meu próprio corpo. Antecipo seu aspecto para o outro. A partir do outro "aqui", de um "aqui"

---

39. *Ideen* II, p. 214. Deve-se notar que Husserl não elimina senão o raciocínio por analogia, mas não uma certa ação espontânea da analogia, uma transferência do *ego* para o *alter ego* e não vai até uma experiência primitiva do psíquico na segunda pessoa. Pode-se perguntar se a interpretação filosófica da redução do mundo ao ego não efetuou aqui uma espécie de inibição do método descritivo, impondo a prioridade metodológica da experiência solipsista sobre a experiência intersubjetiva.

40. Ibid., p. 213.

apresentado como lugar originário do outro, represento-me o meu lugar como um "lá" para o outro. Neste momento todo o mundo está lá fora, mesmo eu, e posso dizer com Husserl: "O objeto homem, portanto, é objeto exterior, transcendente, o objeto de uma intuição externa"[41]. A endopatia leva a termo a "realização" do homem: assim como as outras realidades, ele é uma unidade de aparições, "a saber, o idêntico de um diverso de aparições e de estados que se unem sob a forma de disposições"[42].

Quarta consequência: se agora se considera que essa objetivização do homem está situada no mesmo nível intersubjetivo que a matematização do resto da realidade, vislumbra-se até onde é possível "realizar" a consciência. A matematização do real recalca as qualidades percebidas no "subjetivo". A "coisa verdadeira" é então o X pensado como regra de construção destes e daqueles vividos de percepção. Logo a natureza matematizada passa a ser um absoluto. A ordem "estesiológica" também é posta absolutamente como uma dependência dessa natureza. O vivido de consciência torna-se uma espécie de epifenômeno destes e daqueles corpos situados na natureza absoluta: a coisa física carrega todo o edifício como existindo em si.

Assim, enquanto o psíquico é "realizado" pela sua *ligação* ao físico, o físico se *desliga* do psíquico ao se matematizar. Este processo precipita a total naturalização do homem. Diante desse processo, Husserl não se mostra em absoluto preocupado em resgatar a experiência original do corpo próprio que foi a base de partida desse movimento de "realização", de "objetivação". Pelo contrário, o que parece prender o seu interesse é o deslocamento progressivo da ênfase do vivido originário para a realidade psico-orgânica de nível experimental. A experiência solipsista forneceu o sentido originário da unidade psico-orgânica, a endopatia propiciou a transfe-

---

41. *Ideen* II, p. 215,
42. Ibid., p. 216.

rência deste vínculo para o corpo do outro que é um objeto verdadeiro, e a física forneceu a base matemática e absoluta da realidade.

A resposta de Husserl a esse processo não é de ordem existencial, mas transcendental. Quanto mais é a alma "objetivada", tanto mais o *ego* puro deve ser subtraído à objetivação. Husserl, portanto, não sonha com uma fusão do transcendental e do objetivo em uma experiência ambígua, que os mantivesse de certa maneira em suspensão indivisa. *Ideen* II é, antes, construído sobre a *polaridade extrema de um "ego puro" e de um "homem" objetivado*. Por isso a II Parte vai terminar pela oposição repentina do sujeito absoluto, para que se constitua uma natureza física e animal, e da natureza mantida como absoluta onde se inclui o psiquismo[43]. Eu existo nas extremidades: como homem no extremo da objetivação, como *ego* transcendental no extremo da subjetividade[44].

Esta análise lembra a distinção kantiana da consciência transcendental referente ao "eu penso" e do conhecimento empírico referente ao eu psicológico. E dela se aproxima ainda mais, ao que me parece, do que das tentativas contemporâneas para resgatar uma experiência vivida situada aquém dessa polaridade do transcendental e do empírico.

---

43. "Mas toda esta 'apreensão' [das coisas e dos homens como edificados sobre uma natureza exata] pressupõe aquilo que nunca pode ser transformado em um simples 'índice', a saber, o sujeito absoluto com seus vividos, suas visadas, seus atos racionais, etc., para quem se constitui o conjunto da natureza física e animal" (*Ideen* II, p. 218).

44. "Os homens são objetividades intersubjetivas, e seus corpos são o X idêntico – o índice – de aparições corporais de sujeitos, sob a regulação de leis e no encadeamento total da natureza física: quanto à alma, ela está ligada a esse X objetivamente determinado e inserida na rede das determinações substanciais-reais; assim, é ela também objetivamente determinável. Ela é uma unidade que em sua dependência do objeto natural "corpo físico" e na sua ligação objetivamente real a esse corpo, é uma realidade no espaço e no tempo. É esta naturalização do homem que remete a outro domínio do ser e da investigação: *"das ist das Feld der Subjektivität, die nicht mehr Natur ist"* (*Ideen* II, p. 219).

4. Análises e problemas em *Ideen* II de Husserl

Terceira parte: A constituição do mundo espiritual

A III Parte de *Ideen* II, dedicada ao *Geist* (espírito), pode causar alguma surpresa por este salto da análise. *Ideen* II parecia orientar-se para uma antítese: a do "sujeito último", para quem é a realidade, e da natureza objetiva. O eu empírico vinha inscrever-se nessa realidade matematizada, na medida em que se edifica sobre o corpo e este sobre a coisa. O movimento de naturalização e o movimento de "volta ao *ego*" não pareciam deixar lugar para outra experiência mais ambígua onde a antítese seria de certo modo mantida em suspenso.

As primeiras palavras de introdução nos advertem que esta nova peripécia da análise intencional é proposta pela existência, na época de Husserl, de *Geisteswissenschaften*, ciências do espírito, cuja expressão e intenção ele toma de empréstimo de Dilthey e de alguns outros (Windelband, Rickert, Simmel, Munsterberg). A fenomenologia se apoia, portanto, aqui, sobre uma reação, proveniente do próprio meio científico, contra a "naturalização" do ser humano. Ao mesmo tempo Husserl encontrava uma compensação para seu estudo do ser humano que mais consolidava que abalava o estilo "objetivo" da psicofisiologia. A constituição da *psychè* deixa um "resíduo": o eu "natural" não se iguala ao eu real: o psiquismo que anima um corpo não é igual às realizações culturais e comunitárias do ser humano. Ao introduzir de novo a dimensão da pessoa e da comunidade, Husserl completa a polaridade *ego-psychè* por um novo esquema onde o *Geist* não é a contrapartida empírica do sujeito puro da fenomenologia, mas uma espécie de equivalente cultural, muito mais difícil de situar no edifício fenomenológico.

Mas Husserl não tem o intuito de efetuar uma simples "repetição" das *Geisteswissenschaften*. Quer justificá-las, dando-lhes o fundamento que lhes falta, ou seja, precisamente a constituição do seu sentido[45]. O cientista pratica essas ciências como uma ciência específica. Somente o fenomenólogo

---

45. Sobre Dilthey: p. 220-221: ele foi o primeiro a reconhecer os limites de uma ciência natural da alma; mas faltou a esse homem "de genial intuição" o rigor na formulação dos problemas e dos métodos e na "teorização científica".

pode elucidar as relações complexas entre os dois grupos de ciências. Cabe-lhe constituir: 1) o *sentido* mesmo da oposição natureza-espírito (cap. I); 2) o sentido da lei fundamental de *motivação* que ordena o mundo do espírito, como a de causalidade que ordenava a natureza (cap. II); 3) o sentido da "precedência ontológica do mundo espiritual sobre o mundo natural" (cap. III). Este tríplice trabalho, que desbrava um terreno possível de investigação por uma operação significante prévia, consiste, conforme a expressão do início de *Ideen* II, em determinar uma "Ideia". Deste modo a ideia de espírito servirá de guia transcendental, como antes a de coisa e a de corpo animado (ou de *psychè* encarnada).

A oposição entre espírito e natureza

A possibilidade de princípio de opor uma atitude a uma atitude repousa sobre a possibilidade mais radical de se recuar de qualquer atitude, isto é, proceder à redução fenomenológica. Este ato primeiro rompe o encanto da atitude naturalista e assim torna o fenomenólogo disponível para outra atitude. Antes mesmo de instituir a prioridade de uma atitude sobre a outra, o fenomenólogo possibilita *outra* atitude pela liberdade primordial do *letzte Subjket* para quem não é mais que o puro "sentido" dos atos constitutivos da natureza: deste modo é capaz de elucidar o próprio corte das ciências pelo corte das atitudes onde estas se enraízam. Ele ensina a multiplicar as perspectivas sobre o homem pela mudança de atitude, por ser o *olhar desinteressado* sobre todas as atitudes: sob esse olhar desinteressado, as práticas movidas pelo interesse perdem a sua ingenuidade e com ela o seu poder atrativo, a sua confiança exclusiva no "ente" que consideram.

Façamos, portanto, aparecer o sentido: pessoa.

Será que o fenomenólogo vai criar por dialética esta nova ideia ou inferi-la mediante dedução da precedente? Nem uma só linha desta terceira parte nos autoriza a interpretar assim a constituição. É sempre a partir de um sentido que já está aí que Husserl vai desentranhar as intenções de consciência que

4. Análises e problemas em *Ideen* II de Husserl

aí se cruzam. Portanto, é no próprio aparecer do humano que lemos a oposição de dois mundos, o mundo naturalista e o mundo personalista.

Um, devemos dizer logo de início, é o sentido alma, outro é o sentido pessoa. Vejo a alma "em" seu corpo, o tato na mão, a alegria no rosto. É no nível dos corpos, estes mesmos inseridos na textura das coisas, que vejo aflorar o psiquismo e absorver-se nele. Expectativa e lembranças vêm rebater seu tempo vivido no tempo objetivo do mundo, com suas coincidências e com seus intervalos. As próprias instituições sociais podem ser também compreendidas como um jogo de estímulos e respostas no nível dos comportamentos do corpo animado. Não há nada do ser humano que não possa ser tratado no estilo do psicofisiológico. Deste modo, na atitude naturalista o homem é rebaixado ao nível da zoologia: estas são as tendências de um estudo da capacidade sensorial e das localizações: ser animado é na verdade ser animal (Husserl diz, aliás, *animalia*). Ora, não é nessa atitude que estamos quando vivemos juntos, quando falamos, quando trocamos nossas experiências, quando vivemos em família, no Estado, na Igreja, etc. Não vemos então o homem como um ser de natureza, mas de cultura. Não observamos o animal quando aguardamos a pessoa. Por isso, uma psicologia da socialidade, que se limite a uma interpsicologia em que o homem é para o homem um "estímulo" de funções psíquicas, é insuficiente em relação ao ser humano.

1) O primeiro traço novo, característico do *Geist*, é que a pessoa se acha no centro de um *Umwelt*, ou seja, de um meio ambiente qualificado por suas propriedades percebidas, afetivas, práticas, enriquecido pela cultura, pela ciência e pela arte e, consequentemente, sempre em devir, à medida que o seu sentido é remodelado pela própria história da humanidade. Assim a "realidade física" – átomos, etc. –, considerada faz pouco tempo como um absoluto, não faz parte do meu *Umwelt*, a não ser que eu a "conheça", a não ser que a ciência como atividade cultural tenha modificado o espetáculo e a concepção do mundo em que vivo. Para o historiador, para o

sociólogo, a natureza é a paisagem de uma civilização ou cultura em uma certa época, assim como os homens a veem, a experimentam, a valorizam, com seus aspectos de utilidade, de desejabilidade, de praticabilidade, etc. Deste modo o *Umwelt* apresenta todas as características afetivas e práticas que a atitude *theoretisch-doxisch* suspende. Nisto o meu mundo circunstancial, meu meio ambiente, vai além daquilo que o cientista denomina natureza. E este é o mundo para o próprio cientista, quando ele está fora do ato científico.

Compreenderemos melhor essa relação com o meio ambiente quando a houvermos compreendido sob a lei da motivação que assume o lugar da causalidade, implícita na noção psicofísica de estímulo.

2) A segunda linha de ruptura entre a nossa nova leitura do ser humano e a do naturalismo é a relação *mútua* de pessoa a pessoa. Por princípio, o "vínculo pessoal" vai muito além de qualquer explicação puramente psicofisiológica, condenada a relacionar causalmente o nível psíquico ao nível orgânico e ao físico. Todavia, somos os sujeitos de um "meio ambiente comum": a mutualidade das subjetividades e a comunidade do *Umwelt* constituem um só e mesmo fato que será necessário compreender pela mesma relação de motivação. A própria objetividade científica se acha também subordinada à elaboração em comum de um ambiente por uma cultura comum. "Cada eu só pode tornar-se para ti e para um outro uma pessoa no sentido normal, uma pessoa num vínculo com outras pessoas (*im Personenverband*), quando a compreensão institui uma relação a um mundo ambiente comum"[46]. O que se acha, portanto, implícito nesta elaboração comum de um *Umwelt* é a formação de "tudo" de que cada um é "membro" e, portanto, a rede de trocas constitui um *kommunikative Umwelt*. Ou seja, é preciso "se" compreender "mutuamente", para compreender "juntos" o mesmo mundo. Assim é necessário relacionar o mundo ao nível das

---

46. *Ideen* II, p. 246.

4. Análises e problemas em *Ideen* II de Husserl

comunidades, como um "objeto social" (o mundo grego, o mundo medieval, etc.). A ciência naturalista conhece reciprocidades entre objetos, mas não *Gegensubjekte* capazes de instituir "subjetividades sociais" para as quais o mundo é uma "objetividade social".

Deve-se destacar que, nestas páginas[47], Husserl vai muito longe no sentido da "consciência coletiva" tal como a entende Durkheim, ou na linha do "espírito objetivo" no sentido de Hegel. No entanto, é o tema do indivíduo e da "individuação primordial" do espírito que vai ser a última palavra desse livro. A partir deste momento, esta última inflexão da análise é prefigurada na exegese da subjetividade social: este mesmo mundo que percebemos em comum não é, no fim das contas, percebido de maneira *originária* senão por mim. O mundo visto pelo outro só é imaginado empaticamente (*eingefühlt*) em torno da consciência do outro. De maneira que a "subjetividade social" não é nem pode ser uma realidade última ou primeira, mas uma maneira de consciência derivada que o fenomenólogo terá sempre como tarefa constituir nas trocas sumamente complexas da intersubjetividade e subordinar afinal à única consciência originária, a minha.

Existe aí uma dificuldade que se apresenta em sentido inverso na V *Meditação cartesiana*. Em *Ideen* II, Husserl vai diretamente a essas "comunidades" de pessoas que elaboram primitivamente, assim parece, como obras culturais, o sentido das coisas, dos valores e das pessoas. Mas deixa entrever que a redução fenomenológica, aplicada às ciências do espírito, denunciaria a ingenuidade de toda consciência coletiva falsamente originária. A "volta ao *ego*", a partir das ciências do espírito, desempenharia o papel da ironia socrática, da ignorância fingida, diante do sentido pretensamente absoluto da história, diante da consciência coletiva, da classe, etc., e forçaria a retornar ao único vivido que eu vivo originariamente: o meu, em seu "presente vivo". A V *Meditação cartesiana*, ao contrário, liberta-se imediatamente do impasse do solipsismo

---

47. Ibid., p. 250-260.

transcendental. Ela se põe a questão paradoxal de constituir o outro como um "estranho" e, todavia, "em" mim. Deste modo, a experiência do outro só me é representada por transferência, na base de um "emparelhamento" entre as maneiras de aparecer dos corpos dos outros e do meu, no interior da minha esfera de pertença. Eis o motivo pelo qual o outro é "presentificado por imaginação empática". Apenas o meu vivido é "apresentado originariamente". É em cima desta base que se instituem relações intersubjetivas de mim *com* o outro, com este outro que todavia, está "em" mim, como que escapando sempre à minha experiência originária.

Importa retornar a essas razões fundamentais, para compreender por que a filosofia transcendental deve sempre se manter em tensão com toda sociologia da consciência coletiva e toda filosofia da história. Ela justifica o seu tema "subjetividade social", "espírito objetivo" no plano da realidade constituída pelo mesmo gesto que arruína a sua pretensão de ser algo absoluto.

A motivação como lei fundamental do "mundo do espírito"

O segundo capítulo constitui o coração desta ampla investigação da ordem "espiritual". Abandonando a oposição do espírito à natureza, esboçamos uma exegese interna deste novo reino da realidade. As cerca de cem páginas que lhe são consagradas se referem essencialmente às categorias próprias a este reino: no centro, a categoria da motivação, que é uma réplica daquela de causalidade do reino precedente.

Mas Husserl coloca no início de suas reflexões sobre a motivação uma longa reflexão sobre o "eu" e a subjetividade, a fim de situar desde o princípio a nova investigação em um plano inacessível à naturalização. Na verdade, Husserl sai aqui de uma estrita tematização do objeto das ciências do espírito assim como estas são praticadas. Ele desenvolve a sua própria fenomenologia do *ego* como pressuposição de uma reta compreensão da realidade pessoal e social. Logo em seguida

4. Análises e problemas em *Ideen* II de Husserl 137

a análise se volta para este foco da subjetividade a que o corpo pertence, que age e opera seus atos, que toma posição: este eu dos atos é o único que pode ser dito "afetado" e "receptivo" em confronto com suas tendências e seus estados. Somos, portanto, convidados a uma leitura de alto abaixo da vida do eu antes de qualquer outra coisa. É para o eu da pura espontaneidade que existe algo de "pré-dado", "o ter subjetivo". Este reconhecimento de uma subjetividade que não é ato, espontaneidade, que se constitui como passividade, tendência afetiva, hábito, é do mais alto interesse. Esse reconhecimento marca o primeiro esforço de Husserl para instituir uma experiência total da subjetividade onde não são abandonados o involuntário e o corpo próprio a uma explicação naturalista, mas resgatados em sua subjetividade vivida[48].

É a partir da subjetividade que se pode compreender a *motivação*. Esta é, em primeiro lugar, o estilo segundo o qual um eu espiritual *se relaciona* com seu meio ambiente. O pensamento naturalista conhece perfeitamente uma relação de circunstâncias físicas a acontecimentos físicos; mas ele não a interpreta como relação de um "mundo-para-um-sujeito" a um "sujeito-que-se-comporta-com-relação-a..." Ora, até um objeto ilusório pode motivar o "comportamento da reação a alguma coisa". A motivação, neste primeiro sentido, abrange todo o campo do "ser estimulado a..., determinado a..." O mundo motivante não é mais aquele que o físico elabora, mas aquele que eu percebo, valorizo, trato praticamente como sulcado por veredas e inçado de obstáculos. No seu núcleo de sentido, a relação de motivação é, portanto, elaborada fenomenologicamente, mas em contrapartida é o seu uso nas ciências humanas que alerta o fenomenólogo. Pode-se afirmar, deste ponto de vista, que Husserl lhe deve essencialmente a fragmentação do seu logicismo inicial e o seu interesse por uma espécie de fenomenologia do comportamento – ou, como se queira, do comportamento ou da *praxis* –, que vai muito além de uma simples teoria do conhecimento.

---

48. Ibid., p. 275-280.

Mas Husserl vai gradualmente ampliar este sentido primário da motivação até fazer com que ele cubra a totalidade do campo "espiritual". Nele então se vão inscrever as justificações racionais e volicionais (eu ponho isto porque...) no duplo sentido de dar razão e invocar uma razão. A isto se acrescentarão agora todas as ligações irracionais: associações habituais, ligações obscuras explicáveis pela psicanálise[49] (este ponto deve ser devidamente apreciado: como o dirão os fenomenólogos franceses, a psicanálise só tem sentido se invoca relações de motivação entre significações e não relações de causalidade entre fatos psíquicos, tratados como coisas). Husserl faz plenamente justiça a essa motivação *verborgene*, onde a consciência não "põe" nada: igualmente a própria consciência externa se constitui em sínteses passivas: "aí tampouco o eu operante tem necessidade de viver em suas motivações"[50].

Portanto, é a motivação que designa a lei segundo a qual uma consciência acompanha a si mesma, se encadeia temporalmente, reage ao mundo, compreende o comportamento de outra pessoa em um ambiente de pessoas e de coisas. E nenhum progresso no conhecimento das causalidades postas em jogo nos faz avançar na compreensão dos motivos de um comportamento. Não que a causalidade fique suspensa ou rompida pela irrupção da subjetividade, *mas a compreensão de um curso de motivação não se faz na atitude em que se apreende uma série causal na natureza*.

Vê-se que a oposição causalidade x motivação se equipara mais ou menos à oposição conhecida entre explicar e compreender. O próprio Husserl recorreu a ela, mas como um caso particular da oposição entre as duas grandes atitudes naturalista e espiritual. Esta lhe serve para desembaralhar as implicações novas da vida corporal na vida espiritual. É mesmo a última aplicação que ele faz da lei da motivação[51]. Compreender, na linguagem dele, aplica-se muito precisamente à apreensão

---

49. Ibid., p. 289.
50. Ibid., p. 295.
51. Ibid., p. 309-324.

4. Análises e problemas em *Ideen* II de Husserl 139

de uma unidade de sentido espiritual em uma diversidade natural. A primeira aplicação que ele faz da noção não é a compreensão de uma intenção ou de uma expressão sobre um rosto, um gesto, um comportamento. O tema inicial é dado pelo exame dos objetos culturais animados por um sentido: um livro, uma obra de arte, mais simplesmente uma frase lida ou ouvida. A compreensão vai para a unidade de um objeto cultural; ela significa que não sou dirigido para as linhas que vejo ao ler: "vivo, por compreensão, no sentido". O espiritual marca de certa maneira o físico com o seu sentido a ponto de anular a dualidade do sentido e de seu portador. O livro está ali, no espaço, neste lugar; o sentido, que não está aí, o anima, no entanto, com a sua intenção e o reabsorve de certa maneira em sua espiritualidade. Assim são todos os objetos de arte e de cultura até os humildes utensílios da vida cotidiana. Por isso, transmudados em uma objetividade de novo gênero que os introduz, com a consciência, no mundo do espírito; são esses objetos culturais que permitem falar de um "mundo" do espírito, pois eles são na verdade as figuras do "espírito objetivo". 132

Além do seu interesse próprio, essa elucidação do objeto de cultura tem a função capital de introduzir uma nova interpretação da relação espírito-corpo e de fazer dar um novo salto a análise da II Parte, que não ultrapassa o nível de uma psicofisiologia. O corpo é marcado por um sentido como o objeto cultural, livro ou templo. Eu apreendo o sentido em sua unidade sobre o vivente que leva a sua marca; assim como na frase, as articulações do corpo se fundem no desenho total do sentido. Importa observar que é pelo desvio de uma compreensão cultural que Husserl corrige a sua primeira interpretação da "animação", que ele tinha conduzido em um estilo muito naturalista na II Parte. A linguagem é a testemunha dessa diferença de plano entre uma fenomenologia da cultura e uma fenomenologia do psiquismo. É mesmo essa nova descrição que sublinha, bem mais tarde, até que ponto uma interpretação da alma a partir de suas sensações localizadas havia permanecido naturalista. O *Geist* denuncia os limites de uma psicologia.

Este movimento de reflexão anuncia incontestavelmente a passagem da objetivação à compreensão existencial dos su-

133 cessores de Husserl, mas é conduzida de modo bem diferente. Husserl, em primeiro lugar, consolidou a interpretação naturalista do psiquismo no nível da percepção comum. Já não é no nível de uma fenomenologia da percepção, mas de uma fenomenologia da cultura que ele recupera o sentido das "expressões" humanas: o homem para quem um rosto é espiritual, para quem um comportamento quer dizer algo, é aquele para quem a linguagem tem um sentido de cultura, aquele para quem objetos culturais já estão constituídos na unidade de um sentido espiritual e de um suporte físico. É assim que o clássico problema da consciência e do corpo é desdobrado por Husserl em uma teoria naturalista da "animação" e uma teoria cultural da "expressão". A primeira não ultrapassa a localização dos campos sensoriais na extensão corporal: o corpo é que é o termo de referência. A segunda resgata o sentido do corpo a partir das intenções da consciência e o corpo aí se apaga completamente como o som pronunciado ou a palavra impressa, no diálogo ou na leitura, são absorvidos no sentido compreendido.

No final desta reflexão, o eu não é mais o anexo de seu corpo. Ao contrário, é a pessoa que lhe serve de referência, suportando-o, conduzindo-o, exprimindo-se através dele, cedendo a ele ou a ele resistindo. Tudo é a "gesta" do espírito, nas ciências do espírito. É com relação a essa livre espontaneidade que ganham sentido a própria reatividade e a passividade, que o ser do eu se prolonga em um ter que se degrada até a necessidade sofrida.

A relação da natureza com o espírito

Ao chegar ao termo de *Ideen* II, Husserl levanta a questão que o leitor aguarda desde que a elucidação do *Geist* introduziu uma peripécia nova no problema da constituição da realidade. Se o espírito é outro em confronto com a natureza, quais relações são pensáveis entre essas duas realidades?

1) A questão pode ter uma resposta a partir do *Geist* somente, não, porém, reciprocamente. O espírito, como o vi-

mos, tem uma "subestrutura", um "avesso" que é natureza. É esse avesso que se presta a uma abordagem naturalista. O complexo psico-orgânico, estudado pelas ciências naturais do homem, é o comentário objetivo, o índice em estilo naturalista dessa face naturalizada do espírito. A ação voluntária é um bom exemplo dessa passagem do espírito à natureza: o espírito "opera" no mundo, assim como as pessoas o compreendem e o experimentam. Mas essas "obras" segundo o espírito são também "coisas" segundo a natureza. O corpo "órgão" dessa "obra" é *também* o corpo que a física conhece e onde a psicofisiologia localiza o psiquismo. O próprio psiquismo é ao mesmo tempo o feixe das tendências através das quais o espírito move seu corpo próprio e a realidade natural que depende do corpo-objeto[52].

É no corpo que se cruzam as duas leituras. A III Parte de *Ideen* II justifica, então, o conceito de "corpo próprio" no ciclo de uma investigação do espírito ou da pessoa, enquanto a II Parte abordava o psiquismo e o organismo em linguagem naturalista.

A relação que o corpo institui entre o espírito e a natureza não merece de jeito algum o nome de causalidade. Pode-se, quando muito, falar de condição, não de causa. E essa relação não tem sentido fora do duplo estatuto do corpo, como sede de sensações em estilo naturalista, como órgão de vontade em estilo personalista (*aesthesiologische Leib* e *Willensleib*)[53]. Também se poderia dizer do mesmo jeito que natureza e espírito são mediatizados pelo duplo estatuto da *psychè*, onde se pode ler ora um fenômeno mundano condicionado pela coisa-corpo ora uma subestrutura espiritual pela qual o espírito padece e age no mundo. A ambiguidade não está nos extremos: coisa – espírito, mas no complexo mediador: corpo animado ou *psychè* encarnada. Para uma visão

---

52. As páginas dedicadas às tendências como intermediário entre a intenção e o movimento corporal são espantosamente perspicazes e de um enorme alcance para uma fenomenologia da vontade (p. 373s.).
53. Ibid., p. 374.

naturalista, tudo, em diversas gradações, é coisa, mesmo o espírito, que só é atestado por suas obras. Para uma visão espiritualista, tudo, em gradações diferentes, é espírito, mesmo as coisas que são o teatro e o ponto de impacto do agir e do padecer. Mas é no nível alma-corpo que a motivação sofre uma inflexão para se tornar causalidade ou a causalidade toma o sentido contrário para se tornar motivação.

Mas isto significaria que a possibilidade de *passar* de uma leitura à outra lhes confere igual dignidade? É aqui que Husserl pretende afirmar a "preeminência ontológica do espírito sobre a natureza" (este é justamente o título do Capítulo III da III Seção). Como se verá, é justamente essa preeminência que levanta a questão mais embaraçosa de *Ideen* II: qual a situação exata daquilo que Husserl denomina *Geist* nesta obra com relação àquilo que toda a sua obra denomina "consciência", o vivido de consciência, conquistado pela redução fenomenológica?

A preeminência do espírito sobre a natureza aparece muito bem, caso se retome a questão a partir da teoria clássica, na época de *Ideen* II, do "paralelismo psicofísico". O paralelismo tem dois postulados que a teoria do *Geist* não aceita: por um lado qualquer realidade de consciência é a réplica de um acontecimento físico; pelo outro, é o acontecimento físico que desempenha o papel de elemento explicador. Ora, deve-se dizer exatamente o contrário. É a elucidação do espírito que dá as razões de princípio para excluir que a explicação das sensações pela organização do sistema nervoso, por exemplo, possa ser generalizada a toda a vida da consciência. Além disso, o tipo próprio de inteligibilidade implícito no *Geist* domina por princípio a explicação psicofísica. Vamos considerar esses dois pontos em separado. Já na segunda parte havia Husserl apresentado como um fato, sem justificá-lo, que apenas a face "hilética" da consciência permitiria uma explicação pelo corpo, entendendo por *hylè* a face não intencional, não "noética" da consciência (sensações, afetos, pulsões). Por que deve ser assim? Porque o encadeamento dos momentos intencionais em uma consciência que permanece como tal a mesma, enquanto "retém" seus momentos recentes e "tende"

4. Análises e problemas em *Ideen* II de Husserl

para seus momentos iminentes, esse encadeamento obedece a leis *a priori* de compatibilidade (*Verträglichkeit*) entre vividos de consciência. Quanto a essas leis *a priori*, o fenomenólogo as desnuda pela redução do mundo das coisas, dos corpos, das almas: ele continua sendo uma mônada que se implica a si mesma em um sistema temporal fechado. Esta possibilidade de princípio de suspender a pretensão absoluta das coisas – por excelência desta coisa que se chama o cérebro – a carregar a consciência, atesta que a face noética da consciência não pode ser, sem absurdo, uma dependência do organismo. Essas "leis eidéticas *a priori* da consciência", que prescrevem o estilo de encadeamento temporal de uma consciência, *limitam* a extensão da explicação psicofísica às "regulações de fato que essa autoconstituição permite, ou, como diz Husserl, "deixa *abertas*" (*empirisch bedingt sein kann nur das, was die Wesenszusammenhänge offen lassen*)[54]. Cabe então apenas à experiência e à experimentação estabelecer a dependência de fato da face hilética ao organismo nos limites abertos pela conexão interna da consciência.

Assim Husserl acredita refutar radicalmente o paralelismo sem se deixar encerrar na alternativa fictícia do "paralelismo" ou da "recíproca influência do mental e do orgânico".

Esta refutação contém ao mesmo tempo, em seus motivos, a afirmação cardinal com a qual termina o livro: "a natureza é relativa e o espírito é absoluto". Risque a natureza, resta o eu que a risca pelo gesto redutor; risque o espírito, a natureza desmorona, dada a falta de uma consciência para a qual e na qual o seu sentido se articula.

O argumento nos leva de volta ao próprio princípio do idealismo husserliano: o espírito de que se trata, aqui, não tem sentido fora do contexto da célebre redução fenomenológica e não se mantém de pé a não ser pelo *ego meditans* que pensaria ainda sem mundo. Já voltaremos a este enigma das relações entre o *Geist* das *Geisteswissenschaften* e o *Bewuss-*

---

54. Ibid., p. 386.

tsein da fenomenologia. Husserl não diz nada sobre isso e conclui o livro em outra cadência.

A noção na qual ele faz culminar o estudo do espírito é a do indivíduo e da individuação. Uma realidade regulada por uma lei interna de motivação, realidade que se encadeia segundo uma lei própria de compatibilidade entre vividos de consciência, essa realidade é por antonomásia um "indivíduo". A maneira como ela se individualiza é exatamente contrária à maneira como uma coisa se individualiza: uma coisa é sempre apenas um *caso* de uma regra geral, de um *Quid* tirado de inumeráveis exemplares. E cada coisa individual tem sua razão fora de si na ordem do mundo, na totalidade de suas relações exteriores. Cada espírito, pelo contrário, é único pelo seu estilo de motivação, pela coerência de sua história; ocorre apenas uma vez (*einmaliges*). Dir-se-á que ser "tal" (*Dies*) é um caso particular da haecceidade (*Diesheit*)? O sofisma é claro: a haecceidade é uma pura forma e não um gênero comum (*die Form des Dies ist keine Washeit und in diesem Sinn kein Wesen. Es ist allgemein im Sinne der Form*). Esta meditação sobre a individuação, encontrada a partir do tema da motivação e da continuidade de uma consciência consigo mesma – e que, diga-se de passagem, está bem na linha de uma filosofia leibniziana da individualidade – esta meditação confirma e consagra "a preeminência ontológica do espírito sobre a natureza": o espírito realiza a individuação primordial absoluta. Uma coisa só adquire individualidade para uma consciência que a *presume* em um curso de aparências. Sua individuação é "a individuação do face a face" (*des Gegenüber*). Noutras palavras, uma unidade de aparições – a da coisa – é *relativa* à unidade absoluta que uma consciência forma consigo mesma, em primeira instância. A alma e o corpo, em sua ambiguidade, participam tanto de uma como da outra individuação: como naturalização do espírito, irradiam a sua individualidade primeira; como objeto das ciências naturais constituem uma maneira de unidade de aparições.

Assim se conclui *Ideen* II. O leitor tem uma surpresa diante da diferença de tom entre a II e a III Parte. A II Parte levantava pouco a pouco diante do eu este objeto insólito, o psiquismo, solidamente ancorado na natureza, imergido no corpo-coisa. A análise terminava por uma repentina *oposição* entre um *ego*, radicalmente purificado pela redução transcendental, e uma realidade empírica do homem, fortemente polarizada por uma natureza como tal matematizada ao extremo. Havíamos podido comparar essa polaridade àquela do Eu transcendental e do eu empírico em Kant. É muito difícil situar a exegese do espírito em relação a essa polaridade.

Em primeiro lugar, esta análise não é deveras a sequência da precedente. O espírito não tem seu fundamento no psiquismo, como este nas coisas. Esse estudo constitui um novo ponto de partida, requer uma como conversão que chama de novo a atenção para aquém do estádio final da objetivação alcançado pelo estudo anterior. O *Umwelt* que motiva minha vida pessoal, com suas árvores e seus livros, com seus lagos e templos, deveria ser de preferência resgatado no estádio inicial da *Dingauffassung*, quando o corpo é ainda corpo "estético", implicado no percebido, e quando o percebido não é ainda retrabalhado pela visão científica do universo. O mundo da cultura se implanta não no universo científico, mas no percebido prévio a toda objetivação científica. Daí a estranha estrutura de *Ideen* II: leva-se a análise em uma primeira direção, até a concepção naturalista do homem e das coisas no fim da II Parte. A seguir, a análise faz o caminho de volta, para de novo partir em outra direção, até chegar à apologia da consciência absoluta no final da III Parte. No fundo, esta maneira de operar faz lembrar a oposição que pairava no ar, naquela mesma época, entre explicar e compreender: explica-se o psiquismo, mas compreende-se o espírito.

Mas então já não é possível opor, ao menos da mesma maneira, a "realidade do espírito" ao *ego* transcendental. O espírito não é como a coisa, nem mesmo como o corpo animado e o psiquismo, um contrapolo empírico. Todas as categorias da pessoa e da socialidade, resumidas sob o título de motivação, constituem no fundo categorias fenomenológicas e se acham em *Ideen* I ou nas *Meditações cartesianas*. O "*espírito*" não foi, todavia, introduzido no começo de *Ideen* II como um setor da realidade total, como um constituído em face do constituinte? Como é que pode ser celebrado, no fim do mesmo livro, como o absoluto em confronto com o qual toda natureza é relativa?

Há, sem dúvida, um enigma na arquitetura até aí simples de *Ideen* II. Ao que parece, pode-se explicá-lo assim. Husserl encontra nas ciências humanas da sua época um movimento de reação contra o naturalismo reinante. Integra as ciências do espírito ao seu sistema articulado da realidade, sobrepondo o novo tema, o espírito, à série coisa-corpo-*psychè*. Como esta série possui sua coerência própria na atitude naturalista, ele organiza essas novas ciências sob o título de uma nova atitude que permanece no interior da realidade, visto que elas surgiram à margem da redução transcendental e permanecem na "ingenuidade" de toda ciência que postula seu objeto como um ente. Mas, por outro lado, para integrar esse novo objeto à realidade, é necessário que se constitui a sua ideia, isto é, é necessário desdobrar os atos intencionais cujos correlatos são os conceitos de base das *Geisteswissenschaften*. Esses atos de base são, então, descobertos como idênticos às operações reflexivas utilizadas pelo fenomenólogo. O *Geist* não era, deste modo, senão o *ego* da fenomenologia, mas sem a luz da redução fenomenológica. Trata-se de uma realidade, a realidade da pessoa em suas relações com seu meio ambiente, com grupos sociais e outras pessoas. Mas o sentido, a Ideia diretora que permite tematizar as categorias das ciências humanas, é o eu puro da fenomenologia.

No que tange a esse estatuto ambíguo do *Geist*, o próprio Husserl o reconhece em algumas páginas importantes[55]. O "eu pessoal", diz ele, diversamente do "eu puro", é ainda uma espécie de objeto, embora não natural. Posso tomar distância a seu respeito, como a respeito de toda "experiência", de toda experiência relativa a uma "realidade". Quer se defina a pessoa como o foco de seus atos, como aquele que tem seu corpo,

---

55. *Reines Ich und persönliches Ich als Objekt der reflexiven Selbstapperzeption* (p. 324-330) e *Constitution des persönlichen Ich vor der Reflexion* (p. 330-333).

4. Análises e problemas em *Ideen* II de Husserl

como o substrato de suas propriedades características, como a unidade de um curso de desenvolvimento, como um "organismo de poderes", como ser responsável e racional, em todos esses casos a pessoa é encontrada (*vorgefundene*), descoberta como uma realidade prévia. A aderência de uma área de sombra, de passividade, de motivação oculta, a esta espontaneidade do "Eu posso" sublinha ainda mais este caráter prévio do pré-dado, do pré-reflexivo na descoberta da pessoa. Como o diz enfaticamente Husserl, o *personales Ich* é um *Mich*, um Eu no acusativo e não no caso nominativo[56]: um "Eu-objeto-para-mim". E é precisamente por isso que em *Ideen* II ele sucumbe junto com o mundo à redução fenomenológica. Mas isto não impede que ele exerça o papel de um *analogon* do eu puro, de um revelador fenomenológico.

Por conseguinte, o esquema, em suma bastante kantiano, alcançado no termo da II Parte é abalado: entre o eu puro e a *psychè* no seu corpo (onde pudéramos reconhecer como que um eco do Eu transcendental e do eu empírico), a III Parte introduz o termo intermediário, tão estranho à mentalidade criticista, da pessoa em seu ambiente de coisas e de pessoas. Husserl se acha, assim, em uma das fontes dessas filosofias da pessoa, da existência, do sujeito concreto, etc., que procuram preencher o hiato cavado por Kant entre a reflexão transcendental e a psicologia empírica. Mas enquanto inaugura esta psicologia compreensiva da pessoa, ele aponta os seus limites: a pessoa não tem a pureza do sujeito fenomenológico; ela não é o último *ego*. Ela está ainda no mundo da "experiência"; acha-se aí encravada por todas as suas motivações. Sua "ingenuidade" pré-crítica é precisamente definir-se pelo seu comportamento em um *Umwelt*. É o que comprova o caráter reversível da relação eu-mundo: compreendo uma pessoa pelos seus motivos, pelas influências que sofre, etc. Husserl mantém deste modo todo o seu encanto pela pessoa e pela existência, pois seu ideal da filosofia é a emergência de um *ego meditans*, independente de sua própria *praxis*.

---

56. Ibid., p. 332.

Pelo menos este tema intermediário entre o empírico e o transcendental, entre o naturalismo e a fenomenologia pura, ensina o homem de ciência a multiplicar sua noção da realidade, a enriquecê-la com tantos registros quantos são os estilos metodológicos. Por seu lado, o filósofo encontra, pelo contato íntimo com a psicologia compreensiva, com a história da cultura, uma manifestação real, no próprio campo das ciências, da consciência que procura e que vê pintada nos objetos culturais (monumentos, obras e instituições). Esta familiaridade com a consciência o inclina a efetuar a volta ao *ego* puro que é, segundo Husserl, o começo sempre iminente da filosofia.

5
Sobre a fenomenologia*

Fenomenologia e fenomenologias

Ao investigar sobre "a população do mundo das ideias" (segundo a pitoresca expressão de Sir David Ross), Platão se perguntava com perplexidade se era necessário também supor uma "Ideia" do cabelo e da sujidade. Hoje, em que a menor análise de experiência ou de sentimento se adorna com o título de fenomenologia, esperar-se-ia antes uma fenomenologia do cabelo e da sujidade. Talvez, aliás, já tenha sido escrita ou o será incessantemente[1].

Não se vê, de resto, em nome de quê se regulamentaria o uso da palavra. Atendo-se à etimologia, qualquer um que trate da maneira de aparecer de algo, seja o que for, por conseguinte qualquer pessoa que descreve aparências ou aparições está fazendo fenomenologia. Decidir-se-á que a fenomenologia é a reserva de caça de Husserl e de seus herdeiros ortodoxos ou heréticos? Mas a *Fenomenologia do Espírito*, de Hegel, é de longe muito mais célebre que a obra de Husserl. E antes de Hegel, Kant e seus contemporâneos (J.-H. Lambert, por

---

* Primeira publicação em *Esprit*, 21, 1953, p. 821-839.
1. O cabelo é (ou seja, passa como) a fina ponta da ambiguidade. Está entre o para si e o em si, entre o ser e o ter. Quando cai, cai do corpo próprio na coisa. Prefigura, assim, o cadáver que me torno, embora, quando brota, é meu ser-para-a-morte que cresce em mim.

exemplo) empregavam a palavra². No fundo, o nascimento da fenomenologia se deu assim que, colocando entre parênteses – de forma provisória ou definitiva – a questão do ser, se aborda como um problema autônomo a maneira de aparecer das coisas. Há fenomenologia rigorosa toda vez que essa dissociação é refletida por si mesma, seja qual for a sua sorte definitiva. Mas ela se degrada em fenomenologia banal e diluída sempre que o ato de nascimento que faz surgir o aparecer à custa do ser ou tendo o ser como fundo não é absolutamente percebido nem tematizado. Sob o nome de fenomenologia não se faz mais que uma *apresentação* popular de opiniões, de convicções, sem tomar parte nessas opiniões.

Parece então que é possível discernir três ramos mestres de uma fenomenologia digna deste nome, segundo a significação ontológica do fenômeno, isto é, segundo a maneira de situar, com relação a uma eventual *realidade absoluta*, a maneira de *aparecer* das coisas, das ideias, dos valores ou das pessoas. A fenomenologia de Husserl, pelo menos a sua tendência final nos grandes inéditos do derradeiro período, constitui apenas um desses ramos mestres.

Há em primeiro lugar uma fenomenologia *crítica* do tipo kantiano. Pode-se dizer que a pesquisa sobre as condições de possibilidade da objetividade do lato da estrutura do sujeito é uma fenomenologia ou contém uma fenomenologia, aliás mediocremente elaborada por Kant. Esta é constituída por uma investigação dos atos fundamentais daquilo que Kant denominava o *Gemüt*, mas Kant estava por demais preocupado em justificar a parte *a priori* dos conhecimentos matemáticos, físicos e metafísicos para levar a bom termo uma investigação das "funções" do espírito, sem distinguir a parte do *a priori* e a parte do *a posteriori*. Há, por conseguinte, uma fenomenologia implícita ou em esboço no kantismo, ao mesmo

---

2. Kant, na sua famosa carta a Marcus Herz, de 21 de fevereiro de 1772, na qual se acha a primeira expressão do problema "crítico", anuncia que a metafísica será precedida de uma fenomenologia. Essa fenomenologia veio a ser a *Crítica da razão pura*.

5. Sobre a fenomenologia

tempo pressuposta e mascarada pelo problema crítico da objetividade. Mas o que importa para o nosso intuito é que a fenomenologia *crítica* não ocupa o lugar da metafísica. A investigação do fenômeno é mesmo explicitamente articulada sobre uma posição absoluta de realidade, sobre um *em si* que limita as pretensões do fenômeno a se dar como o absoluto. É neste sentido que ela é uma *crítica*: não só pelo fato de estar limitada a uma justificação do *a priori* nas ciências, mas por ser uma elucidação dos *limites* ativos, se é que se pode assim dizer, que o conhecimento fenomenal padece e sofre da parte do pensamento do absoluto, do incondicionado. A posição do em si significa muito precisamente este "alto lá!" oposto à pretensão dos fenômenos, ou seja de nós mesmos, legislador dos fenômenos. Desde o começo, a fenomenologia implícita ou em esboço do kantismo é medida por uma ontologia impossível – ao menos impossível especulativamente.

O termo fenomenologia não se impôs para qualificar a *Crítica da razão pura* porque a exploração dos atos constituintes está mascarada duplamente: pela preocupação de justificar um saber *a priori*, e pela preocupação de estabelecer uma linha divisória entre o ser e o aparecer, limitando este por aquele.

Que se faça desmoronar a doutrina do ser e sua função limitadora, que se anule a preocupação de justificar as ciências, a crítica se revela como uma fenomenologia, isto é, como uma investigação interna do reino dos fenômenos como tais, *enquanto* me revelam o meu poder de pôr em ordem, em forma, em significação, e me mostram esse poder constituinte que sou eu mesmo. Mas o estatuto da fenomenologia no kantismo é precisamente o de não ser a própria filosofia, nem mesmo a crítica, mas somente a pressuposição dos *Prolegômenos*. Aqueles que leram Kant sem a coisa em si e sem as suas preocupações epistemológicas não se enganaram. Por isso declara Hegel: "A filosofia kantiana é uma fenomenologia", ou seja, um saber da consciência enquanto esse saber é somente para a consciência. Mas talvez seja necessário destruir o duplo motivo condutor da "crítica" para daí depreender a fenomenologia cativa.

É possível um segundo estilo fenomenológico: que o reino das aparências seja a ordem das aparições mesmo do ser, enquanto o ser é para si. A fenomenologia que percorre essas aparições não estará mais então em tensão com uma ontologia impossível ou protelada, mas será a abordagem de uma nova ontologia. Será uma *fenomenologia do espírito* conforme o título da obra de Hegel. Essa empreitada pressupõe que o Absoluto não seja uma noite de inconsciência, mas envolva o si mesmo, pela própria mediação das aparições progressivas do Si mesmo. A fenomenologia será deste modo a própria filosofia do Absoluto, mas sob o aspecto de suas aparições progressivas. Hegel executou essa empreitada de uma maneira que, sob muitos traços, anuncia o respeito e a generosidade husserlianas para com a experiência humana. Deixando que fale a experiência mais vasta dos homens – experiência ética, jurídica, religiosa, estética, prática e não apenas teórica e epistemológica –, ele liberta a filosofia do duro preço da aprendizagem pela dor e pelo fracasso. A fenomenologia faz assim o roteiro dos romances de cultura, do *Emílio*, dos *Anos de aprendizagem de Wilhelm Meister*, de *Fausto*, ter acesso à dignidade filosófica. Mas, diversamente que contam, em um ritmo de contingência, a educação do espírito humano, a fenomenologia marca metodicamente o ritmo do itinerário, descobre a necessidade das passagens, tematiza o papel do "negativo" – dúvida, desespero, fracasso –, discerne nesse "negativo" o próprio caminho da "superação" de uma etapa em outra, coloca de novo o "negativo" e a "superação" na presença total – e assim absorve, tanto quanto possível, o trágico no lógico, ao mesmo tempo que mostra a lógica no trágico.

A fenomenologia de tipo hegeliano não terá, portanto, mais que a autonomia de um aspecto, de uma abordagem metódica com relação a uma ontologia do Espírito. Pelo menos a fenomenologia subsiste, mesmo em Hegel, como um aspecto indestrutível do saber absoluto, não somente porque a manifestação de si – tema por excelência da fenomenologia – é essencial ao Espírito, mas porque o devir do espírito na consciência dos homens continua inacabado, no seio mesmo do saber que sempre transcendeu a incompletude de sua

5. Sobre a fenomenologia

própria história. Mas esta já é uma outra história. Voltarei a este ponto em uma próxima crônica a propósito da obras de Hyppolyte sobre Hegel.

144

Creio que se deve ter sempre em mente esta dupla tradição de uma fenomenologia em tensão com uma ontologia – impossível ou atualizada – e de uma fenomenologia a caminho para uma ontologia onde ela se suprimiria, para explicar que entre a própria descendência de Husserl encontraríamos pensadores como Heidegger que retornam à ontologia pela fenomenologia. A fenomenologia não é, então, desde o começo senão um método que, aliás, acaba sendo abandonado, como parece nos últimos escritos de Heidegger. Se o homem não é o senhor do ente – isto é, o legislador dos fenômenos –, mas "o pastor do ser", a fenomenologia parece ligada, em última instância, a este primado usurpado da subjetividade que, desde Sócrates, ofuscaria e dissimularia o primado verdadeiro do ser. A fenomenologia que pretendesse ser a medida da ontologia participaria do grande esquecimento do ser, que caracterizaria a filosofia ocidental.

Assim a fenomenologia, pelo fato de privilegiar o aparecer, pretende originalmente contestar toda posição ingênua de em si com sua sempiterna questão: como se mostra isto? Em quais operações vividas? A partir de quais posições primordiais de sentido? Mas esta mesma fenomenologia é também originalmente contestada por uma questão que ataca a sua própria questão: que é o ser enquanto "clareira de luz" para toda questão proveniente da subjetividade humana, para toda posição de sentido, para todo projeto?

A fenomenologia se desenvolve em uma dupla insegurança: aquela que ela mesma inaugura por seu estilo de investigação das aparências ou aparições, aquela que a investe do lado daquilo de que haveria aparência ou aparição.

Mas há uma terceira possibilidade para a fenomenologia: é que ela não esteja nem em tensão com uma ontologia, nem a caminho para a sua supressão em uma ontologia; é que ela seja a redução sem retorno de toda ontologia possível; é que não haja nada a mais no ser ou nos seres senão aquilo que aparece ao homem e pelo homem.

Não seria a fenomenologia de Husserl um fantástico esforço de quarenta anos para eliminar a ontologia, tanto no sentido clássico herdado de Platão e de Aristóteles e conservado por Descartes e Kant, como também no sentido hegeliano e heideggeriano? Não estaria ela a caminho para uma filosofia sem absoluto?

A unidade de intenção da fenomenologia husserliana

Que o anseio por uma filosofia sem ontologia seja o *pathos* do próprio método de Husserl, esta é em suma a conclusão de um excelente estudo consagrado por Pierre Thévenaz a Husserl e a sua descendência espiritual[3]. Para ele, os verdadeiros herdeiros de Husserl são os existencialistas franceses. A empreitada ao mesmo tempo "metódica e tateante" de Husserl deve ser decifrada em uma leitura

> de trás para diante ou, melhor dizendo, em ziguezague, se não (como aconteceu com os primeiros discípulos que haviam encontrado nas *Logische Untersuchungen* um método fecundo e um realismo salutar e se escandalizavam depois com o idealismo das *Ideen*), creremos discernir na evolução de Husserl descontinuidades, meia-voltas ininteligíveis ou quem sabe traições que não existem a não ser em nossa imaginação[4].

Se o problema de Husserl é o do fundamento, sua caminhada é uma radicalização progressiva da própria questão do fundamento. Inicialmente, a uma primeira abordagem, o "funda-

---

3. Qu'est-ce que la phénoménologie? *Revue de Théologie et de Philosophia de Lausanne*, 1952, I, p. 9-30; II, p. 126-140, 294-316. Esse estudo é ao mesmo tempo um precioso percurso da bibliografia do movimento fenomenológico (Husserl, Heidegger, Sartre, Merleau-Ponty) e uma introdução ao mesmo tempo simples e penetrante às intenções, aos métodos, aos temas e aos resultados da fenomenologia.
4. THÉVENAS, P. Art. cit., p. 21.

5. Sobre a fenomenologia

mento" de uma verdade lógica ou matemática é a sua "essência"; mas a uma segunda abordagem, a essência se revela como "sentido visado", por conseguinte como "fenômeno" para a evidência. A redução fenomenológica que leva de volta ao EU não é mais então uma negação, mas é o ato global de ruptura aplicado à nossa relação com o *mundo*, e não mais a este setor do saber. Mas essa ruptura por sua vez não separa uma pretensa realidade interior da realidade dita exterior, como se distinguiria uma região de uma outra. Ela faz, ao contrário, surgir nossa verdadeira relação com o mundo, nossa relação intencional, relação que permanece velada na atitude natural.

Husserl deste modo abre uma via entre as filosofias do absoluto e os naturalismos:

> em virtude da intencionalidade, a própria noção de uma realidade em si ou de um objeto absoluto se torna absurda, impensável em todo caso. E por outro lado a ideia (cartesiana, por exemplo) de uma consciência fechada em si mesma que não perceberá o mundo tal qual *ele mesmo* é e que teria como primeira tarefa certificar-se de que percebe bem a realidade "no original" fica igualmente excluída[5].

Deste modo, Thévenaz também não vê ruptura entre o idealismo das *Meditações cartesianas* e a apoteose do mundo da vida em que vai culminar a fenomenologia transcendental:

> esta grandiosa consagração do vivido como fundamento radical da filosofia é bem fiel à intenção primeira da fenomenologia, animada como o bergsonismo por um profundo respeito para com o real. Este primado do vivido permite compreender a continuidade com a fenomenologia pós-husserliana e com certas formas de existencialismos[6].

Por conseguinte, a "superação" da fenomenologia por Heidegger significa sem dúvida também o seu "abandono". Tal "como os místicos especulativos alemães, Heidegger re-

---

5. Ibid., p. 26-27.
6. Ibid., p. 30.

monta de Deus à 'Deidade' (*die Gottheit*), da Deidade ao 'Sagrado' (*das Heilige*), do Sagrado à Verdade do Ser"[7]. O estilo de Husserl, sóbrio, lúcido e refletido, foi sacrificado a um "pensamento" que se quer mais radical e mais pensante que a razão[8].

Por este motivo, o existencialismo francês se configura a Thévenaz como uma *radicalização* da fenomenologia de Husserl, mas na linha do seu gênio.

Por um lado, a consciência sartreana, esvaziada de em-si, esvaziada até de si e mesmo totalmente fora de si, é a consciência husserliana radicalizada por uma super-redução. E se Sartre parece opor uma filosofia da escolha e da ação política à atitude contemplativa do "espectador desinteressado" segundo Husserl, trata-se aqui ainda de uma radicalização da redução fenomenológica, em que o eu se desapega de si mesmo, fazendo-se totalmente projeto diante de si. Thévenaz, todavia, vê surgir, com o tema da "má-fé" e da "inevitável e impossível" moral, a hidra do fracasso, o rochedo jamais remontado da alienação. Portanto, "Husserl – acrescenta ele – já não se reconheceria nesta distante posteridade"[9].

Pelo outro lado, Merleau-Ponty, na opinião de Thévenaz, parece tomar o contrapé de Sartre: compreendendo a redução como um distanciar-se que nos assegura de nossa impossível distância do mundo e nos ensina de novo que estamos destinados ao mundo, reduzindo o desligamento sartreano do mundo a um simples inverso do nosso engajamento universal no mundo, a *Fenomenologia da percepção* prolonga a última filosofia husserliana, aquela em que o mundo da vida aparece como o solo sempre preliminar de todas as ciências, de todas as verdades e mesmo do próprio juízo.

---

7. Ibid., p. 137.
8. Ibid.
9. Ibid., p. 305.

5. Sobre a fenomenologia

Vamos então pôr de lado este esquema do desenvolvimento da fenomenologia? O fato de ter Husserl assim uma descendência dupla e oposta, o fato de a redução poder ter sido radicalizada em sentidos diferentes, isto mesmo nos convida a questionar de novo a coerência de projeto da fenomenologia husserliana. Talvez ela comportasse dois projetos em via de exclusão. Thévenaz, precisamente, não o crê:

> A fenomenologia combina a ruptura mais radical com nossa atitude primeira e natural na presença do mundo (no sentido de ser ela uma ascese do espírito) e o aprofundamento ou a consagração dessa atitude original (neste sentido ela é respeito pelo real e engajamento no mundo)[10].

Eu me pergunto se o existencialismo não revela uma sutil falha da própria fenomenologia de Husserl e se não residiria aqui a razão das hesitações de Husserl em publicar as aplicações *efetivas* de seu método e a razão de seus escrúpulos retrospectivos diante das obras publicadas que permanecem puramente programáticas, como *Ideen* I, e que desenvolvem sobretudo uma *interpretação* filosófica do método, como as *Meditações cartesianas*.

No que me diz respeito, quanto mais leio Husserl, tanto mais me convenço de que o método *praticado* conduz o filósofo para um sentido cada vez menos compatível com o método *interpretado* filosoficamente. O método praticado tende para "o aprofundamento ou para a consagração da atitude original" de engajamento no mundo. O método interpretado tende para um idealismo solipsista que arranca definitivamente a "coisa" de sua alteridade relativa e não consegue dar conta da alteridade absoluta do outro, da segunda pessoa.

Por este motivo atribuo grande importância ao livro de Tran-Duc-Thao sobre Husserl.

---

10. Ibid., p. 315.

"Fenomenologia e materialismo dialético"[11]

O livro notável de Tran-Duc-Thao, na sua primeira parte, redigida de 1942 a 1950, é uma análise histórica e crítica da empreitada husserliana. Concebida nas mesmas perspectivas de Husserl, ela vai desaguar na constatação de uma contradição interna da própria obra. A segunda parte, concluída em 1951, está inteiramente situada no plano do materialismo dialético. A fenomenologia ali aparece como a última figura do idealismo, mas como um idealismo que tem a nostalgia da realidade. A fenomenologia corre atrás da sombra da realidade na consciência. Somente o marxismo apreende a realidade efetiva na matéria trabalhada pelo homem, mas a fenomenologia não se suprime somente como todo idealismo no marxismo, ela ali realiza o sentido das análises concretas do vivido, efetuadas por Husserl, com admiráveis paciência e escrúpulo, a despeito da filosofia idealista que lhes serve de horizonte. Essas análises concretas, que são "o conteúdo efetivamente real" da fenomenologia, encontram a sua verdade em uma filosofia do trabalho.

Vamos examinar, uma após a outra, as duas partes do livro.

Tran-Duc-Thao interpreta o movimento de conjunto da obra de Husserl como incessante superação, espicaçada por um desejo de realidade e de presença, mas que vai afinal desaguar em uma nova espécie de relativismo cético.

Quanto a esse apetite do real, Thao se notabiliza por discerni-lo até na primeira filosofia das "essências" que, diz ele, é autêntica na medida em que a essência não é um possível separado, mas a possibilidade do real, o sentido da sua objetividade. Por isso "a essência", como sentido *do* real, deveria reconduzir ao sujeito, ou seja, à intencionalidade da consciência constituinte do sentido. Thao vê já nas *Investigações lógicas* um segundo e fundamental indício dessa paixão pela realidade efetiva, na tese conforme a qual a intuição categorial – isto

---

11. TRAN-DUC-THAO. *Phénoménologie et matérialisme dialectique*. Paris: Minh-Tan, 1951 [Reimpr., Londres/Paris: Gordon and Breach/Archives Contemporaines, 1971, 1992].

5. Sobre a fenomenologia

é a posição em presença direta (e não vaga e simbólica) das articulações de uma proposição (*kategorein* = enunciar) – se faz tendo sempre ao fundo o mundo: a intuição categorial se funda sobre a intuição sensível: ela é original, mas dependente, enquanto edificada sobre...

Thao vê com boas razões nesta edificação da ordem do juízo sobre uma ordem da percepção com seu modo próprio de presença, sua estrutura e seu sentido próprio, o motivo diretor da obra husserliana de 1900 a 1938.

Desde então Husserl se achava envolvido no movimento de radicalização em que as essências remetiam a um sujeito constituinte. E como o sentido do juízo remete à presença percebida do mundo, este sujeito não poderia mais ser o sujeito em geral de Kant, um eu pontual, simples portador das condições de possibilidade do objeto universalmente válido, mas o sujeito concreto, o sujeito da experiência real. Por isso o movimento da reflexão levava de volta para além de Kant, a Descartes, mas a um Descartes que teria renunciado a suspender seu *cogito* em Deus, que não teria procurado o valor de eternidade do *cogito* a não ser no ato efetivo da subjetividade singular.

No entanto – e aqui começa a despontar a crítica de Thao – a empreitada se desenvolve no horizonte de um idealismo que condena a apertar apenas a sombra do mundo e a edificar somente um sonho bem regrado, em lugar daquela presença "em carne e osso" que a intuição husserliana pretende alcançar. Com efeito, toda a obra de Husserl é dominada pela "constituição da coisa". Ora, a redução fenomenológica, que introduz a essa constituição e lhe define o sentido, postula que o ser da coisa se reduz a *ser constituído* em um fluxo de perfis, de silhuetas. Eis um filósofo que pretende "tematizar a origem do mundo e responder às questões últimas: e é ainda mais lastimável para o leitor não encontrar senão um sistema de silhuetas"[12]. O vício da constituição aparece justamente quando, na V *Meditação cartesiana*, Husserl elabora a constituição do outro. Essa tarefa se propõe logo a seguir nos ter-

---

12. Ibid., p. 87.

149 mos de um paradoxo: o outro deve ser constituído como um outro eu, como um estranho porque é do sentido do outro ser um eu *como eu*.

Segundo Thao, a constituição do outro permanece dominada pelo prestígio da constituição das coisas, que não passam de unidades presumidas de aparições, ao passo que Husserl percebeu, pela prática mesma da fenomenologia, como se vê em *Ideen* II (III parte), que as pessoas não podem ser constituídas como um aspecto da "natureza" e são a unidade de uma manifestação absoluta e não a unidade de um fluxo de silhuetas em mim. O fracasso da constituição do outro trairia o fracasso dissimulado de toda constituição: o idealismo é válido para quebrar o prestígio do em si. Tem o valor de um lembrete: nada existe, a não ser que apareça a alguém; mas em compensação o idealismo arruína o esforço para reconhecer a realidade absoluta das pessoas tais quais se doam. A constituição oscila assim entre uma criação das coisas e um reconhecimento das pessoas; mas o primeiro uso leva a melhor sobre o segundo.

Thao retoma então, à luz desta crítica, a tentativa final de Husserl para superar o idealismo do período das *Ideen* e, sobretudo, o das *Meditações cartesianas*, e para elaborar uma gênese da própria evidência. O livro alcança o seu nível mais alto nas páginas dedicadas à constituição temporal da verdade e ao nascimento conjunto do erro e da verdade. Essas páginas estão cheias de uma enorme simpatia por essa obra que o autor conhece muito bem. Thao distingue, nos últimos trabalhos de Husserl, um esforço desesperado para restaurar, malgrado o preconceito idealista, o originário, o primitivo, o efetivo, o atual, sempre encobertos pelo sedimentado, pelo habitual, pelo simbólico, pelo adquirido. Neste estádio, a fenomenologia é muito mais que uma descrição das curiosidades do espírito humano. É uma empreitada em busca da verdade no sentido em que tenta medir o pensamento pretendido com o pensamento efetivo no *presente vivo* da consciência. A razão outra coisa não é senão esta crítica de autenticidade.

Mas qual é o resultado desse esforço? Terrivelmente decepcionante. A lógica remete ao juízo de realidade; o juízo à

5. Sobre a fenomenologia 161

percepção e esta remete de seus aspectos adquiridos, solidificados, à pura impressão no presente vivo. A fenomenologia se encerra em um ceticismo total, renovado de Protágoras.

Como apresentar uma saída para o apetite de real que é a paixão diretora da fenomenologia, mas que fica inibida pelo preconceito idealista e frustrada pela desoladora insignificância do "resultado" de todas essas reduções? É necessário mudar de horizonte filosófico, responde Thao; recolocar a descrição do vivido no quadro de um "naturalismo de outro gênero", de um materialismo não mecanicista, mas dialético, em suma, no quadro do marxismo. Ponha como realidade absoluta o devir humano da natureza e você verá o "vivido" recuperar a sua verdade que é demarcar pela consciência o devir humano da natureza em sua efetividade. Thao faz mais que reivindicar essa inversão filosófica e preconizar essa recuperação da fenomenologia no materialismo dialético. Ele tenta, na segunda parte do seu livro, delinear:

150

1) A dialética do comportamento animal na qual vêm inserir-se as melhores análises de Husserl sobre a impressão, a sensação, o campo sensorial, o objeto fantasma, o objeto real ou a "coisa".

Pois, "contrariamente a um preconceito generalizado, o domínio privilegiado da fenomenologia pura não se acha nas significações humanas, mas justamente nas camadas primitivas e propriamente animais"[13]. É também nesse nível, ultrapassado pelas dialéticas propriamente humanas do trabalho, que ser é ser percebido.

2) A dialética do trabalho humano e das mistificações religiosas e filosóficas, para as quais não há mais nada a extrair de Husserl.

De bom grado eu percorreria as dificuldades com as quais esbarram esta "supressão" e esta "realização" da fenomenologia no marxismo, a fim de voltar às questões iniciais desta crônica e de esboçar outra restauração possível da fenomenologia.

---

13. Ibid., p. 297.

1) O que é que a "dialética do movimento real" (comportamento animal e trabalho humano) recupera e pode recuperar das análises de Husserl? "Dados", "resultados", "conteúdos efetivamente reais", responde Thao. Mas não seria já perverter sutilmente a fenomenologia abastecer-se aí com "resultados"? De repente, parece que toda a primeira parte do livro tinha sido conduzida para essa apresentação de balanço onde a fenomenologia é forçada a exibir o "conteúdo efetivamente real" alcançado pelas gêneses sucessivas da experiência humana. O movimento do *método* é de súbito fixado em seu resultado positivo, separado do achado. Esse temor se verifica nos pormenores; os dados sensoriais, as cinestesias, as configurações pacientemente descritas nos últimos inéditos e que Thao salva na segunda parte do seu livro, no nível do símio e do bebê, são precisamente os fatores que se prestam melhor a uma abordagem positiva e, em suma, a uma naturalização do vivido. Não é fora de propósito observar que na época das *Ideen* esses elementos representam o inverso "material" (hilético, como dizia Husserl) da visada de consciência, a qual, indo além de seus conteúdos, pressupõe uma unidade de sentido (voltarei, mais adiante, a esta questão da unidade de sentido que Thao, de acordo com os existencialistas, subestima completamente na problemática fenomenológica).

É, portanto, uma consciência reduzida a seus "conteúdos" que Thao confronta com o comportamento real. Como substituiu o método pelo resultado, a visada pelo conteúdo de consciência, Thao devia considerar a doutrina do *ego* transcendental "como um valor criador do trabalho humano"[14]. O conceito de transcendental deveria ser "supérfluo desde a origem, dado manter uma estrita identidade de conteúdo entre a 'consciência pura' e a consciência natural"[15].

Conservar da fenomenologia o "seu conteúdo efetivamente real" significa deixar a fenomenologia e retornar à consciência ingênua que a fenomenologia põe em questão e ao mes-

---

14. Ibid., p. 7.
15. Ibid., p. 9.

5. Sobre a fenomenologia

mo tempo em suspenso. Pois essa natureza tomada como algo absoluto, com seu encadeamento de reinos, de ordens e espécies, com sua filogênese e sua ontogênese, com seus estádios de comportamento, é recebida das ciências naturais, ou seja, pertence a uma camada do conhecimento edificada secundariamente sobre o mundo percebido. Não se pode, por conseguinte, integrar nesta natureza "sabida" um vivido de consciência que se dá fenomenologicamente como o horizonte perceptivo no qual se constitui a ciência dessa natureza. Assim, não se pode elaborar "dialeticamente" o percebido a partir da natureza, enquanto, nesse percebido, a natureza cientificamente conhecida se edifica sobre o pedestal do mundo da vida. Não vejo meio algum de fazer coincidir o "mundo da vida", tal como é vivido originariamente, e a "natureza", tal como esta é conhecida no movimento de uma ciência fortemente teorizada, orientada por hipóteses de trabalho e estruturada por uma metodologia ao mesmo tempo matemática e experimental.

A fenomenologia, quer queira quer não, inverte a atitude naturalista, inclusive a marxista, enquanto esta toma ingenuamente como termo primeiro o último termo constituído nos estratos científicos da experiência humana e o estabelece como um em si que aboliu a história de sua própria constituição.

Objetar-me-ão que nada entendi da dialética: você está se detendo no exame do processo de um naturalismo não dialético. O absoluto não é a natureza, mas o *devir humano* da natureza. A subjetivização da natureza é o movimento real em que se pode integrar o vivido. É por conseguinte para a dialética da natureza que é necessário voltar-se.

2) O que *quer dizer*: o devir humano da natureza? Thao procura mostrá-lo em pormenores, no nível animal primeiramente, aquele para o qual Husserl é utilizável: a série das formas de comportamento (contração – deslocamento – reflexo – locomoção – apreensão – desvio) vai refletir-se na série fenomenológica (impressão, sensação, campo sensorial, fantasma, coisa). Dá-se a tomada de consciência de um estádio de com-

portamento quando o ser vivo já alcançou o estádio seguinte, estando o vivido sempre atrasado um estádio em relação ao comportamento efetivamente real. Mas, como é que se opera a passagem do comportamento ao vivido? Por *esboços motores reprimidos*, sendo a repressão apenas um efeito da estrutura hierárquica do sistema nervoso do qual cada etapa funcional assegura a inibição do modo de reagir de grau inferior. "A consciência, como consciência do objeto, é justamente apenas o movimento mesmo desses esboços reprimidos"[16]. E é assim que o organismo vivo se torna sujeito: nesses esboços reprimidos o movimento alcança *idealmente* o seu termo: enquanto esboço, ele dá o noema da intenção vivida; enquanto reprimido, constitui a noese, o si da intenção.

Acabamos de surpreender em uma análise precisa a grandiosa metamorfose da natureza no para si da consciência. De fato, a virtuosidade hegeliana – que permite a uma coisa qualquer suprimir-se enquanto se conserva e assim ultrapassar-se em outra coisa – não pode mais mascarar a dificuldade precisa da passagem de um movimento reprimido a uma intenção vivida na primeira pessoa. A cada momento da análise de Thao esbarro em uma operação ininteligível: um processo real que se "reflete", se "reproduz", se "simboliza", se "transpõe" (varia a expressão, mas designa toda vez o mesmo mistério) na consciência[17]. O enigma da dialética vem se resumir no enigma da consciência "reflexo". E é esta última que se dissimula em uma proposição como esta: "O ato de consciência no seu sentido vivido se define de maneira exaustiva pela dialética do comportamento"[18]. O enigma ressurge em cada eta-

---

16. Ibid., p. 244.

17. "A noção de produção explica plenamente o enigma da consciência enquanto o objeto trabalhado ganha um sentido para o homem como *produto humano*. A compreensão do sentido não é precisamente mais que a transposição simbólica das operações materiais de produção em um sistema de operações intencionais onde o sujeito se apropria idealmente do objeto reproduzindo-o na consciência". O conceito científico tem sua verdade "enquanto reproduz na consciência o processo real pelo qual a vida se constitui no movimento geral das estruturas materiais" (Ibid., p. 241).

18. Ibid., p. 243.

5. Sobre a fenomenologia

pa desse esforço para "tematizar a atividade concreta humana como devir-sujeito da realidade"[19]. E se parece fácil a passagem do comportamento ao vivido, é porque o "vivido" foi previamente "naturalizado" e flutua, considerado como "conteúdo efetivamente real", nesta região impensável da semissubjetividade e da semirrealidade. Em razão desse equívoco, pode-se bem ou mal fazer coincidir um movimento reprimido, conhecido por um observador em condições complexas de experimentação, com uma intenção vivida na primeira pessoa. Pode-se até praticar contaminações e trocas de significação entre a realidade do movimento e o vivido da intenção, e falar, por exemplo, de movimento intencional ou de vivido real. Falar-se-á ainda de "movimento reprimido e conduzido de volta a si mesmo em uma reflexão sobre si que define a consciência de si"[20].

A passagem "dialética", quando se pode pegá-la em flagrante delito, é, portanto, uma passagem fictícia que esconde a confusão de dois universos do discurso nos quais não se pode permanecer ao mesmo tempo: o vivido na primeira ou na segunda pessoa e o comportamento na terceira pessoa.

E, todavia, Thao tem razão: somente uma análise da *ação* pode salvar a análise do *sensível*. Os estádios ou fases que ele propõe, para demarcar a série sensorial, podem mesmo ser mantidos. Mas a integração só pode se fazer em um universo do discurso homogêneo e coerente, o do vivido, liberto do preconceito do primado do "sensível" e ampliado até a totalidade da preocupação humana. Caberia essa tarefa a uma fenomenologia do agir e principalmente do involuntário. As ciências naturais não seriam aí integradas, mas serviriam de diagnóstico objetivo para pôr a descoberto intenções motrizes vividas. O comportamento do símio ou do bebê experimentalmente conhecido não pode suplantar o vivido do homem para o homem, mas ajudar lateralmente a detectar um vivido dissimulado e submerso.

---

19. Ibid.
20. Ibid., p. 265.

3) A passagem ao estádio propriamente humano do utensílio (ferramenta, instrumento), do trabalho, da produção apresenta novas dificuldades. Thao pretende que a estrutura do trabalho efetivamente real encerre em germe toda a intencionalidade da linguagem e deste modo todo o edifício da razão lógica. O trabalho se tornaria "ideal" na palavra, um esboço muscular da ação que se supera mediante esboços reprimidos, rumo à ação acabada.

Além da dificuldade de princípio, ligada à noção de consciência-reflexo (esta, agora, passou a ser "a forma de acabamento 'ideal' de um movimento esboçado de produção"), apresenta-se aqui uma dificuldade adicional: como explicar o conceito como regra, a estrutura simbólica do juízo, a lógica? Recorre-se então a essas regras pré-intelectuais e puramente práticas que são cristalizadas pelo uso sedimentado do utensílio: "E claro que essas regras constituem em primeiro lugar fora da consciência, na realidade do comportamento, como que uma consequência objetiva das condições materiais do uso do utensílio"[21]. "A universalidade não é nada mais que um *resultado* em que se reflete a possibilidade indefinida de repetição implicada na estrutura objetiva do processo do utensílio"[22].

O vício desta constituição da universalidade somente no utensílio consiste em esconder, *como todas as gêneses de juízo*, uma petição de princípio. Pode-se da mesma forma elaborar uma gênese do utensílio a partir da função simbólica. A universalidade prática passivamente constituída aquém do juízo explícito já implica um "querer dizer" que é o essencial da função do juízo: este "querer dizer" retoma as articulações do trabalho e do instrumento e os atravessa de ponta a ponta. Já tive ensejo para expor esta invasão de terreno estritamente recíproca do fazer e do dizer a propósito de "Do trabalho e da palavra"[23]. Esta implicação mútua arruína todas as dialéticas que não forem até uma relação circular entre perceber, agir,

---

21. Ibid., p. 293.
22. Ibid.
23. *Esprit*, dezembro de 1952.

5. Sobre a fenomenologia

julgar, avaliar, etc. Ora, uma dialética absolutamente recíproca e circular não é compatível com um "materialismo dialético" que a noção de consciência-reflexo reduz sem cessar a um epifenomenismo. Por isso não penso que a história do trabalho produtor esgote a constituição do mundo. É mediante um golpe de força dogmática que se substitui a equivalência berkeleyana: ser = perceber ou ser percebido pela equivalência ser = trabalhar ou ser trabalhado.

4) As significações cuja gênese se tentou eram já "ideais", no sentido de designarem intencionalmente uma ação sem realmente fazê-la. Mas elas permaneciam imanentes às estruturas objetivas da produção sobre as quais elas tornavam a passar de certo modo simbolicamente. Thao não desconhece a distância que separa as representações do "espírito" humano dessas significações próximas do trabalho. Para explicar essa distância é que ele recorre à mistificação religiosa.

"A idealidade" de boa qualidade das significações da linguagem se corrompe em "transcendências" onde a realidade exterior vem se "suprimir". O sagrado ou, melhor, o *devir-sagrado* é o movimento pelo qual morre o real para ressuscitar como um ser misterioso.

De onde vem esta negação de realidade? Ela "não passa da reprodução simbólica dos atos reais de exclusão e de eliminação"[24], postos em jogo pela conduta de *açambarcamento* que é a propriedade. Esta passagem é ainda mais obscura que aquela do comportamento animal às significações sensíveis e até do que aquela do trabalho humano às significações lógicas. Por que o ato de açambarcamento, que exclui o *outro* da posse, se refletiria em uma exclusão simbólica *da realidade*? Sob aparências muito peremptórias, a explicação é vacilante: precisa-se uma vez que excluindo o outro do ter, o proprietário exclui a materialidade "enquanto esta materialidade implica a possibilidade objetiva de uma participação de to-

---

24. Ibid., p. 301.

dos"[25] (algo que nunca é verdade, pelo menos antes de uma economia de abundância); afirma-se outra vez que o açambarcamento "dissimula a realidade efetiva do objeto e a subutiliza para as pretensões do outro"[26]; e, mais adiante: "No vivido da transcendência, o sujeito se representa não o exclusivismo do seu ato de apropriação, mas o ser ele mesmo apropriado na forma de sua negação"[27]. Desta vez é o caráter privativo do ato que se oculta na forma negativa do objeto.

No entanto, é sobre esta frágil base que se ergue toda a parte final do livro: vê-se o sagrado nascer tendo por base a apropriação primitiva, os deuses do sacrifício em cima da economia mercantil, o *logos* universal tendo por base a economia monetária e o pensamento mecanicista tendo por base a economia de cálculo capitalista. Em momento algum é possível estabelecer se estamos lidando com uma motivação integral e exclusiva da esfera religiosa e ideológica pelo processo social da produção, ou se estamos às voltas somente com uma causa ocasional, auxiliar, facilitadora, comparável à abertura de um caminho social de representações cuja motivação seria múltipla. O marxista mascara a dificuldade metodológica sob o dogmatismo das fórmulas: "A forma da opressão é a chave do mistério da transcendência"[28]. Ora, é muito difícil fazer a imensa aventura do sagrado, desde o clã totêmico até Georges Bataille, descansar sobre uma simples repetição simbólica dos processos reais da apropriação e derivar o *tremendum* das dores e das ameaças da possessão ("os terrores sagrados que refletem os perigos reais da exclusão recíproca"...). Além do mais, o sagrado é mal definido pela "supressão" do real!

Não me parece muito convincente a explicação do sacrifício de Osíris pela dialética da economia de mercado ("o ser sobrenatural da propriedade comercial onde o ato de açam-

---

25. Ibid., p. 302.
26. Ibid., p. 311.
27. Ibid., p. 326.
28. TRAN-DUC-THAO. Do trabalho e da palavra. Art. cit., p. 13.

5. Sobre a fenomenologia

barcamento se justifica para cada um pelo sacrifício de todos"[29]. E menos convincente ainda me parece a engraçada explicação das nove hipóteses do *Parmênides* de Platão referentes ao Uno e ao Múltiplo, pela dialética do dinheiro-Uno com as mercadorias-Múltiplas em uma economia monetária. Será possível acreditar que a física matemática e todo o pensamento mecanicista sejam simplesmente a expressão da economia abstrata do capitalismo? ("O movimento ideal dos conceitos da física matemática, não sendo mais que o símbolo abstrato do movimento real da indústria, como acordo praticamente realizado do intelecto e das coisas"[30]). Não se estão tomando facilitações por causalidades completas? E, sobretudo, não se estão subestimando as motivações imanentes a uma disciplina, tal qual a física matemática, o papel determinante de suas crises internas e o movimento autônomo de sua problemática e de sua metodologia próprias? Pretende-se enfim que a própria fenomenologia se explique pelo esforço impotente de alguns estratos da burguesia para sair da abstração mecanicista e reencontrar o real. Mas Husserl, filósofo burguês, com certeza ignorava que o fundamento real da obra de constituição era o "movimento real" da produção e, sobretudo, devia ignorar a chave de suas próprias mistificações idealistas. Por isso, era inevitável o seu fracasso.

Este gênero de explicação é tão interessante e tão arbitrário como o de Freud em *Totem e Tabu*. Duas vezes vocês foram desmascarados: vocês acreditam pensar sagrado ou categoria, transcendência ou transcendental, alma ou *ego*: o "conteúdo efetivamente real" da consciência de vocês significava cálculo econômico no horizonte das mistificações ancestrais – a menos que significasse uma volta ao seio da mãe ou parricídio. E caso protestem, vão reforçar, por sua contestação, o diagnóstico pronunciado sobre vocês sem vocês, ou mesmo contra vocês. Pois se o "desmascarar" realizado pela psicanálise termina com a cura, pela recuperação consciente do abolido, o "desmascarar" das motivações econômico-so-

---

29. Ibid., p. 329.
30. Ibid., p. 358.

ciais da filosofia se detém no estádio da denúncia, que é uma forma especial de combate e exclui a discussão, que exige a reciprocidade.

Todavia, esta decodificação das intenções dissimuladas, esta ascese da "falsa consciência" devem poder ser integradas à fenomenologia como crítica da inautenticidade e como volta ao originário. Mas então o método marxista, conservado como hipótese de trabalho, entre outros, como sistema de decodificação e de leitura das intenções vividas, entre outras coisas, "terá sido libertado de sua pretensão e de sua ingenuidade e subtraído ao espírito de intimidação e de denúncia no qual o mantêm os doutrinários e os polemistas.

Do bom uso da fenomenologia husserliana

Os dois momentos anteriores desta crônica repousavam sobre o pressuposto segundo o qual a fenomenologia de Husserl está orientada de maneira exclusiva para a descrição do "presente vivo" e do "mundo primordial da vida". Toda a obra parece, com efeito, tender para a exegese das "gêneses passivas" que se elaboram abaixo do nível do juízo, em suma para a constituição da consciência antepredicativa. É-se então levado a louvar ou a deplorar que a fenomenologia tenha desaguado no existencialismo.

O defeito de uma leitura "no sentido contrário" da obra de Husserl é projetar o fim sobre o começo e só conservar dessa obra aquilo que tende para esse fim. Caso se leia ao contrário essa obra, "a medida" que se vai lendo fica-se impressionado, não só por uma certa *radicalização* dos problemas na direção do "primordial", do "originário", mas também pelo *abandono*, ao longo do caminho, de possibilidades que não mais serão empregadas. A obra de Husserl é o tipo da obra não resolvida, embaralhada, rasurada, arborescente. Por isso muitos pesquisadores encontraram sua própria via abandonando também o seu mestre, porque prolongavam uma linha magistralmente inaugurada pelo fundador e não menos magistralmente cancelada por este. A fenomenologia constitui em boa

5. Sobre a fenomenologia

parte a história das heresias husserlianas. A estrutura da obra do mestre implicava que não houvesse ortodoxia husserliana.

Conviria apontar ao menos algumas dessas sugestões perdidas que, se houvessem sido seguidas, teriam certamente protegido a empreitada contra essa espécie de decomposição final no informe e no insignificante que Thao perfeitamente pôs a nu.

A teoria da "intuição categorial" das *Investigações lógicas*, de 1901, era uma coisa esplêndida, caso seja compreendida fora da ingenuidade de um realismo das essências. Não se vê por que deveria ser sacrificada à fenomenologia da percepção. Husserl havia, antes, alcançado, em certo momento, um ponto de maturidade, assim como quando mostrava que a ordem do juízo, com sua estrutura de *Sachverhalt* (o estado de coisas compreendido no juízo), está *fundada* sobre a ordem da percepção. Ora, esta relação de *fundação* não significa só um retorno ao estrato mais primitivo do percebido, mas também uma emergência, uma inovação pela qual a intuição categorial, a posição dos valores, e o reconhecimento das pessoas, aparece no horizonte do mundo percebido. A tarefa de constituição exigia, por conseguinte, dois movimentos: um regressivo e descendente, levava efetivamente de "retorno" em "retorno", da ciência à coisa percebida, desta ao fantasma, e assim até a impressão no presente vivido. É este caminho que os inéditos do fim seguiram. No fundo, é o caminho de Hume, que consiste em *desfazer o objeto*. O outro movimento, progressivo e ascendente, deveria compensar o precedente por uma crítica das sínteses inovadoras e das emergências da ordem lógica, axiológica e pessoal no horizonte do percebido. Esse caminho, que é o de Kant nas passagens mais fenomenológicas da *Crítica* (imaginação e esquemas, analogias da experiência, teoria do respeito, etc.), foi tomado e abandonado.

157

Pois esse caminho foi tomado. Na época de *Ideen* I e *Ideen* II e das *Meditações cartesianas*, Husserl insiste em uma exigência de método que não se enfatiza bastante: não se pode explorar o "fluxo do vivido" a não ser com aquilo que ele denomina "o guia transcendental do objeto", ou seja, sob a orientação de certas unidades de sentido (coisas, valores, pessoas, etc.) que propõem o "sentido" que se vai constituir. Certamente, essas unidades de sentido são apenas "pressupostas" no fluxo das silhuetas (no caso da "coisa" percebida". Mas em contrapartida toda silhueta se transcende em um sentido pressuposto. Husserl havia assim surpreendido aquilo que ele chamava de o "maravilhoso" da consciência, ou ainda a "teleologia" da consciência, quer dizer, o fato espantoso de haver uma concordância dos perfis e não um caos das aparições, em suma, haver um mundo e não um não mundo, como posso *imaginar* que isto é radicalmente possível. Esse espanto, essa surpresa são totalmente esquecidos no movimento regressivo para o presente vivo que é tanto a exegese de um não mundo como de um mundo.

Ora, o "guia transcendental do objeto" remete inevitavelmente à intuição das essências, pois não é possível tentar uma descrição, seja ela qual for, sem uma *ideia* da estrutura essencial da "região" considerada. Eis precisamente por que, depois de ter escrito *Ideen* I que expõe o método fenomenológico e o justifica por alguns exemplos, Husserl se vira obrigado a repetir no começo do livro a sua teoria da "essência". Pois é uma evidência "eidética" (essencial), e não precisamente "perceptiva", o fato de ser a percepção um processo sem fim de esboços concordantes que podem vir a ser discordantes. Não se pode descer ao originário sem remontar à ideia guia que regula o sentido da "região".

Abandonando esta via progressiva das emergências de constituição, Husserl tendia a fazer da fenomenologia um tratado da decomposição do espírito. Ficava então o enigma do sentido confiado à constituição temporal: tornava-se necessário tudo esperar do processo de "retenção" das aparições fugidias, da "sedimentação" do retido e da "abolição" dessa história da sedimentação em seu resultado constituído. O processo quase não difere do total da teoria humeana do hábito e esbarra nas mesmas dificuldades: por que a temporalização da consciência faz algo de inteligível e não, antes, algo sem sentido? Um retorno à investigação das estruturas originais do juí-

5. Sobre a fenomenologia

zo, segundo a primeira fenomenologia (a primeira das *Investigações lógicas* começa pelo juízo), evitaria as decepções que fatalmente seriam geradas por todas essas inflações de temporalidade. Sócrates é sempre forte diante do heraclitismo de Protágoras.

Se Husserl enveredou por uma trilha e deixou a outra, talvez se deva à interpretação *filosófica* que fez do próprio *método* que praticava. Aqui ainda Thao viu acertadamente as coisas, ao mostrar que a interpretação idealista da "constituição" é responsável por essa volatilização do sentido e da presença da realidade. Se as coisas se constituem não somente "para" mim, mas "em" mim e "a partir" de mim, a fenomenologia deixa de ser o reconhecimento do *outro* em sua alteridade, mas, como diz o próprio Husserl em suas *Meditações cartesianas*, "a explicitação da mônada eu". Ora, a relatividade da percepção, como o diz muito bem Thao, não suprime a *realidade* das coisas, mas define apenas o seu aparecer. Seria então necessário separar na obra de Husserl um idealismo *metodológico* do idealismo *dogmático* no qual reflete filosoficamente o seu método. Esse idealismo metodológico é a decisão de não tematizar a realidade a não ser enquanto esta se dá, sem decidir se a realidade se exaure no seu ser-dado. É aquele que é efetivamente praticado em *Ideen* II (principalmente na terceira parte, consagrada ao mundo das pessoas). O outro, diz você, é aquele que eu viso nele? Sem dúvida, mas, quando o outro é uma pessoa, viso precisamente nele uma existência absoluta, outra existência que não é a minha.

Tendo chegado a esse ponto de nossa reflexão, podemos perguntar-nos se a fenomenologia não exige, para fundar seu próprio direito a dominar como rainha sobre o império daquilo que aparece, uma *crítica* do aparecer. Esta crônica retorna agora ao seu ponto de partida – ao seu ponto de partida kantiano. A posição da realidade em si era, para Kant, aquilo que *limita especulativamente* as pretensões do fenômeno a se dar como o ser; e o respeito às pessoas, enquanto valor e existência (como existência-valor) era aquilo que *limita praticamente* as pretensões da nossa sensibilidade a reduzir as pessoas à sua maneira de aparecer no ódio e no desejo, ou quiçá na simpatia.

Talvez a fenomenologia não possa ser fundada a não ser pelo que a limita. E nisto ela não seria a filosofia, mas somente o seu "limiar".

6
Estudo sobre as *Meditações cartesianas* de Husserl*

Ao Sr. Professor S. Strasser, Ilmo. editor das *Husserlianas*.

Husserl e Descartes

A primeira intenção das *Meditações cartesianas* é situar na história da filosofia o motivo transcendental da fenomenologia, lentamente conquistado a partir de 1905 aproximadamente. Esta preocupação, com a qual se abre o livro de 1929, anuncia a maneira histórica de tomar consciência da tarefa da fenomenologia, que vai prevalecer na *Krisis* (1935). A *Krisis* vê na reflexão transcendental um modo de filosofar que tem sua própria história e atravessa a história da "ingenuidade", isto é *grosso modo* a história das ciências, das técnicas e das filosofias objetivistas que permaneceram fascinadas pelo naturalismo científico. Claro, esta outra história vai desaguar na filosofia *fenomenológica*. As *Meditações cartesianas* veem ainda na retomada do tema cartesiano do *cogito* uma radicalização que suspende a variação errática da história. Se existe uma história pós-Descartes que, no entanto, pretendesse acabar com as variações do pensamento e *recomeçar* a filosofia, é que Descartes não foi bastante radical ou não se manteve fiel ao seu pró-

---

* Primeira publicação na *Revue philosophique de Louvain*, 92, 1954, p. 75-109. Cito as *Meditações cartesianas* a partir da tradução de G. Peiffer e É. Lévinas, Paris: Vrin, 1947 [reimpr. 1992].

prio radicalismo. A filosofia superaria a sua própria história e realizaria o seu "sentido eterno", se executasse a sua tarefa até o ponto extremo. As *Meditações cartesianas* sugerem esta ideia: a história da filosofia tem um sentido na medida em que se encaminha para a supressão de sua própria história por um progresso no sentido do verdadeiro *começo*.

162 Pode-se dizer que toda filosofia é uma interpretação da história da filosofia, uma explicação de suas contradições e uma justificação de sua unidade possível pelo sentido supra-histórico do ato filosófico, da intenção filosófica. Quanto a este sentido, Husserl o procurou, após Descartes, indo mais longe que Descartes, na ideia do *começo* radical. Deste "sentido eterno" – deste *Urbild* – provém a própria "tarefa" da filosofia. A *Krisis*, contrariamente às *Meditações cartesianas*, vai mostrar que esse sentido eterno, que é uma tarefa, um dever de filosofar, gera precisamente uma história de grau reflexivo, uma história significante, porque é o desenvolvimento do seu próprio sentido.

Mas, por que o *cogito* deve ser radicalizado? O Descartes de Husserl não é o de Gilson, de Laporte ou de Alquié, mas é o Descartes lido por um neokantiano: a grandeza de Descartes, segundo Husserl, consiste em ter feito o projeto de uma filosofia que fosse ao mesmo tempo uma ciência e o *fundamento* de todas as ciências no sistema de uma ciência universal. Por direito, o *cogito* é o sujeito transcendental. Mas Descartes traiu o seu próprio radicalismo: a dúvida deveria pôr fim a toda exterioridade objetiva e pôr à luz uma subjetividade sem exterior absoluto. No entanto, o *cogito* é tomado por Descartes como o primeiro anel de uma cadeia dedutiva cujos elos sucessivos são a *res cogitans*, a existência de Deus e por intermédio da veracidade divina, a existência da natureza objetiva. Esta interpretação de Descartes merece uma consideração mais demorada antes de qualquer outra démarche. Pois ela desconhece totalmente a polaridade que suporta toda a filosofia de Descartes; a polaridade entre o *cogito* que absorve em si toda a objetividade como o seu *sentido* (as "ideias" físicas e matemáticas são o sentido mesmo do *cogito*) – e pelo outro lado a existência de Deus da qual tudo depende enquanto

6. Estudo sobre as *Meditações cartesianas* de Husserl   177

criatura. Essas duas exigências se entrecruzam na ideia de Infinito que pertence simultaneamente ao ciclo do *cogito*, enquanto é uma ideia como as outras, e ao ciclo do ser, por ser ela a marca do ser infinito em meu pensamento. Pode-se, com certeza, contestar a possibilidade de uma filosofia com dois focos – o *cogito* e Deus – isto é, negar que se possa manter ao mesmo tempo uma filosofia onde a subjetividade é o polo de referência de todo o pensável e uma filosofia onde o ser é o polo de referência de todo o existente. Em todo o caso, desconhecer esta estrutura do cartesianismo é fazer uma *outra* filosofia, diferente da de Descartes, e não radicalizar o cartesianismo. Talvez a melhor introdução ao sentido das *Meditações cartesianas* de Husserl seja esta destruição do sentido original do cartesianismo, segundo o qual o *cogito* é, ele mesmo, um ser, situado entre o ser e o nada, um ser menor, habitado e investido por uma ideia que o faz fragmentar-se, a ideia de infinito. Esta ideia, que tem mais ser do que eu que a penso, provoca um deslocamento do centro de gravidade da subjetividade para o ser infinito.

Toda a empreitada de Husserl consistirá na omissão dessa polaridade. Insisto, omissão! Pois nada nos autoriza a dizer que Husserl tenha compreendido a sua filosofia transcendental como um ateísmo de direito. Ao menos o *ego* transcendental é suficiente para todas as tarefas de uma *philosophia prima* (§ 2) – termo justamente que Descartes aplicava a suas Meditações (*Meditationes de prima philosophia*).

A filosofia transcendental assume corajosamente as enormes dificuldades, que vamos tentar percorrer, de uma filosofia que não passasse de uma egologia e nunca uma ontologia, de uma filosofia onde o Ser não fosse jamais aquilo que não somente dá um peso de realidade ao objeto, mas, sobretudo, fundasse a realidade do próprio *ego*. Uma egologia, ou seja, um *cogito* sem *res cogitans*, um *cogito* sem a medida absoluta da ideia de infinito, sem o *cogitatum singular* que seria a marca sobre ele de uma toda outra subjetividade fundadora. Husserl assumiu todas as dificuldades de tal egologia. Estas vão culminar no final da IV *Meditação* na objeção do solipsismo transcendental. Eis o motivo pelo qual a V *Meditação*, que responde a essa objeção, pode ser considerada como o equivalente e o substituto por Husserl da ontologia que Descartes introduzia na sua III *Meditação* pela ideia de infinito e pelo reconhecimento do ser na presença mesma dessa ideia. Enquanto Descartes transcende o *cogito* por Deus, Husserl transcende o *ego* pelo *alter ego*. Assim busca ele em uma filosofia da intersubjetividade o fundamento superior da objetividade que Descartes ia buscar na veracidade divina. É o que mostra a importância dessa V *Meditação* que Husserl, depois de suas conferências de Paris e de Estrasburgo, influ a ponto de lhe dar quase o mesmo tamanho das outras quatro reunidas. Essas *Meditações cartesianas* devem ser consideradas como a ascensão progressiva para um certo ponto crítico, próximo da ruptura, a saber, o *solus ipse* de uma egologia sem ontologia. A constituição da transcendência do outro na imanência de minha esfera própria tem a mesma significação decisiva que a passagem da ideia de infinito "no" *cogito* cartesiano ao próprio ser "do" infinito fora do *cogito*. Pode-se perguntar se Husserl escapou melhor ao que se poderia chamar de um "círculo husserliano" do que Descartes ao seu famoso "círculo". Assim como foi possível censurar Descartes por fundar toda verdade sobre a verdade divina e esta sobre a evidência da ideia de infinito, pode-se também perguntar se Husserl foi bem-sucedido em recolocar "*na*" intersubjetividade o *ego* originário "*no*" qual o *alter ego* se constitui. Mas se há uma saída no cartesianismo, porque a estrutura com dois focos dessa filosofia é primitiva, será possível perguntar se Husserl, que não professa nenhuma polaridade original do *ego* e do ser, teve sucesso em tentar explicar a *alteridade* "do outro" e a alteridade de toda a natureza que o outro drena e recentra em torno de "si mesmo".

A dificuldade do "ponto de partida" radical (I *Meditação*)

É interessante demonstrar cuidadosamente o mecanismo de pensamento que, no fim da I *Meditação*, leva a fazer do *ego cogito* o princípio "real", o ponto de partida "real" (*einen*

6. Estudo sobre as *Meditações cartesianas* de Husserl 179

wirklichen Anfang) da filosofia. Como não é possível partir nem de um nada de pensamento nem de uma ciência enquanto fato cultural (Descartes se teria precipitado adotando como pré-dado o ideal científico da física matemática), é necessário partir da ideia reguladora (*Zweckidee*) de uma ciência universal, da tarefa de dar às ciências um fundamento absoluto. Antes, portanto, da "experiência" transcendental da II *meditação*, há um anteponto de partida que é uma espécie de *dever*. Trata-se de se abandonar (*sich angeben*) em primeiro lugar à presunção, à pretensão que anima as ciências, de "reviver" (*einleben*) o seu impulso e a sua visada e, assim, resgatar a ideia de ciência como o correlato – o "noema" – da "intenção" que anima o esforço científico.

Noutras palavras, a fenomenologia deve *alcançar* seu ponto de partida situando-se, em primeiro lugar, como um ato segundo em face do ato primário das ciências. Assim alguma coisa já está decidida antes do ponto de partida, dado que, diversamente do Heidegger de *Sein und Zeit*, a filosofia situa o seu ato filosófico em relação a uma atividade já fortemente teorizada e não em relação a um poder ou a um agir mais primitivos. A *Krisis* vai corrigir em parte essa limitação epistemológica do antecomeço, ao repensar as ciências enquanto tais como atividade cultural, e mesmo como uma espécie de *praxis* teorética.

Mas ainda há algo mais. Essa *Zweckidee* seria estéril se não fosse "diferenciada" (segundo a expressão dos § e 5) por uma *teoria da evidência* que "repete" os temas fundamentais das *Logische Untersuchungen*. É necessário não apenas admitir, antes de começar e para começar, a ideia reguladora de ciência universal, mas importa documentá-la em uma teoria do juízo verdadeiro segundo a qual o "valor de ser" consiste em que uma intenção significante "vazia" é substituída pelo "cheio" de uma evidência quer empírica quer essencial (a famosa intuição categorial da VI *Investigação lógica*).

A essa ideia de evidência deve-se acrescentar a de apodicticidade, que não é exatamente a de evidência adequada, isto é, completamente cheia. Como se verá, o *cogito* não tem evidência adequada a não ser em seu momento presente, não

165

em seus horizontes indefinidos de recentidade e de iminência. A apoditicidade caracteriza aquilo que é primeiro, a que toda evidência mediata remete, a saber, a inconcebibilidade de não-ser da coisa ou do estado de coisas evidente. Portanto, a apoditicidade é a resistência da evidência da essência à prova crítica das variações imaginativas (à qual não se poderia conceder demasiada importância no método eidético de Husserl). É nisto que a evidência apodítica exclui a dúvida e pode se duplicar reflexivamente sem se destruir. Essa noção de apoditicidade acentua ainda o caráter de visão da evidência. Mais de uma vez se encontrará este problema da luz e do ver em Husserl: como o mostrará a III *Meditação*, não é fácil conciliar essa tendência intuicionista da fenomenologia de Husserl com o seu esforço para "constituir" as estruturas da consciência. Este esforço, com efeito, é antes da ordem do "fazer" (*Leistung*) que do "ver".

Assim a filosofia ao começar é precedida não por uma presença, mas 1) por um princípio: a obrigação de assumir a ideia de verdade – e 2) por uma definição: a definição da verdade pela evidência; a obrigação prévia passa a ser a de não julgar senão na evidência. Descartes, aliás, admitia que o *cogito* pressupõe "noções comuns": ser, pensamento, ideia, etc. As noções de verdade, evidência, etc., elaboradas pelas *Logische Untersuchungen*, desempenham o mesmo papel com relação ao começo radical das *Meditações* husserlianas. Antes de nos pormos na presença de uma evidência primeira, é necessário saber o que é "evidência" e o que é "primeiro", e adotar o dever de procurar esse tipo de evidência.

O problema[1] consiste, então, em passar da ideia de evidência a uma evidência primeira real.

---

1. As "Conferências de Paris" resumem vigorosamente este primeiro movimento de pensamento: *vale o que é "fundado", "legitimado", "pelo recurso às coisas mesmas e aos estados de coisas"* (*Sachverhalte*) *"na experiência e na evidência* (Einsicht) *originais"*, p. 6. Husserl precisava sobriamente a relação entre evidência e apoditicidade *"julgar somente na evidência e examinar criticamente a evidência e isto, bem entendido, de novo na evidência"*, p. 6. O sumário em francês é ainda mais incisivo: *Husserliana* I, p. 195.

6. Estudo sobre as *Meditações cartesianas* de Husserl

De que serviriam este princípio e toda a meditação anterior, se não nos oferecessem o meio de tomar um ponto de partida real (*wirklich*) que nos permita realizar (*verwirklichen*) a ideia de ciência verdadeira? Temos, portanto, de encontrar uma verdade que traga em si a marca (*Stempel*) de uma verdade primeira.

A continuação da I *Meditação* é clara: trata-se de deslocar o privilégio de primeira evidência da presença do mundo para a presença do *ego*. Essa contestação da pseudoevidência (*Selbstverständlichkeit*) ligada à presença do mundo é a *epochè* transcendental em si mesma. Ela é efetuada muito rapidamente nas *Meditações cartesianas* e não pede senão os preparativos e as intermináveis precauções das *Ideen*. Mas não é fácil surpreender o seu motivo: a experiência, diz Husserl, não exclui a possibilidade que o mundo não exista. Portanto, é para a apoditicidade da experiência do mundo que se dirige o esforço crítico. Reconhece-se, aí, a aplicação do método das variações imaginativas: nada resiste à imaginação metafísica que não exista o mundo. Não se acha mais traço da vertigem e da ansiedade cética dos textos de 1905-1907. Na verdade, é a certeza do caráter primeiro do *ego cogito* que sustenta essa prova metódica pela hipótese do não ser e assim dilacera a ilusão que se liga à presença sempre anterior (*vorgegeben*) do mundo. A certeza do caráter apodítico do *ego cogito* já está operando no desafio lançado à presença familiar e envolvente do mundo sempre-já-aí. Desmorona-se aquilo que se dava como "solo ontológico" (*Seinsboden*); e dissipa-se a "crença ontológica" (*Seinsglauben*) que lhe era concedida, não deixando mais que o fenômeno-do-mundo-para-minha-consciência, ou seja, um mundo-percebido-na-vida reflexiva. Se essa operação é relatada brevemente aqui, em compensação, dissipa-se um equívoco das *Ideen*: esta obra apresentava a consciência como um "resíduo" como aquilo que "resta" quando se põe entre parênteses o ser das coisas. As *Meditações* insistem sobre o caráter *positivo* da operação. "Quando olho exclusivamente minha vida como consciência deste mundo, eu me ganho como o *ego* puro com o puro fluxo de minhas cogitações." Eu me ganho, quer dizer, eu me aproprio do meu "próprio" (*eigen*), ou seja, o para-mim do mundo: "o mundo é para mim apenas aquilo que existe e vale para minha consciência em tal *cogito*". Na verdade a *epochè* não é uma colocação entre parênteses, como o dizia ainda *Ideen*, pois não há nada entre parênteses. O mundo é conservado com todas as suas modalidades (real, provável, possível; verdadeiro, falso; observado com atenção, não observado, etc.), mas é modificado "fenômeno de ser".

É evidente o parentesco entre a dúvida cartesiana e essa suspensão da "crença ontológica" que ligamos ao mundo. No entanto, e aqui há uma diferença em relação à VI *Meditação* de Descartes, jamais haverá um mundo *reencontrado*. A *epochè* não consiste em estender uma rede ontológica para melhor assegurá-lo; ela pretende dissipar sem meio-termo a ilusão realista do em-si. Apenas a percepção intersubjetiva da V *Meditação cartesiana* vai corrigir o "para-mim" da I *Meditação cartesiana* em um "para-o-outro", em um "para-nós" e um "para-todos". Bem outra era a intenção das *Meditações* de Descartes. Muito antes do aparecimento da ideia de infinito na III *Meditação*, é impressionante que Descartes vá diretamente do *dubito* ao *sum* (não é este o caso no *Discurso*). Sua preocupação não é tanto de ordem epistemológica, transcendental, e sim ontológica. É um ser que ele procura, tanto quanto e mais ainda que um fundamento de validade. Se de fato o eu tem mais ser que seus objetos, tem menos ser que a ideia de infinito o mostra em seu "*esse objectivum*". O *cogito* cartesiano, intermediário entre o ser e o nada, tem o mais-ser que consiste em pensar e o menos-ser que se revela na precariedade itinerante do *dubito*. Tal avaliação da grandeza de ser do *cogito* é absolutamente estranha a Husserl, que interpreta Descartes como um neokantiano. É esta preocupação de avaliação ontológica que, desde a II *Meditação* de Descartes, e malgrado a revolução copernicana que centra todo o pensável ao redor do pensamento, possibilita a segunda revolução copernicana que, em sentido contrário, subordina o ser do dubitante-pensante ao ser perfeito. É mesmo essa preocupação ontológica que autoriza Descartes a tratar o *cogito* como "*res cogitans*", não sendo o seu estatuto de "*res*" outra coisa senão o seu es-

6. Estudo sobre as *Meditações cartesianas* de Husserl   183

tatuto ontológico. Por isso, o problema do ser do mundo não é regulado pela dúvida e poderá ser posto de novo na VI *Meditação*, sem que se questione a inerência das ideias das coisas ao próprio *cogito* como tal. **168**

Nada disso em Husserl: a preocupação epistemológica não está entrelaçada a uma outra preocupação que a ultrapasse depois de a ter levantado e animado. Eu explico por essa ausência, em Husserl, de uma problemática propriamente ontológica o deslizamento, desconcertante com efeito, do *"für mich"* para o *"aus mir"* nos textos que caracterizam a inerência do mundo à consciência: "não posso agir e emitir um juízo de valor em um mundo outro senão aquele que encontra em mim mesmo e tira de mim (*aus mir*) o seu sentido e a sua validade"; "todo o seu sentido universal e particular, toda a sua *Seinsgeltung*, ele a tira (*schöpft*) exclusivamente de (*aus*) tais cogitationes". "O mundo objetivo que existe para mim (*für mich*), que existe ou que existirá para mim, o mundo objetivo com todos os seus objetos em mim, tira *de* mim mesmo (*aus mir selbst*) todo o sentido e todo o valor existencial que tem *para mim*". Esta oscilação entre o *für* e o *aus* (enquanto o *"in mir"* acumula as duas relações) é característica de toda a caminhada das *Meditações cartesianas*. Ela comporta uma decisão não tematizada e que se pode com razão denominar "metafísica"[2] que se mistura ao movimento propriamente "crítico" e, assim o cremos, irrefutável e fecundo da *epochè* transcendental. Essa decisão consiste em dizer que não existe outra dimensão do ser do mundo senão o seu para-mim, que não há outra problemática a não ser a problemática transcendental. Enquanto Descartes limitava dupla-

---

2. Já Ingarden objetava a Husserl em suas "Observações" (que o Doutor Strasser em boa hora juntou aos textos husserlianos): "No quadro da *epochè* não me cabe o direito de emitir juízos a não ser sobre mim mesmo, não sobre o mundo" (p. 208). Por essa objeção Ingarden entende apenas que é prematuro esse juízo sobre o mundo e que só pode ser o resultado da própria constituição transcendental, e não uma proposição inicial, introdutória. Mas Ingarden não se engana aqui: esse juízo sobre o mundo envolve "uma decisão metafísica [...] que equivale a uma tese categórica sobre alguma coisa que não é um elemento da subjetividade transcendental" (p. 210).

mente o ser do mundo, pelo *cogito* que suporta o *pensável* e por Deus que suporta o *criado*, Husserl decide que não há senão um sistema possível de limitação e que a questão ontológica é a questão epistemológica.

169   A filosofia transcendental de Husserl será, por conseguinte, uma filosofia do "sentido" – dando a este termo a sua mais ampla extensão para lá de toda estreiteza intelectualista: sentido percebido, sentido imaginado, sentido querido, sentido experimentado afetivamente, sentido julgado e dito, sentido lógico. O mundo *para* mim é o sentido do mundo *em* mim, o sentido inerente à minha existência e, em última análise, o sentido *da* minha vida. A IV *Meditação cartesiana* dirá que o mundo é a vida concreta de minha mônada.

Resta compreender o caráter "pré-dado" desse mundo, que é a própria armadilha da "ingenuidade" filosófica: por que este mundo que, do ponto de vista transcendental, passa a ser "segundo" na presença do "*ego* meditador", "nãointeressado" de que se tratará mais à frente, por que este mundo pré-dado é primeiro para a "Vida"? Descartes o salva em sua VI *Meditação*: este problema, renovado pela *Krisis* sob o nome de *Lebenswelt*, permanece ainda sem resposta nas *Meditações cartesianas*. Ver-se-á que o tema da evidência originária na III *Meditação cartesiana* responde em parte a essa dificuldade, mesmo suscitando uma dificuldade mais grave ainda no próprio coração da noção de "sentido".

No final dessa *Meditação* é possível levantar-se a seguinte pergunta: o que resta do *sum* do *cogito*? Husserl o resgata de outra maneira: se elimina dele ou pelo menos omite a dimensão ontológica e no final teológica (o *cogito* como *ens creatum*), o *cogito* depreendido pela redução fenomenológica é um *sum* pelo fato de constituir um "campo de experiência", o término de uma intuição originária, a reflexão que o apreende é um ver, um ver "preenchido pela *Selbstgegebenheit*) da consciência.

A reflexão sobre o *sum* do *cogito* se acha, por conseguinte, toda contida na noção evidência apodítica ligada ao *cogito*: seu ser está ligado à apoditicidade da evidência reflexiva, embora, deve-se insistir de novo, a experiência transcendental não seja uma experiência adequada em razão da estrutura de "horizonte aberto" que se liga à descoberta de si (§ 9). Essa experiência não é adequada, mas apodítica: basta isto para que o *Eu penso* (*cogito*) se dê, ele mesmo, no seu "Eu sou".

Chegamos aqui a um novo ponto crítico, que permite a passagem à II *Meditação*, e que consiste em tratar o *cogito*, portador do sentido do mundo, como um "campo de experiência" e a reflexão transcendental como uma "*experiência transcendental*".

A experiência transcendental e a egologia (II *Meditação*)

170

A questão inicial das *Meditações cartesianas* era procurar pelo começo da ciência e, mais precisamente, por um começo que fosse um princípio "real". Este princípio é o *cogito*. Como *continuar* além desse "primeiro" passo? É aqui que o curso das *Meditações* passa por um ponto de inflexão: poder-se-ia esperar, na linha da I *Meditação*, por uma tentativa propriamente epistemológica de fundar as ciências sobre o princípio do *cogito*. Nada disso: "Continuar" significa, aqui, elaborar uma *experiência* do *cogito* que seja ao mesmo tempo uma ciência. Esta virada é capital, pois decide quanto à própria existência da fenomenologia. A filosofia "crítica" não desenvolve uma *experiência* do *cogito*. A própria ideia de experiência transcendental lhe pareceria um monstro, algo como um empirismo do transcendental. Husserl que, nas *Meditações cartesianas*, não se refere a Kant, mas a Descartes, está, sobretudo, preocupado em estabelecer contra este que a continuação do *cogito* não se acha fora do *cogito*, mas ainda é o *cogito*. A grande descoberta da fenomenologia é que o "Eu penso" não é apenas a referência das outras ciências, mas para ela mesma uma "esfera de ser" (*eine Seinsphäre*) que se presta a uma experiência articulada, estruturada. Estas duas palavras – experiência e estrutura – são as senhas da II *Meditação* que tem precisamente como título "o campo de experiência transcendental e suas estruturas gerais".

A fenomenologia é a *visualização* do primeiro princípio, promovido a "realidade" transcendental. Ela é um *exercício de intuição* aplicado àquilo que Kant denominava somente condições de possibilidade³.

É nesta situação que se deve procurar, assim o cremos, a chave de uma dificuldade do pensamento husserliano: não é fácil situar, uma em relação à outra, a redução transcendental, que suspende a crença no em-si do mundo, e a redução eidética, que vai do fato à essência. A redução transcendental exige a redução eidética, tendo em vista que a consciência é tratada como o campo de um ver, de uma experiência intuitiva. Se não fosse assim, a fenomenologia não seria de fato mais que um empirismo transcendental. Se o transcendental pode ser contemplado, visto, descrito, é necessário que essa intuição apreenda o fato transcendental em essência, sob pena de soçobrar na descrição do contingente. Por esse motivo, ela recorre à "ficção", faz variar imaginativamente o dado de consciência, e desenvolve a experiência segundo o modo do "como se": a "ficção" é o caminho do fato ao *eidos* da "realidade" experimentada e permite apreender a consciência como possibilidade *a priori*.

Husserl não ignora as dificuldades consideráveis dessa posição do problema fenomenológico: se a fenomenologia constitui uma experiência, ela torna a introduzir uma nova ingenuidade, se for verdade que toda experiência se esquece de si mesma no próprio termo de visão:

> vamos primeiramente abandonar-nos pura e simplesmente à evidência própria ao desenrolar concordante dessa experiência. Reservaremos, portanto, para o futuro os problemas de uma crítica do alcance dos princípios apodíticos. Esta primeira etapa não é ainda filosófica no pleno sentido do termo. Vamos neste caso proceder à maneira do naturalista que se abandona à evidência

---

3. Não há, em Kant, tematização da *evidência* do transcendental, da intuição do transcendental. No entanto, quando ele não recorre ao método regressivo, como nos *Prolegômenos*, mas interroga diretamente o *Gemüt*, não será uma intuição das estruturas da subjetividade que ele está aplicando?

6. Estudo sobre as *Meditações cartesianas* de Husserl

da experiência natural e que, enquanto naturalista, exclui do tema de suas pesquisas as questões referentes a uma crítica geral esta mesma experiência[4].

Daí a anomalia de uma experiência transcendental que vai ser, no seu primeiro tempo, pré-crítica, pois a própria ideia de experiência transcendental implica este gênero de dificuldade.

Mas isso não é tudo: o tratamento do *cogito* como uma *Seinssphäre*, como um "campo de experiência", soluciona claramente a questão da ambiguidade do *cogito* cartesiano, pelo menos tal qual a tradição kantiana o compreendeu: o *cogito* é pessoal ou impessoal? Husserl opta sem hesitação pelo caráter pessoal do *ego cogito*. Essa opção é solidária com o próprio método: se o *cogito* constitui um campo de experiência, esse *cogito* é o meu, ainda que elevado ao *eidos* dele mesmo. A IV *Meditação*, como veremos, não deixa quanto a esse ponto lugar para a dúvida. O *eidos ego* não é a função eu em geral, o poder que você tem, que eu tenho, que qualquer um tem, de dizer eu, mas é a épura do meu eu alcançado pelas variações imaginativas sobre a minha própria vida. É justamente por isso que o problema do *outro eu* se coloca com tamanha gravidade na filosofia de Husserl. Não me livro de mim pelo *eidos* eu: não tenho acesso pela redução eidética da experiência de consciência a um eu geral, que seria o "qualquer um" e de onde o eu tornaria a mergulhar em seguida na pluralidade das consciências. Não tenho acesso ao plural pelo geral. A fenomenologia assume desde o ponto de partida todas as dificuldades de uma *egologia*, para a qual só eu sou eu[5].

A V *Meditação* nos ensinará que o solipsismo transcendental não é um beco sem saída, mas um ponto de passagem obrigatório da filosofia. "É mister desenvolvê-lo como tal por

---

[4]. *Meditações cartesianas*. Op. cit., p. 25.

[5]. Ibid., p. 26: "Sem dúvida, é conforme ao sentido da redução transcendental não postular, no começo, nenhum ser exceto o eu, e o que lhe é inerente, com um halo de determinações possíveis, mas não ainda efetuadas. Essa ciência, portanto, começará com certeza como egologia pura e, por esse fato, parece que nos condena ao solipsismo, pelo menos transcendental".

razões de método, particularmente para pôr de maneira conveniente os problemas da intersubjetividade transcendental."

Portanto, é assumindo todas as dificuldades de uma experiência do transcendental, que é ao mesmo tempo uma experiência do *solus ipse*, que Husserl aborda a explicitação do *ego* por ele mesmo. Entre o *cogito* como princípio das ciências e as ciências como tais se insere, então, a exegese do "eu sou": esta egologia é a própria fenomenologia.

Investigação da "cogitatio": A intencionalidade
(II *Meditação*, continuação)

No entanto, a II *Meditação cartesiana* não elabora diretamente essa egologia. No começo do § 14 Husserl anuncia um "deslocamento do centro de gravidade da evidência transcendental". Esperava-se uma elucidação do "Eu sou" – do *ego* na sua unidade – na realidade, agora se vai elaborar uma exegese das *cogitationes múltiplas*. Por que esse deslocamento de ênfase? Trata-se de um desvio necessário que só ganhará sentido com a IV *Meditação*, pois só esta é verdadeiramente "egológica". De fato, o *ego* é o polo de suas próprias *cogitationes*. Ele é até, como se verá, mais do que isto! É ele a mônada que desenvolve concretamente o sentido do mundo para si mesma. Fazer a egologia é, nestes termos, integrar as *cogitationes* ao *ego*. Importa, então, abordar o *cogito* pelo múltiplo – pelas *cogitationes* –, e não pelo *uno* – pelo *ego* –, mesmo correndo o risco de corrigir essa perspectiva sobre o *diverso* de consciência por um questionamento sobre a lei de síntese desse diverso, isto é, sobre o tempo[6]. Mas sempre fica de pé que esse deslocamento de ênfase é um pouco abrupto. Husserl afirma rapidamente e sem justificação que o múltiplo é um fluxo (*Strom*), que este fluxo é a vida do eu idêntico, que a reflexão sobre o eu é reflexão sobre a vida, e que essa reflexão é possível a todo momento.

---

6. § 17s.

6. Estudo sobre as *Meditações cartesianas* de Husserl

Além da vantagem de abordar de viés o difícil problema do *ego* do *cogito*, esse desvio pelas *cogitationes* permite conduzir a experiência como uma experiência articulada, como a experiência de uma estrutura.

A fenomenologia será não apenas uma "experiência" qualquer, mas uma "análise". E isto por uma dupla razão: em primeiro lugar pelo fato de distinguir diversos *tipos* de *cogitationes* (perceber, imaginar, querer, etc.), em seguida, e acima de tudo, pelo fato de distinguir em cada *cogitatio* uma visada e um termo visado, uma *cogitatio* e um *cogitatum*. Aqui, na verdade, a análise é análise intencional.

É com o tema da intencionalidade que a fenomenologia transcendental ganha contornos precisos enquanto filosofia do sentido: a exclusão do mundo não suprime a relação com o mundo, mas precisamente a faz aparecer como a ultrapassagem do *ego* para um sentido "que ele traz em si". Reciprocamente, é a redução transcendental que interpreta a intencionalidade como visada de um sentido e não como algum contato com um exterior absoluto.

A "reflexão" assume ao mesmo tempo o seu sentido amplo: refletir sobre si mesmo não é encaramujar-se ou retrair-se em uma solidão filosófica sem raízes no mundo, mas é também, e principalmente, refletir sobre o *cogitatum* do *cogito*, sobre o mundo em si, sobre o noema do mundo. A reflexão não separa o *cogito* do *cogitatum*, mas cinde o mundo visado do mundo existindo absolutamente. Ela alivia este mundo visado de um certo poder opaco de existir de modo absoluto, que impregna (*hindurchgeht*) a experiência e ao mesmo tempo me devora a mim, testemunha sua. Mas, ao cessar de se enterrar e de se perder (*hineinerfahren, hineinleben*) na experiência vivida e viva, o próprio eu se cinde correlativamente: um espectador "não interessado", imparcial, se liga ao "interesse pela vida". A esta altura, o triunfo do "ver" fenomenológico sobre o "fazer" vital e cotidiano está completo.

É difícil não ver a semelhança entre esta promoção do *ego* meditador e a conversão plotiniana, pela qual a alma "enfeitiçada" pela realidade se retira para junto do *noûs*, do qual procede. Husserl não atesta assim a permanência de certos gestos metafísicos e a sobrevivência de um como arquétipo filosófico, até numa filosofia totalmente desontologizada?

É possível, todavia, perguntar o que motiva tal ruptura e tal promoção no seio do *ego* em uma filosofia que não se refere, como Descartes, à medida absoluta do ser infinito.

Pode-se também questionar o que é que autoriza a falar do mundo como de um *universum* dos *cogitata*. Husserl viu muito bem a dificuldade: ele a resolve um tanto às pressas no fim do § 15. Admite que toda realidade aparece tendo ao fundo o mundo, que este fundo é "*mit-bewust*", que é "o último plano existente que persiste na flutuação da consciência". Este "último plano do conjunto da vida natural" não é propriamente um fundo para uma forma, pois a experiência gestaltista do fundo não comporta senão fragmentos de mundo, nunca um último plano total. Essa dificuldade que a filosofia de Heidegger explicita de modo radical não fica sem resposta nas *Meditações cartesianas*, mas a sua solução supõe análises ainda não efetuadas. Ela supõe que a vida de *cogito* não é uma fragmentação anárquica, mas é sempre guiada por permanências significantes[7], e que o correspondente da unidade do *ego* é a *ideia* de uma significação total e única, que engloba em um sistema infinito todas as significações. Esta ideia, que permanece como um ideal e como uma tarefa para o conhecimento, é pressuposta pela noção de mundo no singular em face das *cogitationes* no plural. Será necessário sublinhar, no momento oportuno, as implicações "racionalistas" dessa pressuposição da unidade do mundo.

Todavia, se Husserl antecipa essa análise, sem dúvida é porque a *epochè* já possuía um poder unificador em face do mundo. Ou seja, a *epochè* é um rompimento em bloco com a fé no mundo (*Weltglaube*): o mundo está, portanto, implicado como total não enumerado pelo ato que o reúne, o despoja da existência absoluta e o refere globalmente ao *cogito*. Por-

---

7. Cf. mais adiante o objeto como guia transcendental.

6. Estudo sobre as *Meditações cartesianas* de Husserl 191

tanto, é a unidade de um ato de ruptura que permite antecipar a unidade de um ato de constituição.

Chegando a este ponto, a "revelação de mim mesmo" vai ser, então, procurada do lado de uma interrogação referente aos objetos "nos" atos que os visam. A plena concreção do *ego* seria alcançada pela investigação total do noema-mundo; ou seja, o concreto da minha existência é também uma ideia-limite.

A síntese como forma fundamental da consciência: o tempo (II *Meditação*, fim)

Para que um exame "analítico" do *cogito*, considerado em suas *cogitationes* múltiplas e descontínuas, possa remeter a uma investigação do *ego* como tal, é necessário que essa "análise" seja compensada por uma visão de conjunto sobre a "síntese" que a transforma em um *cogito*. Deste modo o tempo aparece duas vezes nas *Meditações cartesianas*: a primeira vez na II *Meditação*, no trajeto de retorno do múltiplo ao uno, e a segunda vez na IV *Meditação*, mediante um exame direto da pluralização do *ego*. Com efeito, o acesso ao tempo na IV *Meditação* será direto. Husserl chegará mesmo a pretender tratar o tempo *a priori* como a forma de *com-possibilidade* dos vividos em uma única mônada. Na II *Meditação* se tem acesso ao tempo através de uma descrição da percepção. Esta introduz a noção de *síntese de identificação*: todo "sentido" visado é já obra de unificação de um diverso. É bem conhecida esta célebre análise da percepção, que descobre no objeto uma multiplicidade de "perfis" apreendidos na unidade de um sentido (o cubo, a árvore, o livro, etc.). Esse sentido antecipado é confirmado ou infirmado pelo curso ulterior da percepção. Esta análise, que comporta um enorme interesse em si mesma, tem considerável alcance filosófico: ela é uma etapa da reintegração do mundo na consciência. É necessário decompor o objeto em "perfis", em "modos" variáveis de aparecer, para arruinar-lhe o prestígio. Esse trabalho de decomposição esclarece singularmente a empreitada de Hume e constitui a verdade de seu "atomismo". O pré-conceito do mundo "tira" sua força do fato de que não estamos suficientemente perdidos para o múltiplo, mas justamente do fato de que estamos ainda fadados ao uno, quando mergulhados na objetividade. Eis aí a armadilha do real, dar-nos muito cedo o uno, o mesmo, o idêntico: uma vez dissolvida no aparecer múltiplo, a identidade do objeto pode ser recuperada do lado da consciência. Pode então surgir a noção de síntese: todo sentido é uma síntese de unificação. É por uma síntese em curso que a consciência visa o mesmo no outro, a identidade no verdadeiro: toda unidade é pressuposta. Conquistamos agora a noção de síntese como a "forma de ligação pertencente exclusivamente à consciência".

Mas a fenomenologia da percepção simultaneamente implicou uma fenomenologia do tempo, dado que o aparecer do objeto por "perfis" é arrastado em um fluxo de aparecimentos.

A síntese do objeto, portanto, é desde o início temporal. Um objeto supostamente imutável na natureza é um fluxo na consciência. O tempo assim descoberto é desde o primeiro momento um tempo de consciência. Deve-se observar que é por esta ocasião que Husserl emprega pela primeira vez em suas *Meditações* a palavra *constituição*. É numa síntese temporal que se constitui a unidade de um objeto intencional. Deste modo, a noção de constituição significa: 1) a inerência à consciência ou a inclusão intencional; 2) de um *sentido* identificável 3) oriundo da *síntese* de uma variedade de modos de aparecer 4) escoando-se passivamente na forma unificadora do tempo. Esta noção equivale à fórmula desenvolvida da própria intencionalidade, tal como é conquistada pela redução fenomenológica.

Este acesso à temporalidade só tem um inconveniente, a saber, é que ele implica uma passagem ao limite: como se elevar da síntese de identificação elaborada por *este ou aquele* objeto, por *este ou aquele* sentido, à síntese temporal *total* de um *ego*? "Toda a vida filosófica em seu conjunto é unificada de maneira sintética". Encontramos uma dificuldade simétrica quanto à noção de mundo. É na verdade a mesma dificuldade abordada por suas duas faces:

6. Estudo sobre as *Meditações cartesianas* de Husserl   193

esta vida é um *cogito* universal que abrange de maneira simbólica todos os estados individuais da consciência, que podem emergir dessa vida que tem seu *cogitatum* universal, fundado de maneiras tão diferentes em múltiplos *cogitata* particulares[8].

Assim como cada sentido se destaca tendo como fundo o mundo, cada *cogitatio* pressupõe a unidade da consciência como a totalidade que lhe serve de último plano. Deve-se confessar que esta noção da totalidade de minha vida não é preparada pela análise anterior. Sabe-se o quanto Heidegger tornará problemática esta ideia da totalidade do meu *Dasein*. Husserl admite que a unidade total aparece, que é possível observá-la e tematizá-la em uma consciência universal[9]. É, no entanto, a chave do problema do tempo, pois a consciência do tempo é a forma da síntese universal que possibilita todas as sínteses de consciência.

Apresenta-se aqui uma nova dificuldade. Diz Husserl que a temporalidade (*Zeitlichkeit*) não é esta consciência imanente do tempo (*Zeitbewusstsein*), mas seu correlato; não é a temporalidade, mas a consciência cujo noema constitui, noema que Husserl denomina *Grundform der Synthesis*: o tempo é, portanto, uma noese que é uma forma. Quanto à temporalidade como noema, é aquilo que faz com que todos os vividos sejam ordenados, isto é, comecem e acabem, sucedam uns aos outros ou sejam simultâneos.

Existem aí, então, duas dificuldades subjacentes mal resolvidas: 1) Como passar deste ou daquele vivido que se escoa para a forma universal do vivido, para a consciência total? 2) O que significa esta consciência total como forma cujo correlato seria a temporalidade? É curioso que uma forma enquanto totalidade possa ter um correlato, que uma forma englobante seja, ela mesma, intencional, seja consciência de... tempo. O

177

---

8. Ibid., § 18, p. 37.

9. Ibid., p. 37: "O *cogito* universal é a própria vida universal em sua unidade e sua totalidade, indefinidas e ilimitadas. Por aparecer sempre como uma totalidade, pode-se "observá-la" da maneira expressa em atos perceptivos da atenção, e pode-se tomá-la como o tema de um conhecimento universal".

próprio Husserl se espanta com isso: se a temporalidade é um *cogitatum*, ela é instituída em um modo diverso de aparecer, em um fluxo, coisa que provoca uma regressão ao infinito. Eu apreendo o tempo no tempo. Husserl confessa que isto constitui uma dificuldade extraordinária, mas não insiste e vê nisso um aspecto do "maravilhoso" da consciência[10].

Mesmo que não compreendamos bem o que faz da consciência um *total*, sabemos em todo o caso que este campo de consciência é aberto, tem um horizonte ilimitado. Para certificar-se deste ponto, basta voltar à experiência de uma *cogitatio* presente. Esta implica algo de virtual, potencial. Toda situação de pensamento, quer seja percebida, imaginada, querida, etc., implica uma possibilidade de continuar a perceber, imaginar, querer, segundo certos eixos de motivação. Toda situação pede uma conduta de investigação onde o potencial prescreve o estilo de sua própria realização.

Na verdade, esta análise, que dá sequência à precedente, está bastante mal encadeada a ela. Passara-se *deste* vivido ao *todo* da consciência e pusera-se a consciência do tempo como um singular total. Mas eis que agora se torna a partir *deste* vivido para lhe desdobrar os horizontes futuros, passados, simultâneos. O tempo não é mais, aqui, o total, mas o horizonte indefinido aberto para a frente, para trás, ao mesmo tempo. A análise, portanto, parte do presente onde sempre estou. Para Husserl as duas operações devem superpor-se, é esta forma temporal que é uma totalidade aberta. Todavia as duas operações não têm as mesmas características: uma vai direto ao total, a outra vive sob medida o presente e descobre os seus horizontes indefinidos. A primeira não supõe uma visão de conjunto e uma totalização que a segunda proíbe? Husserl pensa conciliar as duas análises no uso da noção de totalidade como ideia kantiana que implica ao mesmo tempo os dois aspectos de totalidade e de abertura.

Seja como for, esta introdução de uma potencialidade, de um possível de consciência, que não é um possível lógico,

---

10. Ibid., p. 37-38.

6. Estudo sobre as *Meditações cartesianas* de Husserl

mas uma virtualidade de existência, ganha importância considerável para a interpretação husserliana da *síntese*. Ela nos permite até surpreender uma das forças fundamentais do pensamento de Husserl, o "racionalismo" latente ao qual já fizemos alusão.

Com efeito, a descoberta desta virtualidade poderia servir para celebrar o poder da consciência e, para empregar uma palavra que não é precisamente husserliana, a genialidade da consciência. Sem dúvida, Husserl frisa que a consciência se revela, por essa "estrutura de horizonte", como um "eu penso". Posso fazer girar o objeto, vê-lo por um outro lado, posso ver outra coisa seguindo as motivações laterais, pré-traçadas, prescritas pelo campo de percepção; posso agir de outro modo; posso fazer e ser de outra maneira. Numa palavra, a estrutura de horizonte é o indício da minha liberdade. No entanto, Husserl não explora esse veio de análise. O que lhe interessa não é a indeterminação, a exuberância da consciência; não é *a gratuidade do "eu penso"*, e menos ainda a negatividade, o poder aniquilador do eu em face de toda posição de coisa, em face até de suas obras e de seus atos petrificados em costume. Não, Husserl coloca outra vez essa descoberta na perspectiva dos problemas de constituição. Sua preocupação é o "sentido" que se vai determinando pouco a pouco, o "sentido" em curso, que é pré-visado e se consolida por uma determinação progressiva do indeterminado, que suscita por sua vez indeterminação. Em suma, a estrutura de horizonte é o aspecto mais importante da intencionalidade como *síntese de identificação*. O uso metodológico e epistemológico dessa estrutura potencial da consciência paira, portanto, acima de toda outra preocupação. Husserl não aborda este tema do fluxo aberto como um bergsoniano ou um existencialista, mas com a preocupação de precisar o estilo da análise intencional das *identidades*, das permanências *significantes* em que a consciência se ultrapassa. É sempre sob a direção de um "sentido" que se há de constituir que Husserl desdobra os horizontes de consciência. Um objeto deve ser em primeiro lugar proposto como "índice", como "guia transcendental".

Assim, o tema da potencialidade da vida intencional fica subordinado à análise do sentido (§ 20). A fenomenologia vai de um "sentido" pressuposto" ao poder da consciência. Nisto mesmo ela é uma análise: analisar é explicitar o implícito, o potencial que ultrapassa o atualmente visado. É desenvolver as visadas de acréscimo, as *Mehrmeinungen*, que "transgridem" (*übergreifen*) toda visada. Há, portanto, uma íntima ligação entre o método de análise da fenomenologia e a estrutura de horizonte da consciência.

Estamos aqui muito perto e muito longe da ideia existencialista da consciência como transcendência, como autossuperação. Muito perto, porque Husserl, antes do existencialismo, define a consciência pelo seu poder de se ultrapassar a si mesma, pelo *über-sich-hinaus-meinen*. Muito longe também, porque Husserl não aborda jamais essa criatividade da consciência a não ser conduzido por um "guia transcendental", o objeto, que liga essa criatividade, que une essa genialidade em um "algo" que, por sua vez, em um nível superior da consciência, poderá ser *dito*. A linguagem é possível *a priori*, porque se transcender, para a consciência, é antecipar o mesmo no outro, pressupor o sentido unificador dessa alteridade. A consciência é parente do *Logos*, pelo fato de se ultrapassar no idêntico. O problema do "mesmo" preserva Husserl de sair do quadro racionalista de suas investigações. A ideia de "sentido" é a disciplina da fenomenologia husserliana. Por este motivo, a sua análise intencional do "sentido" não é uma análise existencial do "projeto"[11]. O "maravilhoso", para Husserl, é precisamente que pelo fluente e pelo potencial haja "sentido". Husserl não leva tampouco à frente esse espanto diante de "uma síntese intencional que, em toda consciência, cria a unidade e constitui noemática e noeticamente a unidade do senti-

---

11. Ibid., p. 42: "Desta maneira apenas o fenomenólogo pode se dar conta de como e de que modos determinados este fluxo de consciência das unidades objetivas (dos objetos) fixas e permanentes podem tornar-se conscientes. É somente assim, em particular, que ele pode compreender como essa maravilhosa operação (*diese wunderbare Leistung*), a saber, a 'constituição' de objetos idênticos, se realiza para cada categoria de objetos..."

do objetivo"[12]. Husserl se detém diante daquilo que as *Ideen* chamavam a *teleologia* da consciência. A hipótese da destruição do mundo, isto é, a hipótese de uma consciência que não se unifica, que "explode" em um caos de aparições discordantes, parecia invencível do lado. E assim é ainda mais *admirável* que a consciência possa criar a unidade. Caso se quisesse voltar ao paralelo com Descartes, seria necessário colocar de novo esse problema da teleologia da consciência à luz do problema cartesiano da criação divina das verdades eternas que responde ao mesmo espanto diante da contingência do necessário, do "sentido".

Compreendemos melhor, agora, por que uma egologia deveria fazer um desvio passando por uma teoria do *cogitatum*: a correnteza da consciência iria nos submergir sem o guia transcendental do objeto intencional. Ele é que põe os verdadeiros problemas da subjetividade: problemas dos tipos de intencionalidade (perceber, imaginar, etc.), problemas das regiões de objeto e da sua estrutura noético-noemática (natureza, corpo vivo, homem, etc.). Finalmente, pode-se dizer que *a Ideia do mundo é o guia transcendental da egologia*. Ela estrutura o *ego* e nos assegura que a subjetividade transcendental não é um caos de vividos intencionais[13]. Este problema do todo do mundo e do todo do tempo que nos preocupou há pouco encontra a sua solução menos em um dado que no *crédito* que o fenomenólogo concede à unidade final do *cogito*. A totalidade é uma ideia no sentido kantiano, isto é, falando ainda em termos kantianos, a própria *razão* para lá do entendimento. Mesmo não sendo um intelectualista, Husserl é um racionalista por esse crédito prévio concedido à possibilidade do sistema. Desse crédito procede uma tarefa e, se ousarmos dizer, uma ética da fenomenologia: a fenomenologia não é um jogo descritivo, menos ainda uma complacência com as enfermidades da consciência, mas o dever "imenso" (*ungeheure*) de constituir o sistema:

---

12. Ibid., p. 43.
13. § 21.

181   na unidade de uma ordem sistemática e universal e tomando como guia móvel o sistema de todos os objetos de uma consciência..., efetuar todas as investigações fenomenológicas enquanto investigações constitutivas, ordenando-as sistemática e rigorosamente, umas em relação às outras[14].

Esta ideia reguladora infinita, este dever, fazem paradoxalmente do *sistema* a própria tarefa da *análise* intencional. Sem esse dever, a análise se dispersaria na curiosidade e se perderia nas ramificações intermináveis da descrição.

Situação da evidência no idealismo fenomenológico (III *Meditação*)

Parece chegado o momento, ao término da II *Meditação cartesiana*, de converter em *egologia* esta exegese da constituição do sentido objetivo na consciência e levar até seu grau extremo de virulência a interpretação solipsista do *ego*. Husserl, no entanto, introduz ainda, entre esta exaltação da "ideia da unidade universal de todos os objetos" e o *ego*, portador dessa ideia imensa, uma análise intermediária que, sob muitos pontos de vista, põe em questão o idealismo conquistado na II *Meditação*.

A noção de constituição não é ainda bastante "diferenciada" nem "pregnante", diz Husserl[15], enquanto não se integrou a ela uma exegese da evidência. É ela que acrescenta a dimensão do *ser* ao *cogitatum* e a da verdade ou da *razão* ao *cogito*.

A leitura desta III *Meditação*, deve-se admiti-lo, causa ao leitor um certo desconforto: tem-se a impressão que este retorno imprevisto do tema da constituição dos objetos no sujeito marca ao mesmo tempo o cúmulo e a ruína deste idealismo. De um lado, o idealismo estaria completo se, com efeito, se pudesse mostrar que a filosofia do "sentido" não deixa fora

---

14. Ibid., p. 46.
15. § 23.

6. Estudo sobre as *Meditações cartesianas* de Husserl

dela nenhuma interrogação sobre o ser, se, portanto, o ser fosse uma função do sentido. A *epochè* deveria suspender toda questão sobre o ser ou sobre o não ser do mundo, mas eis que, com efeito, se recupera esta distinção "na" consciência, como o correlato da *Vernunft*, como uma dimensão original do sentido. Se a operação fosse bem-sucedida, poder-se-ia verdadeiramente dizer que não há mais nada dentro do parênteses, que a fenomenologia não explica somente uma estrutura, uma épura da existência do mundo, mas também sua plenitude: o ser do mundo, e não apenas o seu sentido esquemático, estaria "na" consciência. É com certeza para este cúmulo da presença que a III *Meditação* vai tender, da mesma forma que a II tendia para o outro cúmulo, o cúmulo da ordem, da unidade, da totalização do sistema.

Mas qual é o preço desta ambição?

A evidência, conforme Husserl, é a presença da coisa mesma, no original (em contraposição a uma presentificação, lembrança, retrato, imagem, símbolo, sinal, conceito, palavra). Ter-se-ia a tentação de dizer a presença em carne e osso. É a esta *Selbsgegebenheit* que Husserl chama de *originária*.

Ora, se o objeto é constituído por "toques", "perfis", "esboços", "perspectivas", o que é o originário? Como é que a unidade do objeto pode ser outra coisa que não a unidade pressuposta? O originário é a cada instante o perfil presente? A noção de presença em carne e osso parece introduzir um fator heterogêneo, um Si-mesmo (*Selbst*) do objeto (quer este objeto seja coisa, valor, estado de relação), que "preenche" um vazio, realiza uma promessa. A coisa está presente, ela mesma. A interpretação idealista do "sentido" não teria arruinado a possibilidade de que haja um "*Selbst*" da coisa? Este imediato não reduz o que é do nível transcendental ao transcendente?

Deve-se admitir que a fenomenologia de Husserl é trabalhada por duas exigências que esta *Meditação* tende a harmonizar. Por um lado, uma exigência idealista, que se exprime no tema da constituição e que só conhece um processo de "verificação" sempre em curso, e este é a operação (*Leis-*

tung), o *Fazer* da consciência. Pelo outro, uma exigência intuicionista, mais antiga que a redução fenomenológica, que se exprime no adágio das *Logische Untersuchungen*: "*zu den Sachen selbst*" e que termina a obra de conhecimento em um Ver: é a coisa ela mesma que se dá. Ou seja, por um lado o objeto é o *índice*, de um processo jamais acabado de identificação, de uma síntese aberta; pelo outro, o "cheio" (a "plenitude") da presença completa o sentido (*Endmodus*), o visado vem morrer nos limites do dado. Por um lado a síntese de *identificação* que tem no objeto o seu *índice*; pelo outro, o preenchimento pelo *originário*. Daí os dois sentidos possíveis da constituição que se entremeiam ao longo de toda a obra de Husserl: por um lado, constituir é desenvolver pressupostos implícitos, pôr em evidência as visadas atuais e potenciais; pelo outro, constituir é reconhecer e distinguir os tipos irredutíveis do "ver", do preenchimento pelo originário: intuição sensível, intuição categorial, *Einfühlung*, etc. Pode-se imaginar uma fenomenologia que se contentasse em equilibrar as duas tendências. É o que faz a maioria dos fenomenólogos que não aceitaram o idealismo radical de Husserl. A noção de síntese de identificação não se rebela quanto a isso: se a síntese não deve ser uma coisa qualquer, é necessário que seja orientada pelo pleno, e a verificação não pode ser senão um recurso ao imediato. Pode-se então compreender a coisa assim: a unidade do sentido é por um lado "pressuposta" – e aí está a *operação* da consciência antecipatória – e pelo outro lado "confirmada" – e aí está a sanção da presença.

A noção de originário tampouco se mostra rebelde diante desse ajustamento: pois a origem não é o adequado. Noutros termos, a presença da coisa percebida se dá apenas em perfil e deixa, portanto, a possibilidade de uma discordância ulterior. Ela está mesmo em processo como o está por seu turno a operação unificadora na consciência. É um cheio que tem uma história, ao passo que a operação de consciência participa em contrapartida do caráter instantâneo do cheio de consciência que agora está ali. Poder-se-ia, portanto, interpretar a operação de conhecimento como uma dialética de pressuposição em fluxo e de presença no instante.

6. Estudo sobre as *Meditações cartesianas* de Husserl 201

Esta interpretação moderada da fenomenologia husserliana é possível, mas sacrifica de fato o idealismo radical das *Meditações cartesianas*. Ela restabelece secretamente uma interpretação *bipolar* da verdade que nos leva de volta ao Descartes das *Meditationes de prima philosophia* e à sua dualidade do pensável e do ser.

A tarefa da III *Meditação* não é tanto a de harmonizar duas perspectivas, e sim subordinar uma à outra, absorvendo tanto quanto possível a noção de originário no idealismo transcendental adquirido na II *Meditação*.

Husserl começa dizendo: "*cogitata* não poderiam mesmo 'valer' para nós, se uma síntese de identidade evidente nos levasse a uma contradição com um dado evidente". E chega a acrescentar: "não podemos ter certeza quanto ao ser real, a não ser pela síntese de verificação, evidência que dá de si a realidade exata ou verdadeira". Logo a seguir Husserl desvia a interpretação desse dado evidente – que se poderia considerar como uma sanção que excede a operação de consciência – no sentido de uma "presença para nós". Ele reintegra para nós, na consciência, o *Selbst* da evidência.

> Toda justificação procede da evidência, encontra sua fonte em nossa subjetividade transcendental; toda possível adequação imaginável se produz como uma verificação nossa: ela é nossa síntese; é em nós que ela tem seu fundamento transcendental último[16].

Essa virada da teoria da evidência é decisiva: toda tentação para identificar a intencionalidade com um contato qualquer com o ser está descartada; mas ao mesmo tempo a evidência, reintegrada em mim como um momento de minha mônada – "nossa" síntese, "nossa" verificação, diz Husserl – cai sob o golpe da objeção solipsista para a qual se orientam deliberadamente as quatro primeiras *Meditações*.

O final da III *Meditação* dá sequência a esse ajustamento da teoria da evidência no nível transcendental. Há algo de

---

16. Ibid., § 26, p. 51.

constituído na própria evidência[17]. A evidência está no instante: a presença é o presente originário, e este será o tema dos inéditos do grupo C, consagrados ao tempo. Ora, a menor evidência supera esse toque de presença: ela se elabora como um ter duradouro. Posso voltar a ele, se quiser. Por essa *dialética da presença e do ter*, a evidência se inscreve de novo na minha esfera do "eu quero". Portanto, é por uma espécie de sedimentação, como dirá a *Krisis*, que se consolida um em si da evidência, mas este em si é apenas o correlato de um "eu posso voltar a ele". O em si é a réplica de uma evidência habitual: o em si vai além do para mim da mesma forma que o ter vai além da presença atual.

A evidência isolada não cria ser duradouro: o em si remete ao "potencial" (posso sempre voltar a ele) que é, portanto, uma dimensão de minha vida transcendental: o em si é a réplica de um infinito de intenções e de um infinito de verificação. Remete, pois, a evidências potenciais, repetíveis, como fatos vividos ao infinito[18].

Assim Husserl, relacionando a evidência com aquilo que a IV *Meditação* chamará de *habitus*, ajusta a evidência às exigências de uma egologia.

Essa operação se mostra particularmente fecunda para uma "fenomenologia da percepção". A III *Meditação* não nos permite dizer como é que esta concepção da evidência potencial poderia esclarecer a famosa "intuição categorial" de que tratavam as *Logische Untersuchungen*. Sem dúvida far-se-ia para tanto necessária toda uma história da cultura que a *Krisis* encara. Mas ela é aplicada com sucesso à percepção, para a qual, de resto, parece feita. O caso da evidência perceptiva introduz, com efeito, algo de indefinido naquilo que parecia a princípio instantâneo e, portanto, algo de aberto neste poder de nos preencher. *Ideen* I já tentava manter unidos no nível da percepção os dois caracteres de originário e de inadequado A evidência perceptiva é cada vez unilateral, à mercê de

---

17. § 27.
18. Ibid.

6. Estudo sobre as *Meditações cartesianas* de Husserl

um elemento ulterior, embora só ela dê o *Selbst da* da coisa. O caráter de síntese operante e o de preenchimento originário se equilibram neste estatuto ambíguo da percepção que nos sacia e no entanto nos dá sempre uma tarefa a cumprir.

Mas será que esta ambiguidade pode ser resolvida no sentido único do idealismo? Parece-me que as análises descritivas de Husserl sugerem antes que o *Selbst da* – reduzido ao presente da presença – é aquilo que, em última instância, a consciência não faz e que o transcendente é constituído por um duplo movimento de ultrapassagem. Por um lado, a presença que preenche é sempre um *acréscimo de presença* com relação às antecipações da consciência vazia. Mas, pelo outro lado, a consciência comanda o jogo, porque ela é o *acréscimo de sentido* – a *Mehrmeinung* – com relação à presença ainda não significante no instante. A dupla análise do caráter "potencial" da evidência em geral e da estrutura de horizonte da evidência perceptiva em particular tende precisamente a "desmistificar" o aporte absoluto, mudo, feliz do "ver" e a colocá-lo de novo no movimento de conjunto da consciência, na operação em curso da "verificação evidente". Por conseguinte, a noção de uma síntese acabada, em uma presença total, não é senão uma *ideia*[19]. O mundo é o correlato, a réplica da ideia de uma evidência empírica perfeita. A ideia de doação total não é mais então um "inicial", mas um "terminal", tal como o limite de uma história do espírito.

No entanto não se vê em quê esta redução da ideia de evidência total resolva o enigma do presente de consciência como presença "em carne e osso" de alguma coisa. *Ideen* I, livro muito mais ambíguo, que ainda oscilava entre diversas sistematizações filosóficas possíveis, apresentava, em sua IV secção[20], a referência ao objeto como uma flecha que atravessa o sentido, como uma intenção do "sentido". O "sentido", então, se transcende de certa maneira na realidade. *Ideen* I se impunha, então, a tarefa de constituir em última instância a "rela-

---

19. § 28.
20. *Ideen* I. Op. cit., p. 128s.

ção" do noema ao objeto, isto é, constituir o noema como "sentido-visando-um-ente"[21]. Essa tarefa ia por isso culminar em uma exegese do ver[22]. *Ideen* I propunha assim mais claramente que nas *Meditações cartesianas* há dificuldade central da noção husserliana de constituição, que consiste em fazer coincidir o tema da *Sinngebung* com o da *Selbstgegebenheit*. É a consciência que dá sentido, mas é a coisa que se dá a si mesma. As *Meditações cartesianas* nada dizem sobre este ver inicial: todavia o final da III *Meditação* permite pensar que para Husserl esse ver inicial não é um corpo estranho na vida da consciência, caso seja considerado não como presença do outro, mas como presença de si mesmo. A solução transcendental do enigma da evidência é a redução da presença ao presente, a um dado *temporal*. A última instância – "o papel do fundamento objetivo do grau mais baixo, é sempre mantido pela temporalidade imanente, a vida que se escoa, constituindo-se em si e para si: elucidar a sua constituição é o tema da consciência original de tempo, consciência que constitui em si mesma os dados temporais". A este preço – o sacrifício final do *Selbst da* da *Selbstgegebenheit* – a teoria da evidência volta a se inserir na egologia. Com isso a importância futura da V *Meditação* se anuncia ainda mais considerável, pois se a evidência não nos faz sair de nós mesmos, todo o peso da alteridade incide sobre a alteridade do outro. Não existe alteridade primitiva na evidência dada só a mim. É somente o *alter ego* que drena o mundo para fora de mim. Na solidão – não social, mas transcendental – do meu *ego*, o outro que não é ainda *alter ego*, mas *altera res*, uma "coisa", uma taça instantânea de minha própria vida. É esta convicção, não tematizada na III *Meditação*, que vai surgir depois da nova redução da V *Meditação*, a redução de toda presença à minha *esfera de pertença*. É esta redução que está implicitamente operando no tratamento transcendental da evidência. Noutros termos, a III *Meditação* desenvolve já uma teoria solipsista da evidência.

---

21. *Ideen* I, p. 431-432.
22. IV secção, cap. II.

O *ego* do *cogito* ou a fenomenologia como egologia
(IV *Meditação*)

A mônada

A IV *Meditação* compensa o deslocamento do centro de gravidade pelo qual, no início da II *Meditação*, fora atualizado o projeto da egologia para dar preferência a uma exegese da *cogitatio*. Ainda falta inserir os atos do eu no eu. Cabe à IV *Meditação* recuperar para o *ego* toda a análise intencional anterior. O para mim do mundo não esgota o para si do eu: "o *ego* existe por si mesmo [...]: ele se constitui continuamente a si mesmo como existente"[23]. Essa constituição se faz em três etapas e é somente na terceira que a constituição do eu por si mesmo resgata a constituição do mundo para o eu.

Em primeira aproximação, o eu é o polo idêntico da multiplicidade dos atos, da diversidade das *cogitationes*. Nesta análise haviam se detido as *Ideen*. Husserl admite sem discussão que o *ego* suscita um problema análogo ao objeto e simplesmente antitético do objeto: *como* objeto, é um idêntico em um diverso. O fluxo do vivido daria margem então a duas sínteses polarmente opostas: a do objeto e a do *ego* "como do eu idêntico que, ativo ou passivo, vive nos vividos de consciência e através deles se relaciona a todos os polos objetos". Graças a este "através de" – de resto muito enigmático –, os *cogitata* são os correlatos não somente das *cogitationes* múltiplas, mas do eu idêntico.

Mas o eu é mais que isto, ele é também o eu dos *habitus*, das convicções mantidas e contraídas. Esta análise, que é nova em relação às *Ideen*, tem dupla função: em primeiro lugar ela confirma o caráter constituído do *ego*. O eu não é só polo de referência, mas também "substrato de suas propriedades permanentes". Assim, tem um estilo, o caráter de uma pessoa.

Ideen II esclarece esta forma de abordagem: o eu possui propriedades permanentes tanto quanto a coisa, quando esta

---

23. IV *Meditação cartesiana*, § 31, p. 55.

é submetida à relação do tipo *wenn-So* entre circunstâncias fixas e um comportamento regular dessa coisa. Assim a noção de propriedade permanente está situada a meio caminho dos estados variáveis da coisa e do X substantivado portador das determinações de coisa. Mas a análise dos *habitus* rompe essa simetria bastante fictícia entre as propriedades de coisa e as propriedades caracteriais da pessoa, introduzindo no *ego* uma dialética original de ser e de ter. O eu se dota de coerência por essa maneira de "reter", de "guardar suas tomadas de posição". Esta teoria do *habitus* oferece um quadro às observações sobre a evidência potencial: o em si da evidência era a réplica da possibilidade de retornar às evidências que retivemos. Com efeito, é a segunda função desta noção de *habitus*, a de superar a alteridade de toda presença: o mundo é "meu" pela familiaridade: pelo contato frequente, habitual, ele entra em minha esfera de pertença. Assim o ter não é uma decadência espiritual, mas uma estrutura original da experiência transcendental: pelo hábito, poderei dizer, habito meu mundo. Portanto, não se poderia subestimar a importância desta noção: ela prepara a entrada em cena de uma noção mais importante ainda, a de *mônada*.

A noção de mônada assinala a completa integração das presenças em seu "sentido", de todo "sentido" nas *cogitationes* que o visam, de toda *cogitatio* em seu *ego*. Tudo é a vida do eu: o "para" mim é o desdobramento "do" eu. Compreende-se então o papel mediador dos *habitus*. São eles que conectam de maneira orgânica o mundo à minha vida. Mesmo o estranho – o estranho por excelência sendo outrem – se destaca como uma mancha de exotismo na paisagem familiar da minha existência. O eu completo, a "concreção do ego", como diz Husserl, é: eu como polo idêntico mais: meus *habitus*, mais: *meu* mundo. Este é o sentido da noção de mônada, tomada do dinamismo leibniziano. Ela marca o triunfo total da interioridade sobre a exterioridade, do transcendental sobre o transcendente. No limite, fazer a fenomenologia do *ego* é fazer a própria fenomenologia.

O eidos ego

Aqui vemos Husserl esbarrar, mais que nunca, no perigo de uma espécie de empirismo transcendental que já mencionamos a partir da introdução da noção de experiência transcendental no começo da II *Meditação*. Mas se o eu é a experiência integral, não estamos transportando a contingência (o *faktisch*) para dentro do transcendental?[24] Eu, enquanto este *ego* (*Ich als dieses Ego*), sou eu só e único. Pela segunda vez Husserl, ao evocar esta irrupção do fato bruto no campo transcendental que deveria ser o princípio de toda ciência, deve socorrer a redução transcendental pela redução eidética[25]. Sendo o *ego* uma mônada, e não o sujeito impessoal da filosofia crítica e neocriticista, é um "*ego* de fato" que a redução transcendental descobre, e a fenomenologia parece condenada a narrar os "os acontecimentos de fato do *ego* transcendental de fato" (*faktische Vorkomnisse dês faktischen tranzendentalen Ego*). Mas a fenomenologia é igualmente a vitória sobre o fato bruto pelo método das variações imaginativas, em direção ao *eidos*, de maneira que o fato não seja mais que o puro exemplo de uma pura possibilidade. Portanto, a fenomenologia será a teoria do *ego* possível, do *eidos ego*, tendo como penhor o exemplo do meu *ego* transcendental de nível *empirisch-faktisch*. Mesmo assim o eu deve ser "imaginado" para ficar livre do fato bruto. Este recuo em face da minha própria contingência é, tanto quanto a suspensão da crença no mundo, essencial para o nascimento do *ego meditans*. O *ego meditans* nasce de uma dupla redução: a redução transcendental do ser do mundo, e a redução eidética do *ego* de fato. Este movimento de pensamento implica alguma dificuldade: é notável e estranho que esta passagem ao *eidos-ego* não ponha em jogo senão variações sobre o meu *ego* (*Selbstvariation meiner Ego*) e nenhum recurso ao outro, à segunda pessoa. Eu me imagino outro, sem imaginar um outro. E é decerto necessário, dado que meu *ego* é sempre o único *ego* que tem a constituição de outro. Mas o que é este *eidos ego* que não é uma generalização do eu e do outro, superando a disparidade da posição eu e da posição outro em

---

24. § 34, 2ª parte.
25. § 34-35.

uma subjetividade em geral? Em suma, o que é o *eidos* eu, se não é o homem meu *semelhante*? A similitude dos *egos*, com efeito, só vai entrar em cena na V *Meditação* mediante a relação de equiparação entre mim e o outro. Por mais extraordinário que seja isto, Husserl se vê obrigado a assumir um *eidos* do *ego* só e único, uma essência que só ilustra variações da minha própria existência, no estilo do "se eu fosse outro". A essência é o sentido: "eu-mesmo" resistindo às variações circunstanciais da minha existência de fato. Ela não exige referência alguma a um par ou a uma comunidade. Neste sentido a *eidética*, por não recorrer à *similitude* da primeira e da segunda pessoas, faz as suas variações no plano solipsista. Não é fácil de pensá-lo até o fim. O curso da reflexão husserliana, todavia, o exige.

Pelo menos, tendo-se soltado o torno do contingente pelas variações sobre mim mesmo, temos acesso a uma espécie de *a priori*, a uma *Wesensform*, "que envolve uma infinidade de formas, de tipos aprióricos de atualidade e de potencialidades possíveis de vida"[26]. A autoconstituição do *ego* não é, portanto, uma construção (dialética ou não); ela se detém diante das estruturas que põem fim ao capricho da imaginação. A intuição é assim transportada até o próprio coração do campo transcendental, tal como a noção de experiência transcendental no-lo fazia prever desde o começo[27]. Talvez seja esta, aliás, a única maneira de resolver as dificuldades levantadas pela exposição sintética da *Crítica da razão pura*. Se não for uma *inspectio mentis*, não se vê o que poderia ser um método que não procede regressivamente das obras do espírito para suas condições de possibilidade.

É por esta *Wesensform* do eu que podemos assentar em termos mais radicais que anteriormente o problema do *tempo*. Não se tratará mais de generalizar observações preliminares sobre a síntese temporal de um objeto particular. Apreender-se-á o tempo em seu conjunto diretamente, por inspecção da essência eu. Basta formular a questão: *Sob quais condições de compossibilidade é o ego uma unidade possível?* O teste das variações imaginativas revela um estilo imutável de

---

26. *Meditações cartesianas*. Op. cit., p. 127.
27. Cf. p. 85.

compossibilidade que é a forma universal da temporalidade. O tempo não é construído, como em Hamelin, a partir da relação e do número, mas é reconhecido em essência sobre o *eidos ego* como aquilo que implica os "*universalen Wesensgesetzlich-keiten der egologischen zeitlichen Koexistenz und Suksession*". Esta lei de compossibilidade é tão fundamental quanto a egologia é por excelência, pela ciência das formas da temporalidade universal, sistema com o qual todo *ego* imaginável se constitui por si.

Como é que Husserl passa da ideia de compossibilidade egológica à do tempo?[28] Através de uma ideia intermediária, a ideia de *motivação*, que é causalidade típica da consciência, a estrutura "*wenn-so*" de encadeamento da consciência. Essa motivação apresenta a forma universal de unificação de ser um fluxo (*Strom*). Há, portanto, uma equivalência dessas três noções: legislação formal de uma gênese universal, motivação, forma de fluxo. "O *ego* se constitui a si mesmo por assim dizer na unidade de uma história." Husserl resgata o tempo como forma por essa ideia de totalidade: todas as constituições particulares se fazem no interior, no "quadro" desta gênese formal. Mas o que é que isto quer dizer? Sem dúvida, isto: se faço variar, pela imaginação, todas as motivações de fato, resta a forma genética universal, o estilo temporal de toda síntese que é a condição de possibilidade do meu *ego* em geral.

Vê-se em que sentido é constituído o tempo: no sentido em que é olhado sobre a essência do *ego*. A constituição das transcendências era uma redução ao *ego*. A constituição do tempo não é uma redução em absoluto a alguma coisa, mas do fato à essência. Mas a redução eidética não é no fim das contas senão uma constatação sublimada em essência: a constatação do caráter fluente da vida de consciência. Objetar-se-á que existe precisamente uma constituição do tempo a partir do presente por intermédio da estrutura de horizonte de todo vivido. É verdade, mas é um fato irredutível, que nenhuma lei *a priori* de compossibilidade fará surgir, que o presente possui esses horizontes passados e futuros.

---

28. IV *Meditação cartesiana*, § 37.

Por outro lado, se existe uma constituição do tempo no sentido de uma operação da consciência, e não mais de uma constatação, e se essa constituição tem como foco o presente originário tal como é desenvolvido nos inéditos sobre a temporalidade, a dificuldade de passar de um presente contínuo à forma total da temporalidade continua enorme: como é que se pode fazer aparecer a totalidade do tempo em uma experiência que é sempre uma experiência presente aberta para horizontes temporais indefinidos? Assim eu me pergunto se Husserl de fato superou, por essa noção um pouco artificial da lei de compossibilidade, o desconforto de sua filosofia do tempo, na qual o tempo é concomitantemente o horizonte de um presente contínuo e uma forma total.

Que a temporalidade seja uma estrutura constatada, antes de ser uma lei de compossibilidade do *ego*, a distinção ulterior das duas gêneses, a gênese ativa e a gênese passiva, comprova-o amplamente. A gênese ativa designa esta manutenção dos atos antigos do eu nos atos novos; ela se acha nos atos de nível superior, tal como a convicção adquirida, a evidência habitual e de modo geral os *habitus*. Mas essa constituição não se basta a si mesma:

> mas em todo o caso, a construção pela atividade pressupõe sempre e necessariamente, como camada inferior, uma passividade que recebe o objeto e o encontra como acabado. Analisando-o, vamos esbarrar contra a constituição como *gênese passiva*[29].

Mas é essa gênese passiva que opera no nível da percepção de coisa, nas sínteses de identificação em que a análise discerniu toda uma diversidade móvel de "perfis". Pode-se perfeitamente *desfazer* a unidade perceptiva da coisa pela "análise intencional", mas o objeto continua aparecendo como "acabado"; sua história se contrai sem nós, em uma entrega imperiosa que, por sua vez, nos afeta e nos inclina a agir. Para explicar essa gênese passiva, Husserl recorre a alguma coisa como as leis de associação de Hume[30]. A fenomenologia

---

29. Ibid., § 38, p. 66.
30. Cf. § 39.

6. Estudo sobre as *Meditações cartesianas* de Husserl 211

opera aqui uma espécie de *retomada* de leis empíricas cujo caráter de constatação não pode ser mascarado. Por isso é que Husserl se vê de novo levado por essa gênese passiva a uma espécie de resíduo irracional, um precipitado que é depositado pela constituição ativa do eu nos *habitus*.

Em todas as constituições, o fato é irracional, mas não é possível que integre ao sistema formas aprióricas que lhe pertençam sob o aspecto de fato egológico. Quanto a este ponto, não se deve perder de vista que o próprio fato (*Faktum*)[31], com sua irracionalidade, é um conceito estrutural no sistema do *a priori* concreto[32].

Não seria possível dizer melhor que a constituição do tempo não é integralmente uma *operação* (*Leistung*) da consciência, mesmo que esta seja sempre uma gênese das coisas.

Pelo menos, esta análise possui a virtude de colocar no mesmo nível o *ego* e o tempo. O tempo não é somente, como em Kant, uma intuição *a priori*, isto é, um modo da representação, mas um estilo de existência. Husserl dá origem a uma nova interpretação do tempo como o próprio avanço do existente que sou. Por esse tema da "gênese egológica", da constituição temporal de si mesmo, Husserl retrocede do tempo representado para o tempo originário, de modo bem diferente de Bergson, mas em última análise convergente.

É a noção de *habitus* que parece ter servido de mediação entre a ideia de uma constituição das transcendências (ou seja, das coisas exteriores, do que está fora da consciência) e a de uma constituição do eu. Assim, pode-se até dizer que as duas constituições vão coincidir no *habitus*: é necessário desdobrar temporalmente o em si, como algo estratificado, sedimentado. A fenomenologia de Husserl vai dar assim origem àquela enorme inflação do hábito na atual fenomenologia da percepção: é o peso do adquirido, do contraído, que deve ser o equivalente do objetivo, ao menos enquanto se permanece

193

---

31. Husserl diz *Faktum*, e não *Tatsache*, para frisar não somente o caráter empírico, mas contingente de fato.

32. § 39, p. 68.

aquém da intersubjetividade. A redução da presença ao presente, que nós apontávamos no final da III *Meditação*, implicava essa ampliação das considerações temporais na teoria da objetividade.

A originalidade de Husserl neste ponto consiste em ter descoberto essa constituição temporal dinâmica do nosso mundo familiar pela redução eidética, pela redução ao *eidos ego*, e não só pela redução transcendental que se encerra no *ego* de fato. São as variações imaginativas sobre o meu *ego* que levantam as limitações de um *ego* empírico que *já* tem seu mundo de natureza e de cultura. Numa palavra, é pelo método das variações imaginativas que se acha arruinada a fascinação pelo já-aí. O *ego* empírico está diante do já constituído que o condena a uma fenomenologia estática, que não pode ser senão uma arte das classificações, comparável à das ciências naturais, em suma, uma tipologia. É necessário elevar-se até a estrutura universal da gênese, para conceber "que um mundo de uma estrutura ontológica, familiar a nós, seja constituído pelo *ego*". A fenomenologia estática fica parada diante de um mundo familiar correlativo de nossos *habitus*. A redução eidética nos faz ter acesso à fenomenologia do *habitus*, procedendo à maneira de uma ultrapassagem sistemática. Ela nos põe de novo aquém do já constituído e justamente assim dá um sentido ao *"já"*, percebido da fronteira imaginária do *"ainda não"*. O eu possível ilumina o eu real como uma de suas variantes, e assim a consciência desterrada compreende a consciência habituada; a consciência libertada compreende a consciência comprometida. Neste sentido compreendo a ligação, em Husserl, dos "problemas genéticos últimos" e da redução ao *eidos ego*.

Esta maneira de interpretar temporalmente a constituição das transcendências e rebatê-la no plano da própria constituição do *ego* torna ainda mais perturbador o enigma do presente originário pelo qual encerramos o estudo da evidência, pois é no fim das contas o direito de reduzir a presença do outro ao presente de mim mesmo que funda o de constituir a transcendência sobre a temporalidade do *ego*, e essa mesma temporalidade no presente originário. A esse enigma do presente origi-

6. Estudo sobre as Meditações cartesianas de Husserl

nário vai juntar-se o da gênese passiva que, como o confessa Husserl, limita singularmente o papel dos *habitus* e de toda a gênese ativa do vivido de consciência.

A reafirmação do idealismo transcendental, que encerra a IV *Meditação*, marca o ponto culminante das quatro primeiras *Meditações*. Os parágrafos 40-41, que contêm as fórmulas mais contundentes do idealismo husserliano, não são uma repetição pura e simples da redução do mundo ao "sentido" e do "sentido" ao *cogito*, mas uma radicalização desse idealismo em função da noção de mônada, introduzida no começo da IV *Meditação*. O § 33 concluía:

> Como o *ego* monádico concreto contém o conjunto da vida consciente, real e potencial, está claro que a explicação fenomenológica desse *ego* monádico – o problema da sua constituição por si mesmo – deve abranger todos os problemas constitutivos em geral. E afinal, a fenomenologia dessa constituição de si por si mesmo vai coincidir com a fenomenologia em geral[33].

Esta frase proporciona a chave para se compreender os § 40-41: se toda realidade transcendental é a vida do eu, o problema de sua constituição vai coincidir com a autoconstituição do *ego*, e a fenomenologia vem a ser uma *Selbstauslegung* (uma explicação do Si mesmo), mesmo quando é constituição da coisa, do corpo, do psiquismo, da cultura. O *ego* não é mais simplesmente o polo sujeito, oposto ao polo objeto[34], mas é o englobante. Ou seja, tudo é *Gebilde* da subjetividade transcendental, produto da sua *Leistung*. Assim, a fenomenologia é *"Selbstauslegung meines ego, als subjekten jeder möglichen Erkenntnis"*. Portanto, é na doutrina do *ego* e de sua constituição temporal que se unem de maneira inseparável fenomenologia e idealismo.

Aqui está definitivamente vencida a imagem realista do exterior absoluto, que um mau entendimento da intencionalidade poderia acarretar e até renovar. "A subjetividade transcendental é o universo do sentido possível".

---

33. Ibid., § 33, p. 58.
34. § 31.

A peripécia introduzida por uma oposição entre a intenção vazia e a presença cheia, na III *Meditação*, é inteiramente absorvida: "toda prova e toda justificação da verdade e do ser se realizam inteiramente em mim, e seu resultado é uma característica do *cogitatum* do meu *cogito*". Todo o enigma de um ser que, ao se mostrar a si mesmo, ultrapassaria a consciência, se reduz ao próprio poder da consciência de superar-se a si mesma em seus horizontes implícitos. Todas as falsas interpretações do ser provêm da cegueira ingênua para os horizontes que determinam o sentido do ser, e para os problemas correspondentes da elucidação da intencionalidade. Livres e seguidos esses horizontes, daí resulta uma fenomenologia universal, explicitamente concreta e evidente do *ego* por si mesmo. Compreende-se o quanto era decisiva a interpretação da presença como presente no fim da III *Meditação*. Ela agora permite fazer repousar sobre uma teoria da temporalidade todo o peso dos problemas de constituição. A fenomenologia husserliana aparece então como um combate entre duas tendências: como descrição voltada para as coisas tais quais elas se dão, a fenomenologia é um esforço generoso para respeitar a diversidade do aparecer e para restituir a cada um de seus modos (percebido, desejado, querido, amado ou odiado, julgado, etc.) a 195 sua carga de estranheza e, se assim posso dizê-lo, de alteridade. Enquanto interpretação idealista de seu próprio comportamento descritivo, a fenomenologia husserliana constitui um esforço radical para reduzir toda alteridade à vida monádica do *ego*, à ipseidade. Daí procede o desconforto que a obra de Husserl suscita em seus leitores: por um lado, nenhum pensador contemporâneo contribuiu, mais do que ele, para nos restituir a presença plena e inesperada da realidade; nenhum pensador, todavia, levou tão longe como ele a redução da presença do outro ao meu presente, a dissolução da alteridade na explicação de si.

A IV *Meditação* levou, assim, ao ponto culminante, de modo plenamente lúcido, a dificuldade fundamental das *Meditações cartesianas*: a dificuldade do solipsismo transcendental. Se a fenomenologia é "elucidação de mim mesmo" – egologia – como é que um outro poderia jamais justificar a sua alteridade? Como, em consequência, poderá se constituir a objetividade verdadeira de um mundo comum a nós todos?

A V *Meditação* deve responder a essas perguntas que as quatro primeiras pacientemente tornaram quase insolúveis.

7
Edmund Husserl: a V *Meditação cartesiana*

A V *Meditação cartesiana* de Husserl constitui um universo de pensamentos. Ela é quase tão longa, sozinha, quanto as quatro primeiras reunidas. Esta desproporção não é apenas o resultado acidental das revisões e correções introduzidas no texto da V *Meditação*[1]. Ela atesta a importância verdadeira do problema do outro na fenomenologia de Husserl. Este problema vai infinitamente além da questão simplesmente psicológica da maneira como conhecemos os outros seres humanos. É a pedra de toque da fenomenologia transcendental. Trata-se de saber como é que uma filosofia, que tem como princípio e fundamento o *ego* do *ego cogito cogitatum*, explica o outro diferente de mim e tudo aquilo que depende desta alteridade fundamental: a saber, por um lado a objetividade do mundo como a presença de uma pluralidade de sujeitos e, pelo outro, a realidade das comunidades históricas edificadas sobre a rede das trocas entre os seres humanos reais. Nesta perspectiva, o problema do outro desempenha o mesmo papel que, em Descartes, a veracidade divina enquanto fundamento de toda verdade e de toda realidade que ultrapassa a simples reflexão do sujeito sobre si mesmo.

Vamos examinar sucessivamente:

I. A posição do problema a partir da objeção do solipsismo.

---

1. Em *Husserliana* I, *Cartesianische Meditationen und Pariser Vorträge*, as "Conferências de Paris" ocupam as p. 3-39; quanto à que se tornará a V *Meditação*, ocupa somente as p. 34-39. Citamos o original entre colchetes [...]. Citamos entre parênteses (...) a tradução francesa por E. Lévinas e G. Peiffer (Paris: Vrin, 1947), que tomamos a liberdade de modificar.

II. A decisão de método de reduzir toda transcendência à esfera própria de pertença.

III. A explicitação da existência do outro por meio da analogia.

IV. A explicitação da natureza como correlato da comunidade das mônadas.

V. A explicitação da história como comunidade monádica de grau superior.

Toda a questão consistirá em saber de que modo, nesta progressão para o outro, para o mundo dos outros e para os outros como mundo, poderá ser mantido o primado do *ego*, único princípio originário da fenomenologia transcendental.

Posição do problema a partir da objeção do solipsismo (§ 42-43)

O problema do outro é posto de maneira muito abrupta, mediante a irrupção de uma objeção no curso de uma meditação realizada pelo eu sobre si mesmo. Esta objeção – a do solipsismo – nos é bastante familiar. A V *Meditação* nasce da transformação desta objeção, recebida de fora, como um desafio, inteiramente assumida a partir de dentro da fenomenologia transcendental.

A objeção do solipsismo sempre foi a do senso comum contra os filósofos idealistas. Os outros *egos*, diz o senso comum, não se reduzem à representação que se faz deles; nem mesmo são objetos representados, unidades de sentido, que se poderia verificar em um curso convergente de experiências. Os outros são outros, diferentes de mim, são outros eus.

Quanto a esta objeção, a fenomenologia transcendental deve reconhecê-la como uma aporia que a mina por dentro. Ela é a continuação lógica da redução, mais precisamente da redução tal como ela foi compreendida na IV *Meditação*: não apenas tudo fica ali reduzido a um sentido de ser, mas todo sentido é, além disso, incorporado à vida intencional do *ego* con-

7. Edmund Husserl: a V *Meditação cartesiana* 217

creto. Infere-se, portanto, da IV *Meditação* que o sentido do mundo é somente a explicitação do *ego*, a exegese de sua vida concreta. Este monadismo é que faz do solipsismo uma aporia interna, na medida em que o monadismo absorve toda alteridade, todo ser outro, em mim mesmo, de ora em diante é necessário que todo sentido nasça em (*in*) e a partir de (*aus*) mim.

Em face desta dificuldade, a fenomenologia husserliana vai ser submetida a duas exigências aparentemente opostas: por uma parte, deve ir até o fim da redução e enfrentar o desafio de constituir o sentido do *alter ego* "em" e "a partir de" mim. Pelo outro lado, deve explicar a originalidade, a especificidade da experiência do outro, enquanto precisamente esta é a experiência de um outro que não é eu. Toda a V Meditação vai sofrer a tração mais extrema entre essas duas exigências: constituir o outro *em mim*, e constituí-lo como *outro*. Este formidável paradoxo estava oculto nas quatro outras *Meditações*: já a "coisa" se desapegava de minha vida como outro que não eu, como uma presença em face de mim mesmo, embora não fosse mais que uma síntese intencional, uma unidade de sentido pressuposta. Mas o conflito latente entre a exigência redutora e a exigência descritiva passa a ser um conflito aberto, dado que o outro não é uma coisa, e sim um outro eu, um outro diferente de mim.

É precisamente para exacerbar este paradoxo que Husserl começa fazendo um balanço daquilo que se chama geralmente de "experiência do outro" e que ele toma como "fio condutor" os "modos de se dar" do outro. Compreendemos perfeitamente do que se trata? Já topamos com esta questão do "fio condutor" a propósito da constituição da coisa: como é que se pode explicitar a experiência da coisa sem tomar por tema a própria unidade de sentido que nos permite dar nome à coisa, designá-la como tema de uma síntese? Não seria possível nenhuma descrição, nenhuma explicitação, nenhuma constituição se não se tomasse como guia o sentido terminal da experiência, a saber, a posição de uma transcendência diante de mim. Com maior razão ainda quando este outro é outra pessoa. O teor de sentido² daquilo que se chama outra pessoa se apresenta como estranho paradoxo; e mesmo como um triplo paradoxo³.

Primeiro paradoxo: enquanto, falando em termos absolutos, um só é sujeito, eu, o outro não se dá simplesmente como um objeto psicofísico situado na natureza. Ele é também um sujeito de experiência tanto quanto eu. Como tal, ele me percebe a mim mesmo como pertencente ao mundo de sua experiência.

Segundo paradoxo: o mundo não é somente um quadro privado, mas um bem comum. Mas esse ponto não é fácil de se compreender, porque há de um lado o "fenômeno mundo" para cada um, e do outro lado o fenômeno mundo oposto (*gegenüber*) a todos os sujeitos de experiência e a todos os seus "fenômenos mundos". O sentido daquilo que denominamos a objetividade do mundo entra em jogo em cima deste segundo paradoxo.

Terceiro paradoxo: à experiência de outrem se liga a constituição de objetos de um aspecto novo: os objetos culturais – livros, instrumentos e ferramentas, obras de todo o tipo – que remetem expressamente a uma constituição ativa pelos sujeitos *estranhos*. Esses objetos culturais estão "diante de cada um", mais precisamente para cada membro de uma comunidade cultural particular.

Eis o que se dá, o que se encontra, no teor de sentido daquilo que se chama o outro. Mas essa oferta de sentido comum, a fenomenologia a erige em problema: ela se espanta com o que é evidente, ela submete a uma clarificação o que parece, à primei-

---

2. Traduzimos assim a expressão de Husserl: *noematisch-ontischen Gehalt* [122.1.35], por teor de sentido. Husserl entende em geral um conteúdo de pensamento que se oferece à análise essencial ou eidética.

3. A partir do § 48 esses três paradoxos fornecerão o quadro da V Meditação. Adotaremos a mesma articulação em nosso próprio estudo: ao primeiro paradoxo corresponde nossa Seção III; ao segundo, nossa Seção IV; ao terceiro, nossa Seção V.

ra vista, claro como o dia[4]. Existe problema, com efeito, para uma filosofia que se fixou como tarefa tudo compreender, tudo constituir "em" e "a partir de" *minha* vida intencional.

A redução à esfera do próprio (*eigenhsitssphäre*) (§ 44-47)

A esta altura intervém uma decisão de método muito audaciosa e mais paradoxal ainda que o problema a resolver: para clarificar o sentido do outro, vamos submetê-lo a uma redução específica. Se o outro se configura como uma transcendência específica, deve-se repelir a tentação de hipostasiar essa transcendência por uma suspensão apropriada a essa tentação. A isto Husserl dá o nome de "redução à esfera do próprio". O que significa esta espécie de golpe de força? Trata-se essencialmente de transformar a objeção do solipsismo em argumento. Eu decido fazer abstração de tudo aquilo que se dá como estranho. Isto não quer dizer, no sentido ordinário e não fenomenológico, que eu fico sozinho: como se a solidão empírica do homem isolado ou solitário não supusesse já a presença familiar dos outros seres humanos. Mas isto quer dizer, no sentido transcendental, que eu decido considerar somente *das mir Eigene*, "aquilo que me é próprio". De ora em diante, tudo é apenas acontecimento monádico, segundo a exigência egológica posta na IV *Meditação*[5].

---

4. "Como se pode compreender isto? (*wie klärt sich das auf?*). É necessário em todo o caso manter como verdade absoluta isto: todo sentido que a "quididade" e o "fato da existência real" de um ser pode ter para mim, não é e não pode ser tal a não ser em (*in*) e a partir de (*aus*) minha vida intencional: só existe em (*in*) e através de (*aus*) suas sínteses constitutivas, elucidando-se e descobrindo-se para mim nos sistemas de verificação concordante" [123,1.26-31] (76).

5. Seria possível objetar, do ponto de vista da técnica da redução, que esta redução já está feita: suspendendo a tese do mundo, não se reduziu também o outro? (*Ideen* I). É verdade, mas a redução de que se trata aqui é de segundo grau e pressupõe a suspensão da tese geral do mundo. Ela consiste em delimitar, em circunscrever no interior da esfera reduzida do sentido, um feixe intencional, o das experiências que me constituem a mim mesmo como *ego*. Por isso, Husserl fala de abstração: faço abstração das operações constitutivas referentes ao outro.

201   O leitor vai se perguntar, com certeza, se essa abstração é possível, ou seja, se resta alguma coisa naquilo que merece o nome de "esfera própria". Caso se considere, com efeito, que tudo na minha experiência me fala dos outros, que o mundo é um mundo de cultura, que o mundo objeto está carregado de todos os olhares que se lançaram sobre ele, é possível perguntar-se se existe um mundo próprio, anterior à intersubjetividade, que mereça ainda o nome de mundo. Eu sozinho e as visadas intencionais do meu ser próprio, será que isto faz um "mundo"?

A objeção é considerável. Mas é precioso compreender bem a caminhada de Husserl. Não se trata de maneira alguma de uma gênese, no sentido cronológico do eu, como se a experiência de mim mesmo pudesse preceder no tempo a experiência do outro, mas se trata de uma filiação de sentido. Ou seja, o sentido "outro" é tomado de empréstimo ao sentido "eu", porque é necessário em primeiro lugar dar sentido a "mim" e ao "meu próprio", para dar sentido ao "outro" e ao "mundo do outro". Há "estranho" porque existe "próprio", e não o contrário. O sentido "eu" se transfere de mim para o outro, se é verdade que o outro é um *alter ego*. Eis precisamente por que a redução à esfera própria não constitui nenhuma dissolução do outro em mim, mas justamente o reconhecimento do paradoxo como paradoxo: "Nesta intencionalidade toda particular se constitui um sentido ôntico (*Seinsinn*) novo que transgride a ipseidade própria (*Selbsteigenheit*) do meu ego monádico. Constitui-se então um *ego*, não como eu mesmo, mas como se refletindo (*spiegelndes*) em meu *ego* próprio, em minha mônada"[6]. As duas palavras-chave, transgressão (*überschreitet*) e reflexo (*Spiegelung*), são as testemunhas deste paradoxo da separação de uma outra existência da minha existência, no mesmo momento em que ponho esta como única. Não se pode não pensar, aqui, no problema hegeliano da duplicação da consciência: há na experiência do eu sozinho todos os sinais de uma transgressão em direção a um outro eu. Toda a continuação da V *Meditação* consiste

---

6. Cf. [25,1.28-32] (78), tradução modificada.

em estender as linhas de sentido pelas quais a experiência do próprio remete ao estranho.

A um público educado no respeito à experiência sensível e à ciência poder-se-ia fazer compreender da seguinte maneira a intenção que anima Husserl. Na atitude natural há homens que se comunicam entre si, esses homens são todos igualmente reais, mas nenhum deles é eu, todos são outros. Mas isto é verdade somente para um observador que não faz parte do campo da experiência. Neste sentido, eles não são mesmo outros, uma vez que o eu não está tematizado. Não há então nem eu nem o outro; há outros reais. Com o aparecimento do questionamento filosófico, surge como concorrente um sujeito que orienta todo o campo da experiência. Assim, de agora em diante, "o" mundo se torna *mundo-para-mim*. Mas, com essa reorientação do mundo como sentido para mim, sobrevém igualmente uma dissimetria no campo da experiência: há eu e há o outro. Ao passo que, em uma experiência sem sujeito, os homens são todos tão reais uns como os outros, na experiência reflexiva, um só é eu e todos os outros são outros. A relação eu-outro nasceu como problema filosófico. Deste modo, constituir o outro como outro, em e por mim mesmo, é mostrar como o sentido "eu", nascido com a tomada de consciência da minha existência como foco de todo sentido, se comunica a esses outros e me permite dizer que esses outros lá fora são também "eus". Mas o serão somente em um sentido derivado, segundo, porque o sentido eu se constituiu primeiramente em mim e para mim. Essa filiação não é de maneira alguma cronológica; ela segue a ordem lógica da filiação do sentido[7].

---

7. "Com esta camada alcançamos o extremo limite até onde nos pode conduzir a redução fenomenológica. Deve-se, evidentemente, possuir a experiência desta 'esfera de pertença' própria do eu para poder constituir a idéia da experiência de 'um outro que não é eu'; e sem ter esta última idéia, não posso ter a experiência de 'um mundo objetivo'. Mas não tenho necessidade da experiência do mundo objetivo nem da do outro para ter a da minha própria 'esfera de pertença'" [127,1.18-23] (80).

Assim, a redução à esfera do próprio não tem nenhuma significação psicológica ou antropológica. Se eu cortasse do conteúdo da minha experiência aquilo que ela deve ao convívio com os outros, não restaria sem dúvida nenhum conteúdo digno de ser chamado meu. Mas eu posso fazer abstração do sentido "estranho" que se liga a este ou àquele conteúdo, ou até a todos os meus conteúdos de experiência; e assim eu constituo em primeiro lugar o sentido "*ego*" e em seguida transfiro para o outro o sentido "*alter ego*".

A esfera do próprio é justamente, neste sentido, produto de abstração. Mas é uma abstração que tem uma necessidade metódica, porque permite pôr em ordem um sentido primeiro da palavra "eu" e um sentido segundo, aquele que se liga a todo aquilo que é para mim um "outro". E portanto vão tentar fazer corresponder a um "estádio" qualquer, que a psicologia infantil ou a psicanálise permitiria identificar, aquilo que Husserl denomina a esfera do próprio, daquilo que me pertence como próprio. Seria igualmente vão superpor-lhe alguma experiência de isolamento ou de solidão: o outro ainda estaria aí presente através da contestação, da decepção ou da saudade. É verdadeiramente o "resto" de uma operação abstrativa. Mas esse resto é ao mesmo tempo o primeiro elo de uma cadeia de significações, segundo a qual *ego* quer antes de tudo dizer "meu" *ego* e depois *alter ego*.

Mas isto significa que esse resíduo, esse produto de abstração não poderia de modo algum ser elucidado? Husserl reconhece nesse "estrato" uma "coerência unitária"[8] e até uma "unidade concreta"[9]. Como é que um produto de abstração pode ser "concreto"? Não há contradição, caso se recorde que em Husserl o "concreto" designa sempre uma totalidade suficiente, independente[10]. Mas, quanto à abstração, não se trata da abstração aristotélica ou lockeana de uma ideia geral, mas da separação metódica de um feixe intencional. Não há,

---

8. Cf. [127,1.12] (79).
9. Cf. [129,1.21] (82),
10. *Recherches Logiques* IV, "Tout et Partie".

portanto, contradição em alcançar um concreto através de abstração: isto quer dizer que uma totalidade isolável corresponde à abstração da esfera do próprio.

Essa totalidade isolável é o corpo próprio, melhor denominado a *carne* (*Leib*), a saber, este corpo que movimento, com o qual percebo, pelo qual me exprimo. Esta carne serve de polo de referência para todos os corpos (*Körper*) que, nesta redução de segundo grau, não compõem mais um mundo objetivo, mas uma natureza primordial, uma natureza própria. Esse conjunto – corpo próprio ou carne, natureza própria – é que merece o nome de esfera de pertença:

> Em consequência desta eliminação abstrativa de tudo aquilo que é estranho, restou-nos uma espécie de mundo, uma natureza reduzida ao próprio (*eigenheitlich*), e integrado a essa natureza graças à carne corporal (*körperlichen Leib*) o eu psicofísico com carne, alma e eu pessoal, únicas *características* deste mundo reduzido[11].

Objetar-se-á que esta experiência do corpo próprio, da carne, não é realmente um dado imediato. Penso que é necessário conceder a objeção ao contraditor: essa experiência é o resultado de uma abstração, tanto quanto o próprio eu cujo modelo me serve para transferir ao outro o sentido *ego*. Husserl emprega, aqui, uma palavra notável: mediante esta redução abstrativa, diz ele, fiz "surgir de novo minha carne, reduzida ao próprio..."[12]. Esta *Herausstellung* significa, a meu ver, que o primordial permanece sempre como o termo visado por um "questionamento em sentido inverso": graças a esta *Rückfrage*, a reflexão percebe, na densidade da sua experiência e através das camadas sucessivas da constituição, aquilo que Husserl denomina "fundação originária" (*Urstiftung*) à qual essas camadas remetem. O próprio primordial, portanto, é o *terminus* intencional dessa remissão. Não se deve, então, procurar, sob o termo de esfera do próprio, um tipo qualquer

---

11. Cf. [129,1.8] (81-82).
12. Cf. [128,1.28] (81).

de experiência selvagem que seria preservada no coração de minha experiência cultural, mas um anterior jamais dado, o termo de uma "depuração" (*Reinigung*)[13], de tudo aquilo que não é o próprio. Por isso, a despeito do seu núcleo empírico, essa "experiência" continua sendo uma interpretação, uma exegese (*Auslegung*).

Todavia, se essa experiência não é imediata, na mesma medida em que resulta de uma abstração e continua sendo tributária de uma explicitação, de uma exegese, é uma experiência positiva. O próprio não se define aí em termos simplesmente negativos, a título de não estranho. Apreender o próprio corpo ou carne, a própria natureza e toda a esfera do próprio como uma totalidade positiva autônoma é justamente fornecer à constituição ulterior do outro um *solo prévio*. É necessário compreender que esse primordial é ao mesmo tempo o termo último de uma depuração *e* o ponto de partida de um trabalho de constituição. É um pré-dado que, em virtude mesmo de sua carga de potencialidades e da fuga de seus horizontes, tem a densidade de um *eu sou* que precede sempre o *eu penso*. Assim, tudo aquilo que se pode dizer contra o caráter imediato dessa experiência advoga em favor de sua plenitude. Todo esse potencial que lastreia o atual concede espessura à experiência do primordial e do próprio. Essa interminável tomada de consciência do "próprio" mergulha em uma vida cuja riqueza supera toda reflexão. É assim que a redução à esfera do próprio, longe de empobrecer a experiência, a leva do *cogito* ao *sum* e realiza o desejo formulado na IV *Meditação* de uma egologia que erigiria o em mônada. Por um espantoso giro, o transcendental *reduzido* revela o ôntico *transbordante*.

Ao término deste primeiro movimento, vê-se que a abstração, que revela o corpo próprio e a natureza própria, é muito mais que uma ficção didática. É também – e sobretudo – a conquista do sentido da *encarnação*: uma natureza minha é uma natureza centrada em meu corpo. Tendo-se tornado a esfera de exercício de meus poderes, ela é o que eu posso ver, tocar, ouvir. Deste modo a redução à esfera do próprio faz

---

13. Cf. [128,1.39] (81).

7. Edmund Husserl: a V *Meditação cartesiana* 225

"surgir de novo" (*herausstellen*) o corpo como carne. Até aqui, este era sempre o órgão não observado, o órgão atravessado por meus atos, e estes terminavam nas coisas. De ora em diante, o "próprio" é *minha carne*.

Não apenas a abstração não é uma ficção didática, mas é o contrário de uma amputação da experiência. O mundo fica reduzido ao horizonte do meu corpo, mas eu coincido com esse mundo reduzido; eu naufrago neste mundo de minha carne; o mundo me é próprio, mas eu me mundanizei através dessa carne que sou sem distância[14]. A operação abstrativa, começada à maneira de uma subtração, revela-se uma caminhada para a plenitude do *ego*. Este, de polo de seus atos, tornou-se *habitus* e, depois, mônada; e agora é minha carne[15]. Correlativamente, a natureza que era ainda somente um espetáculo torna-se o ambiente da minha carne: afundado no coração dessa natureza, eu me experimento como um "membro de..." (*Glied*) desse conjunto de coisas "fora de mim"[16].

205

Desta dialética do "fora de mim" e "em mim", instituído por minha carne, vai proceder toda constituição do estranho "no" próprio e "fora do próprio".

A apreensão "analógica" do outro (§ 48-54)

Como passar desse solipsismo confessado e assumido à constituição do *outro*? Todo o problema está, agora, em descobrir, na esfera do próprio, os motivos de uma transgressão que põe um "outro", um "estranho".

---

14. "Pode-se dizer agora: enquanto o eu – este *ego* – constitui e continuo constituindo este mundo existente para mim na qualidade de fenômeno (correlativo), efetuei, por meio de sínteses constitutivas correspondentes, uma *apercepção de mim mesmo* (enquanto "eu" no sentido habitual de uma personalidade humana mergulhada no conjunto do mundo constituído) *que me transforma em um ser do 'mundo'*" (*eine verweltlichende Selbstapperzeption*) [130,1.19-26] (83).

15. "Tudo aquilo que o eu transcendental constitui nesta primeira camada, como 'não estranho', como 'o que lhe pertence', é, com efeito, seu, enquanto *componente do seu ser próprio e concreto*..." [131.1.10-14] (84).

16. Cf. [129,1.36] (82).

Dir-se-á que pondo esta pergunta, depois da redução à esfera do próprio, fica-se limitado a repetir o problema inicial[17], e que a redução à esfera do "próprio" apenas tornou a questão mais insolúvel. Em certo sentido, é verdade: Husserl não diz que a experiência do outro forma um "contraste"[18] com a experiência do próprio? Não diz ele que, para o eu reduzido a seu próprio, o sentido de ser que se liga ao outro *"transcende totalmente o seu ser próprio"*?[19] Não se recorre à experiência do outro como a um *"Faktum"*[20] irredutível? Não se constrói essa experiência como uma camada adicional, edificada sobre a experiência primordial? Parece então que a experiência primordial serviu apenas para "pôr em relevo" (*Abhebung*)[21] uma transcendência de grau superior e que só resta interrogar a experiência que dá sentido a essa nova transcendência[22]. O programa que se pode traçar no início desta investigação parece decerto limitar-se a decifrar uma experiência irredutível e desentranhar as três camadas superpostas correspondentes aos três problemas enunciados no começo: apreensão do outro como um outro, constituição de um mundo objetivo comum a todos os sujeitos, edificação das diversas comunidades de pessoas[23].

---

17. § 42.
18. Cf. [135,1.20] (88).
19. Cf. [135,1.32] (88).
20. Cf. [136,1.7] (89).
21. Cf. [136,1.13] (89).
22. "Trata-se de interrogar essa experiência mesma e elucidar, pela análise da intencionalidade, a maneira como ela 'confere o sentido', o modo como ela pode aparecer *como experiência e se justificar como evidência de um ser real e com uma essência própria, suscetível de explicitação, como evidência de um ser que não é meu ser próprio* e não é uma parte integrante dele, embora não possa adquirir sentido nem justificação a não ser em (*in*) meu ser próprio" [136,1.30-36] (89).
23. "Aquilo que acabamos é uma antecipação dos resultados da explicitação intencional que devemos efetuar gradativamente, se queremos resolver o problema transcendental e elaborar verdadeiramente o idealismo transcendental da fenomenologia" [138,1.24-28] (91).

7. Edmund Husserl: a V *Meditação cartesiana* 227

Mas se a experiência do "próprio" apenas servisse para aguçar o contraste do mesmo e do outro e para realçar a irredutibilidade de uma transcendência que se exclui a si mesma da esfera do próprio, todo o esforço anterior se tornaria vão. E ainda por cima só se satisfaria a uma das duas exigências da fenomenologia, a de descrever corretamente as experiências originais. Mas não se atenderia satisfatoriamente à segunda, a de constituir o sentido de toda transcendência "na" imanência do *ego*. Ora, aquilo que Husserl denomina "explicação intencional" (*intentionale Auslegung*) envolve as duas exigências. É necessário, então, que o acréscimo de sentido que se liga à experiência do outro tenha suas raízes em minha experiência própria.

Aqui vai intervir o tema decisivo: o tema da apreensão analogizante do outro como um outro eu. Nele se equilibram as duas exigências da fenomenologia: o respeito à alteridade do outro e o enraizamento dessa experiência de transcendência "na" experiência primordial. É considerável, portanto, o peso dessa teoria da apreensão analogizante. Graças a ela, pode-se vencer o solipsismo sem o sacrifício da egologia. Noutros termos, pode-se explicar a transgressão da esfera do próprio, confirmando ao mesmo tempo o primado da experiência originária do eu.

Seria a quadratura do círculo? Sê-lo-ia, se não se sugerisse uma certa *mediação*, por um lado pela experiência do outro, pelo outro lado pela experiência de mim mesmo. É notável, com efeito, que na experiência que tenho do outro, o outro se anuncia como estando aí, em pessoa, "em carne e osso" sem, no entanto, ser dado *como original*. Não vejo a vida do outro, senão ele seria uma extensão de minha própria vida: seria eu mesmo. O outro não é "apresentado" diretamente, imediatamente, mas "se faz presente" por seu corpo, e só este é apresentado, visto que aparece como os outros corpos em uma esfera primordial. Portanto, é do lado do corpo do outro que se deve procurar a chave do problema. Só ele pode ao mesmo tempo me ser *dado* a perceber enquanto me *dá* o outro. Ora, a experiência que faço do meu próprio corpo contém uma outra sugestão que vem ao encontro da precedente observação.

207

Esta experiência me fala de uma reificação, de uma mundanização do *ego* que, de uma certa maneira que se vai dizer, pode motivar a constituição do outro. Já em *Ideen* I observava Husserl que a consciência mantém dois tipos de relações, aliás, entrelaçadas, com o mundo: uma relação de percepção – o mundo aí está, diante de mim, oferecido como espetáculo –, e uma relação de encarnação. Pelo meu corpo eu me identifico com uma das coisas da natureza, com um corpo físico (*Körper*), que se torna corpo próprio (*Leib*), ao mesmo tempo em que eu mesmo sou incorporado à natureza. Graças a esta *Verflechtung*[24], graças a este "entrelaçamento", como dirá Merleau-Ponty, eu me percebo a mim mesmo como realidade mundana: em um golpe de vista abrangente, já evocado acima[25], Husserl dá o nome de "autoapercepção mundanizante" (*Verweltlichende Selbstapperzeption*) a esta apreensão da consciência como um ente intramundano.

Nossa tarefa se torna mais precisa: como relacionar essa presentificação ou apreensão mediata do outro em seu corpo e essa apercepção ou consciência reificada de mim mesmo?

A resposta de Husserl articula-se em três graus: cada um desses graus tem seu interesse próprio, mas também a progressão de um para o outro.

a) *Primeiro grau*: a significação *ego* passa do meu corpo, percebido no mundo, ao corpo do outro que se me apresenta como outra vida, graças a uma espécie de analogia que opera de corpo para corpo, de carne para carne. Graças a essa analogia, o sentido "*ego*" se transfere do meu corpo para o corpo percebido ali diante de mim:

> Suponhamos que um outro homem entre no campo de nossa percepção; em redução primordial aparece um corpo (*Körper*) que, na qualidade de primordial, só pode ser bem entendido como um elemento determinante de mim mesmo (*transcendência imanente*). Dado que, nesta natureza e neste mundo, a minha car-

---

24. Cf. [139,1. 35] (92).
25. Cf. n. 1, p. 243.

ne (*Leib*) é o único corpo (*Körper*) que é e pode ser constituído de uma maneira original como carne (*Leih*) (órgão operante), faz-se necessário que esse corpo (*Körper*) ali adiante – que, no entanto, também é apreendido como carne (*Leib*) –, ganhe esse sentido de uma *transferência aperceptiva (apperzeptive Übertragung) de minha carne (Leib)*. E isto, de modo a excluir uma justificação verdadeiramente direta e, por conseguinte, primordial – recorrendo a uma percepção no sentido forte do termo – dos predicados específicos da carnalidade (*Leiblichkeit*). Sendo assim, é claro que somente uma similitude ligando ao seio de minha esfera primordial esse outro corpo (*Körper*) aí adiante com o meu, pode propiciar o fundamento motivador da apreensão analogizante desse corpo como uma carne outra (*Leib*)[26].

Talvez seja este o texto mais importante de toda a V *Meditação*. Ele marca o ponto de junção das duas exigências – uma de descrição, a outra de constituição – que dominam toda a fenomenologia: essa "transferência aperceptiva", ou "apreensão analogizante", deve ao mesmo tempo respeitar a originalidade da experiência do outro e radicá-la na experiência do corpo próprio que "motiva" essa "transferência". Mas o recurso à analogia cria tantas dificuldades quantas resolve. Pois essa analogia não é da ordem do raciocínio, visto não se tratar de um raciocínio por analogia, mediante o qual concluiríamos da similitude das expressões corporais para a similitude das experiências vivas. Trata-se, antes, de uma analogia que funciona no plano das "gêneses passivas", como quando compreendemos uma realidade nova por analogia com uma realidade já conhecida e na base de uma experiência primeira que oferece uma espécie de *Urstiftung*, uma fundação originária. A analogia é, por conseguinte, um procedimento muito geral da experiência pré-refletida, antepredicativa. Ela é encontrada em toda referência de uma experiência nova a uma experiência originária que aí encontra seu modelo ou seu tipo.

---

26. Cf. [140,1.23-39] (93). NB: Afastando-nos neste ponto da tradução costumeira, sistematicamente traduzimos *Leib* por "carne".

Aquilo que especifica a transferência analogizante executada na experiência do outro é o que Husserl chama ousadamente "equiparação" (*Paarung*)[27]. Com efeito, todas as outras analogias atuam indo de objeto para objeto na mesma esfera de experiência; aqui, a analogia atua indo do "próprio" para "o estranho". Portanto, é necessário encontrar uma espécie de analogia que realize a transgressão do originário para o não originário. Esta é a configuração em forma de par do *ego* e do *alter ego*, graças a suas similitudes carnais. Essa "equiparação" faz com que o sentido de um *remeta* ao sentido do outro, seja transposto ou transferido do primeiro para o segundo. Reconheço, na presença carnal do outro, a analogia de minha própria reificação ou, mais exatamente, mundanização, e eu concedo ao outro o sentido "ego", embora só a minha experiência viva tenha o caráter originário. A "equiparação" oferece assim o suporte associativo da analogia. Ela é que realiza a mais primitiva síntese passiva pela qual eu passo do *ego* ao *alter ego*.

No entanto, Husserl não se detém nessa analogia. Falta-lhe ainda um traço decisivo que ele introduz mediante uma objeção que parece pôr tudo em questão:

> A estrutura da apercepção será a tal ponto verdadeiramente transparente? Seria uma simples apercepção por transferência como não importa qualquer outra? O que é que faz da carne uma carne estranha, e não um segundo exemplar da carne própria?[28]

É compreensível que essa objeção pudesse ter sido formulada pelo próprio Husserl: sua análise é, com efeito, muito menos orientada para o sentido pulsional, ou mesmo sexual, da formação em par que para o seu sentido lógico. Tal como a analogia, a configuração em forma de par é uma estrutura universal, o começo de uma multiplicidade de um conjunto. Deste ponto de vista, é uma forma originária de toda síntese passiva. Contrariamente, portanto, ao que se poderia ter espe-

---

27. Título do § 51 e passim.
28. Cf. [143,1.16-19] (96).

rado, a "equiparação" é uma relação a que falta a plenitude de uma experiência viva.

Por esse motivo, Husserl se volta agora para aquilo que ele chamou de presentificação, para aí procurar o preenchimento e a confirmação concreta do que era ainda somente a visada de um outro. A analogia fornece somente a suposição, a antecipação vazia de uma vida estranha: é necessário que essa visada da transferência se confirme por sinais convergentes que lhe conferem plenitude e estatuto ôntico (*Seinsgeltung*).

Será nosso segundo grau: de ora em diante nossa análise se coloca no ponto preciso em que a representação da carne do outro *na* minha esfera própria de experiência se faz presentificação, "fora" de mim, do vivido do outro. Eis aí o momento específico de transferência que agora se deve discernir. Essa experiência corresponde à questão precisa: como é que o outro (presentificado) é uno com uma carne (apresentada)?

b) *Segundo grau*: o que se deve levar aqui em consideração é a maneira como se confirma a suposição de uma vida estranha. Esta confirmação corresponde, na ordem da experiência do outro, àquilo que a III *Meditação* já escreveu, mas no quadro da constituição da coisa. A confirmação consistia então na "concordância" dos perfis ou dos esboços: uma visada se confirmava ou se infirmava por esse jogo de concordâncias ou discordâncias. De maneira análoga, a suposição ou a antecipação de um vivido estranho (por exemplo, a alegria) se confirma pela concordância das expressões, dos gestos, do comportamento: "A carne do outro se anuncia (*bekundet sich*) na sequência da experiência como sendo verdadeiramente carne, unicamente pelo seu *comportamento* mutável, mas sempre concordante"[29]. A concordância do comportamento ilustra bastante bem a teoria dos signos que se encontra no início da I *Investigação lógica*. Como se deve lembrar, Husserl distingue duas espécies de signos: aqueles que indi-

---

29. Cf. [144,1.14-16] (97).

cam, e aos quais chama de índices; e os que significam e são propriamente os signos da linguagem. O comportamento concordante se inscreve na primeira categoria de signos. É o índice de uma vida estranha; indica o vivido do outro pelo seu encadeamento harmonioso e dá assim uma "acessibilidade confirmável" àquilo que é "originariamente acessível"[30].

Não é fácil, à primeira vista, apreender a relação entre o argumento da analogia e o do comportamento concordante. Nosso primeiro movimento seria opor uma à outra essas duas interpretações. Não será a analogia uma apreensão indireta da vida estranha a partir da minha, enquanto a concordância do comportamento propiciaria uma leitura direta dessa vida estranha? Husserl, no entanto, usa sucessivamente desses dois argumentos. Deve-se compreender, com efeito, que eles não têm a mesma função. A analogia, por si só, atesta que o outro é *também* um eu. Seu papel não poderia de modo algum ser transformado em algo supérfluo por uma simples teoria da expressão. A concordância da expressão vem somente preencher minhas antecipações, sob a condição que estas tenham podido visar um outro eu, isto é, um eu semelhante a mim.

Seria possível objetar, é verdade, que Husserl dá prioridade à analogia e à equiparação – a despeito do caráter geral, ou mesmo formal dessa relação – na medida em que essa relação dá à constituição do outro uma feição mais idealista, ao passo que a interpretação direta do comportamento em termos psíquicos tem um tom mais realista. Quanto a isto, não resta dúvida. Um texto como o seguinte o mostra suficientemente:

> Do ponto de vista fenomenológico, o outro é uma *modificação da minha ipseidade (meines Selbst)* (que, por sua parte, adquire este caráter de ser *minha*, graças à apropriação que necessariamente sobrevém e cria contraste. É claro que da mesma forma é por modificação analogizante que é presentificado tudo aquilo que contribui para tornar concreto este outro *ego*, em primeiro lugar em razão do seu mundo primordial e, em segun-

---

30. Cf. [ibid. 1.21] (ibid.).

7. Edmund Husserl: a V *Meditação cartesiana*   233

do lugar, em razão de *ego* plenamente concreto. Noutras palavras, aquilo que se constitui por presentificação em meu mundo é uma outra mônada[31].

Mas, em sentido contrário, há progressão do sentido vazio para o sentido pleno, quando se passa da apreensão analogizante para a concordância dos signos expressivos. É possível então ler o mesmo texto de outro modo: enquanto continua sendo um análogo de mim mesmo, o outro não passa de uma modificação do meu eu; mas ao se mostrar em face de mim, num comportamento concordante, torna-se de verdade um "outro", um "*estranho*" (*ein Fremdes*).

c) *O terceiro grau* da constituição marca um novo progresso no sentido da libertação do outro com relação a minha esfera primordial. A *imaginação*, desta vez, impulsiona de novo a reflexão: enquanto toda a análise anterior se movia no círculo da percepção – a equiparação, a interpretação do comportamento são, com efeito, experiências efetivas –, a nova análise movimenta-se no meio das "variações livres" sobre o tema seguinte: eu estou "aqui", o outro está "ali adiante" (ou "lá longe"). Mas "ali adiante" ("lá longe") é ali onde *eu poderia estar* se eu mudasse de lugar. De "lá" eu veria as mesmas coisas, mas com outra feição. Portanto, posso pela imaginação coordenar os outros lugares, as outras perspectivas ao meu lugar e à minha perspectiva. "Lá" (ou "lá longe") é aonde posso ir. Portanto, é meu "aqui" potencial.

Sendo assim, a equiparação parece menos enigmática, pois eu equiparo o outro não apenas à minha experiência efetiva, mas à minha experiência potencial. Ou seja, imaginando o que eu veria de lá, eu penetro mais longe na existência analógica do outro. Aqui a imaginação serve, pois, para "ilustrar", para "presentificar", o nexo essencial que ofereceu o primeiro grau da constituição do outro. Mas, em vez de preencher pela percepção do comportamento esta visada analogizante, eu a preencho pelas criações livres da imaginação e assim dou à

---

31. Cf. [144,1.30-32] (97).

transferência associativa de mim ao outro, não somente a vivacidade da imagem, mas a sua independência em face de minha perspectiva atual. A ficção é esta libertação da minha perspectiva e essa transferência para uma outra perspectiva. Aquilo que era de início apenas uma espécie de analogia lógica, por conseguinte uma espécie da forma de duplicação, agora se torna transporte em imaginação e simpatia para uma outra vida. Sem dúvida, essa vida não é dada em uma "produção originária", mas em uma "reprodução" ao modo do "como se eu estivesse lá". A "apercepção analogizante", cuja exegese, ou explicitação, estamos pacientemente buscando, recebe dessa imaginação um sentido concreto, sem que a vida do outro, todavia, se torne jamais o equivalente para mim à única vida cuja experiência originária me pertence, à minha[32].

Recapitulando os três momentos da constituição do outro, diremos: o primeiro momento extrai sua forma de uma lei universal, a associação especificada por um transcendental mais determinado, a *formação em par*. Torna-se assim inteligível o movimento de transgressão pelo qual o sentido "eu" se transfere do original para o análogo. O segundo momento aporta o socorro de uma decodificação perceptiva das expressões de comportamento, pela qual eu encho a visada de uma outra vida. O terceiro momento acrescenta a esta leitura das concordâncias de comportamento a imaginação do "se eu estivesse lá". Assim progride, do vazio para o cheio, a visada de uma vida estranha sem, no entanto, essa transgressão da esfera do próprio me dar no original o vivido do outro.

Mas isto significa que teremos conseguido constituir o outro? É de se realçar que o próprio Husserl – com seu admirável escrúpulo – adverte, aqui, contra sua própria explicação.

---

[32]. "Há, portanto, um *ego* que se torna presente *como outro*. A coexistência incompatível na esfera primordial se torna compatível pelo fato seguinte: meu *ego* primordial, que constitui para si outros *egos*, faz isto mediante a apercepção presentificadora que, em conformidade com seu sentido específico, não exige e não admite nunca a sua confirmação por uma apresentação" [148,1.18-23] (101).

Se é verdade que a equiparação do meu aqui com o lá adiante do outro se torna mais compreensível pela mediação da minha experiência potencial ("se eu estivesse lá"), essa equiparação continua sendo fundamentalmente enigmática: pois o "aqui" do outro, tal como é para ele mesmo, difere essencialmente do "aqui" que seria o meu, se eu estivesse lá.

Esse lá – enquanto é um aqui para o outro – não pertence, mesmo potencialmente, à minha esfera própria. O "como se" estivesse eu mesmo lá adiante não permite introduzir o *aqui* do outro na minha esfera. Meu aqui e o lá do outro *se excluem* reciprocamente.

Até o fim o gênio da descrição e a exigência da constituição tentam se reunir e fracassam no fundir-se um no outro. Segundo a exigência idealista da constituição, o outro deve ser uma modificação de mim mesmo; segundo o gênio realista da descrição, o outro nunca cessa de se excluir da esfera da "minha mônada".

Talvez seja necessário renunciar a unificar ainda mais a empreitada de Husserl; este é o mais admirável quando ele mesmo faz reemergir uma dificuldade que ele parecia ter resolvido.

A natureza intersubjetiva (§ 55)

A própria teoria da analogia – com seus três graus – não passa da primeira etapa de uma empreitada considerável cujo desenvolvimento demarcamos desde o começo. Ao reconhecimento do outro como outro acresce a constituição de uma natureza em comum, em seguida de um mundo cultural, cujos objetos específicos – livros, instituições, monumentos – são correlativos de verdadeiras comunidades de pessoas.

O que é que constitui uma dificuldade na passagem da primeira para a segunda etapa? A edificação de uma natureza objetiva comum (*gemein*) levanta já o problema do "pôr em comunidade" (*Vergemeinschaftung*). Ora, este ato constitui uma dificuldade porque a apreensão analogizante do outro não elucida a *reciprocidade* entre os eus, exigida por toda a análise ulterior. A relação eu-outro é essencialmente assimétrica, não recíproca. A equiparação é orientada em sentido único do *ego* primordial para o *ego* análogo. Mas a constituição de uma natureza projetiva, mesmo antes daquela de comunidades culturais, requer que a experiência do eu entre em composição, tendo como base uma reciprocidade, com a experiência do outro, ainda que esta tire o seu sentido de *alter ego* de minha própria experiência como *ego*.

Este problema foi o que mais embaraçou a Husserl, como se vê bem pelos Inéditos de "sociologia intencional"[33]. Para acentuar a dificuldade, estes enfatizam o caráter reflexivo da experiência do outro: *cogito alterum se cogitantem*, tal seria a fórmula do reconhecimento do outro em uma filosofia resolutamente egológica. Para uma filosofia como esta só existe um *ego*, multiplicado associativamente. Ou seja, a apoditicidade da existência do outro continua sendo derivada da minha: um só se apresenta, todos os outros são presentificados. Portanto, é sobre essa relação assimétrica que se devem edificar todas as comunidades, as das intenções em primeiro lugar, as das vontades e das obras em segundo lugar. De agora em diante estamos seguros de que, por mais reais que sejam essas "comunidades", elas não constituirão jamais um absoluto, no sentido em que o é somente, na reflexão, o *ego cogito*. Teremos então de aprender a coordenar o realismo empírico, para o qual as comunidades são entidades reais, com o idealismo transcendental, para o qual todo sentido ôntico é tomado de empréstimo ao *ego*.

---

33. Cf. René Toulemont, *L'essence de la société selon Husserl*, Paris, P.U.F., 1962. Entre os manuscritos mais importantes dos Arquivos Husserl, aos quais se refere esta obra, citamos FI – 33, M III, 3, IX, I *Gemeinschaft II*). – Sobre o caráter reflexivo de toda presentificação, cf. Toulemont. Op. cit., p. 88-96.

Aqui ainda poderemos detectar, na obra husserliana da constituição, os sinais do conflito entre duas exigências: uma que requer respeito pelas significações *novas* que o progresso da análise descobre, a outra que requer derivar o estatuto ôntico das comunidades do estatuto ôntico do *ego*.

A constituição de um mundo em comum na rede intersubjetiva da experiência será, então, o nosso primeiro problema. Para o fenomenólogo, deve essa constituição ser efetuada a partir de um primeiro núcleo de constituição. O centro de irradiação de toda a análise é a identidade que deve ser reconhecida entre a significação do corpo do outro para ele e a significação que tem para mim. Como é que esse corpo do outro é o mesmo para ele que o vive como seu "aqui" e para mim que o percebo como o meu "ali adiante"?

Tentemos primeiramente compreender o lugar desta questão na continuação das análises que vão conduzir à noção de natureza comum. À primeira vista, há um abismo intransponível entre a minha esfera de experiência e a do outro. Absolutamente falando, há tantas vezes mundo quantas vezes sujeitos que se presentificam. Mas se não se pode resolver diretamente o enigma da identidade das esferas de experiência, talvez se possa resolver esse enigma indiretamente passando pela etapa do corpo do outro. Pois, se eu não compreendo como é que dois sujeitos podem visar o mesmo objeto, isto é, como é que um objeto pode ser o mesmo em uma pluralidade de vividos, talvez eu possa compreender como esse corpo percebido "lá adiante" por mim é vivido "aqui" pelo outro. A experiência do outro comporta que esse corpo "lá adiante" "indique" um outro vivido. A presentificação comporta essa identidade do "lá adiante" para mim e do "aqui" para ele: ela nos oferece o primeiro objeto que se desprende de minha solidão e começa a gravitar em torno de um outro polo que não é eu mesmo. Essa identidade nos parece obscura, porque nos colocamos em um momento em que a experiência do outro já fez sua obra e de certa maneira duplicou o mundo. Mas é possível surpreender o momento em que são ainda inseparáveis o elemento apresentado (o corpo que se vê lá adiante) e o elemento presentificado (o outro que ali se anuncia). Neste momento da indivisão do mesmo e do outro, há uma só e mesma realidade que pertence à minha esfera *própria* e que indica uma *outra* existência. Não existem, portanto, duas realidades separadas por um hiato: este corpo está presente em mim, pertence à minha esfera própria enquanto percebido e, pelo outro lado, esta presença é a de um outro.

Essa experiência indivisa constitui a solução concisa de todas as dificuldades ulteriores. Este corpo presente para mim me revela um outro. Em contrapartida, o outro torna essa presença algo estranho para mim. Deste modo, como o corpo lá adiante para mim e o corpo aqui para o outro não são apenas dois corpos análogos, mas um mesmo corpo, é possível uma natureza comum:

> Este corpo (*Körper*) é o mesmo; ele me é dado a mim como *lá adiante*, a ele como *aqui*, como seu centro corporal, e o conjunto da "minha" natureza é o mesmo que o do outro[34].

Qual é o intermediário que permite passar da identidade do corpo à da natureza? Em qual sentido o conjunto da natureza para mim é o mesmo conjunto da natureza para o outro? A noção intermediária que se deve aqui introduzir é a de *perspectiva*: meu corpo é a origem zero de um ponto de vista, de uma perspectiva, que dá uma orientação determinada ao sistema de minhas experiências. Compreendo então que o outro tem uma outra experiência que orienta de modo diferente o seu sistema de experiências. Mas a dupla pertença do corpo do outro ao meu sistema e ao dele me permite compreender que o mesmo objeto pode ser percebido através de duas perspectivas diferentes.

Este recurso à noção de perspectiva parece muito leibniziano. Mas em Leibniz todas as perspectivas são integradas em um ponto de vista superior, o de Deus, por uma ope-

---

34. Cf. [152,1.2-4] (104).

7. Edmund Husserl: a V *Meditação cartesiana* 239

ração de sobrevoo que permite passar da mônada à monadologia. Ora, em Husserl nenhuma vista de mergulho é permitida: é sempre de lado, e não do alto que, cada um descobre que o mesmo mundo é apreendido de pontos de vista diferentes; pois é em uma perspectiva original, a minha, que são apresentadas as outras perspectivas, como sendo perspectivas diferentes tomadas sobre o mesmo objeto e o mesmo mundo[35].

Deste modo, o idealismo monádico fica salvaguardado no realismo monadológico. É no interior da minha esfera de pertença que se constrói o sentido: "mundo percebido por um outro".

Mas isso não impede, precisamente, a sua intencionalidade transcender o que me é próprio e, por conseguinte, meu *ego* constituir em si mesmo um outro *ego* e constituí-lo como existente[36].

Assim, o índice existencial analogicamente conferido ao corpo do outro – em virtude da constituição por par – vai aos poucos se estendendo a tudo aquilo que aparece a esse outro. Há precisamente então duas camadas, mas não dois mundos: uma camada vivida como original, uma outra presentificada como a sua. Isso acontece quando completo a minha experiência do mundo pela dos viajantes e dos geógrafos que tiveram contato com lugares que não visitei e que sem dúvida jamais irei ver. Essas duas camadas são duas camadas do mesmo objeto, do qual eu digo que *eu* o percebo e que *o outro* o

---

35. "Não tenho primeiro uma segunda esfera original presentificada, com uma segunda natureza e um segundo organismo corporal (o organismo do outro) nesta natureza, para me perguntar em seguida como chegar a conceber as duas esferas como modos de apresentação da mesma natureza objetiva. Mas, pelo próprio fato da presentificação e de sua unidade necessário com a apresentação que a acompanha (graças à qual, somente, o outro e seu *ego* concreto podem, em geral, existir para mim), a *identidade* da minha natureza primordial e da natureza representada pelos outros é necessariamente *estabelecida*" [151,1.24-32] (105).

36. Cf. [152,1.38-153.1.3] (105).

percebe também. Mas esse "também", que procede da duplicação da consciência não constitui um mundo duplo[37].

216 Deste modo, a reciprocidade das consciências posta em jogo pela experiência em comum da natureza está firmemente mantida no interior do quadro rigoroso da presentificação e do idealismo monádico. Longe de se enfraquecer a hipótese inicial da construção primordial do *ego*, pode-se antes recear que a realidade e a diversidade das experiências humanas sejam sacrificadas ao rigor desse primado egológico. A identidade do mundo, enquanto o mesmo mundo percebido por duas consciências, é no fim das contas reduzido por Husserl ao modelo da síntese de identificação, tal como operada por uma única consciência. Finalmente a identificação de um mundo que se apresenta e de um mundo presentificado não é mais enigmática do que a identificação de um mundo apresentado e de um mundo presentificado, por exemplo num retrato ou em uma lembrança. A possibilidade de "voltar ao mesmo objeto" dá à série inteira das percepções sucessivas o caráter de uma visada do mesmo. Pode-se ainda aproximar essa síntese de identificação entre a minha experiência e a do outro de outra variedade de síntese de identificação, aquela que é posta em jogo pelos objetos ideais. Diz-se, com efeito, que esses objetos são intemporais. Isto quer simplesmente dizer que posso encontrar novamente ou reproduzir a mesma evidência identi-

---

37. "Depois desses esclarecimentos, não é de modo algum enigmático que eu possa constituir em mim um outro eu, ou, para falar de modo mais radical ainda, que eu possa constituir em minha mônada uma outra mônada e, uma vez constituída, apreendê-la precisamente na qualidade de outra; compreendemos também este fato, inseparável do primeiro, que eu posso identificar a Natureza constituída por mim com a Natureza constituída pelo outro (ou, para falar com toda a precisão necessária, com uma Natureza constituída em mim, na qualidade de constituída pelo outro" [154,1.35-155, 1.3] (107). – De passagem, Husserl examina dois corolários que são muito mais demoradamente abordados em *Ideen* II e nos Inéditos sobre a Comunidade: o problema das anomalias (o mundo do cego, do surdo, o mundo patológico, etc., e o da percepção não adulta: criança, primitivo, animal). Esses problemas são abordados pela fenomenologia na medida em que reintroduzem insidiosamente uma duplicação do mundo. Quanto a esses problemas, cf. Toulemont. Op. cit., p. 77-78 ("Modificações do tipo do outro").

ficadora em momentos diferentes de minha vida, e o supratemporal se revela então como omnitemporal. Essas duas aproximações oferecem uma ideia aproximada daquilo que pode ser a síntese de identificação, quando ela estabelece uma relação entre duas esferas de experiências mutuamente estranhas.

Mas será verdade que a síntese de identificação entre o próprio e o estranho pertencem ao mesmo gênero? Não foi dito acima[38] que há duas sínteses: a síntese associativa e a síntese de identificação? Pode-se realmente comparar a associação entre o próprio e o estranho com a associação de uma percepção e de uma lembrança no interior de um mesmo fluxo do vivido? Todas essas comparações não fazem apagar-se a especificidade da duplicação da consciência? Compreende-se bem a qual exigência quer Husserl satisfazer: existem duas consciências, mas não dois mundos. Sendo assim, é legítimo aproximar a síntese associativa de carne a carne da síntese de identificação que, no interior de um mesmo fluxo do vivido, suporta a identidade de um mesmo sentido. Mas, não será também o idealismo incapaz de explicar a analogia entre o próprio e o estranho, ao reduzir essa analogia à simples variante da síntese de identificação?

Há pelo menos um ponto em que se verifica a fecundidade dessa aproximação: refere-se à coordenação de todas as durações singulares em uma única "comunidade temporal". Deve-se explicar, com efeito, visto que o tempo não pode ser multiplicado, se ele deve ser a forma de coexistência entre várias mônadas. No fim das contas, há um só tempo como há um só mundo: o tempo privado, o tempo de cada mônada, ordena-se em relação a um tempo comum objetivo do qual é um "modo de aparecer". Se for assim, é porque o tempo objetivo, mundano tem o mesmo caráter de unidade das "realidades" constituídas intersubjetivamente. Mas acontece com o tempo objetivo como acontece com a natureza objetiva: *a consciência interna da mônada primordial está na origem*

---

38. § 51.

1) do tempo presentificado do outro 2) do tempo objetivo comum, ou tempo do mundo.

A comunidade intermonádica (§ 56-58)

As comunidades propriamente ditas são comunidades de pessoas: a elas correspondem objetos culturais específicos. No entanto, como todo o processo anterior culminava na constituição de uma natureza objetiva, foi possível dar-lhe o nome de *Vergemeinschaftung*; uma "comunitarização". Com efeito, a constituição de um mundo comum (*gemein*) é o primeiro grau e o fundamento de todas as outras comunidades intersubjetivas. Por uma espécie de ricochete, o mundo, o tempo objetivo, enquanto projeto comum dos homens, cimenta a sua união e transforma a associação de seus corpos em uma ligação indissolúvel. Posso dizer, verdadeiramente, que "o ente é uma comunidade intencional com o ente"[39].

A originalidade de Husserl, a meu ver, reside nesta progressão metódica do solipsismo até a comunidade. Enquanto o sociólogo parte do grupo como de um fato, Husserl funda a possibilidade do laço humano sobre uma primeira camada de processos criadores de comunidade, a saber, a comunidade intencional cujo correlato é a natureza objetiva. Por seu turno, essa comunidade intencional procede do corpo a corpo que denominamos "equiparação", o qual representa a primeira transgressão da esfera do próprio[40]. Por conseguinte, em Husserl o importante não é o que ele diz *sobre* a comunidade, mas como a sua análise progride passo a passo *rumo à* comunidade. Por isso, aquilo que, para o sociólogo ou o antropólogo, é primeiro, ocupa o último lugar para o fenomenólogo. Até se poderia dizer que, para Husserl, sempre se chega mais rápido à meta. Daí

---

39. Cf. [157,1.17] (109).

40. As principais etapas do itinerário que leva da redução monádica à vida coletiva estão perfeitamente resumidas em um texto da *Krisis*, 2ª parte, p. 307-308, citado por Toulemont no início de seu capítulo sobre "A sociedade humana". Op. cit., p. 97.

a lentidão calculada destes últimos parágrafos que multiplicam, até a exaustão, os passos preliminares.

Assim, no momento em que se espera vê-lo falar de comunidades históricas, ele introduz ainda uma análise intermediária: a da *reciprocidade* dos pontos de vista e da "equalização objetivante" (*objektivierende Gleichsetzung*)[41], que esta última implica. Qual o porquê desta nova peripécia? Porque aquilo que é evidente para o senso comum deve tornar-se intrigante para a reflexão. Se é verdade que um só é eu e o outro um outro, impõe-se explicar essa *equalização* mediante a qual me torno um outro para os outros, um outro entre os outros. É uma equalização no sentido em que a reciprocidade abole o privilégio do eu só. E é uma objetivação, no sentido de esta reciprocidade ter por efeito só haver outros: sou então um outro entre outros, e é possível também uma comunidade de homens reais.

Vê-se o paradoxo: por um lado, deve-se dizer que é "puramente em mim, *ego* meditante"[42], que se constitui o sentido do outro, do homem psicofísico, portanto também de mim enquanto sou *um outro* entre os *outros*. E isto contra toda hipóstase da sociedade como um ser absoluto. Por outro lado, é legítimo professar um realismo da reciprocidade que, no limite, faz de mim um homem entre os outros seres humanos.

O idealismo transcendental é submetido aqui a uma dura prova. O índice existencial que se liga em primeiro lugar ao outro como "ente" (*seiend*), em seguida a mim como outro igualmente "ente" (*seiend*), finalmente à separação e à fusão como *reale Trennung* e como *reale Verbindung*, parece muito incompatível com a tese idealista, segundo a qual o outro é constituído "em" mim. A dificuldade cresce ainda mais pelo fato de Husserl, na mesma época, levar muito a sério a especi-

---

41. Cf. [158,1.1] (110).
42. Cf. [158,1.23] (111).

ficidade dos laços sociais[43]. Aqui mesmo ele fala das comunidades de grau superior como de *realidades* distintas da natureza sobre a qual são edificadas. Quer queira quer não, parece de fato necessário renunciar à assimetria da relação eu-outro, exigida pelo idealismo monádico, para explicar essa equalização objetivante, exigida pelo realismo sociológico.

Esta é a dificuldade fundamental que se liga à noção de intersubjetividade transcendental, uma vez que se trata de interpretá-la em termos realistas, como vínculo recíproco dos *outros* em um "mundo dos homens".

Para resolvê-la, recorre Husserl à constituição da *psychè* (elaborada em *Ideen* II), como recorrera, no início da V *Meditação*, à do corpo próprio, da carne. A *psychè* é, como o corpo próprio, uma naturalização e uma *reificação* do ego. Tomando por base essa naturalização, pode-se instituir alguma coisa como uma "reciprocidade dos outros". Eu me vejo no mundo como uma *psychè* entre as *psychès*, *psychè* que se iguala às outras *psychès*, separada delas, ligada a elas. Cada homem aparece a cada outro homem de maneira intrapsíquica (*innerpsychisch*), isto é, "em sistemas potenciais de intencionalidade que, na qualidade de *vivido-psíquico*, estão já constituídos como existindo de maneira mundana[44].

Portanto, é necessário introduzir a ideia de uma "constituição psíquica do mundo objetivo"[45], para que se realize, no sentido forte do termo "realizar", a "equalização objetivante" que é a condição de todos os graus superiores de partilha comum. Assim, portanto, não só como carne, mas como *psychè*, deve o "eu" aparecer no mundo. É neste nível que os outros são

---

43. Encontrar-se-ão no capítulo III do livro de Toulemont estudos pormenorizados sobre a comunicação, o trabalho em comum, o nascimento de um espírito coletivo, e a diversidade dos "predicados culturais" (Op. cit., p. 97, 140). Os capítulos IV e V abordam a sociabilidade animal, o costume e a tradição, a linguagem, a família, o mundo familiar e o mundo estranho, a nação e a raça, a Europa cultural, a comunidade dos filósofos e dos cientistas.

44. Cf. [158,1.31-3] (111).

45. Cf. [ibid., 1.34] (111).

também realizados como psiquismos equalizados e, desta perspectiva, separados e recíprocos. No mundo dos homens a intersubjetividade é uma realidade *psíquica*. Pegamos aqui a chave da relação entre o idealismo monádico ou egológico e o realismo psicológico (ou sociológico). Esta chave é a auto-objetivação da mônada em *psychè*. Deste modo se motiva e se justifica o "naturalismo" praticado nas ciências humanas.

O fim da V *Meditação* consiste em um rápido *programa* dos estudos que se poderia realizar sob o signo desse paralelismo entre um realismo sociológico e o idealismo egológico. Por exemplo, pode-se mostrar que as trocas entre os homens culminam em verdadeiras "objetividades", isto é, comunidades que podem ser consideradas como pessoas de grau superior. A essas pessoas de grau superior correspondem "ambientes culturais" que são objetividades limitadas, como é também limitado, fechado, o grupo que "tem" esse ambiente.

Aqui se articula, nos *Inéditos*, uma investigação sobre a comunidade ilimitada, universal, a dos cientistas e dos filósofos[46]. O problema da *Krisis* será balizar a emergência histórica dessa comunidade sem limites. Ela corresponde, além das culturas limitadas, àquela outra comunidade universal de que fala a V *Meditação*, que se situaria, antes, aquém das comunidades culturais e que representa a possibilidade, para todo homem normalmente constituído, de ter acesso à natureza objetiva.

Caso se permaneça no espaço que medeia entre a comunidade ilimitada da ciência e a simples participação na natureza objetiva, vê-se repetir-se para cada grupo histórico dado a problemática do próprio e do estranho que havíamos descrito no nível de cada pessoa: ao mundo familiar da minha cultura se opõe o mundo estranho das outras culturas. É mesmo notável que seja neste nível dos grupos culturais que a palavra "mundo" se coloque no plural: enquanto há um "único" mundo físico, há "múltiplos" mundos culturais. Assim, essas pessoas de grau superior suscitam o mesmo gênero de problemas que as

---

46. Sobre a sociedade "arcôntica" ou "transcendental", o privilégio da Europa, a crise da Europa cultural, cf. Toulemont. Op. cit., cap. VI.

pessoas propriamente ditas: é sempre a partir do próprio que se compreende o estranho. Assim é possível falar de uma constituição orientada do campo cultural. Assim como não se pode considerar de cima a relação de pessoa a pessoa, nenhum sobrevoo nos permite considerar o conjunto das culturas a partir de nenhures. Fica assim excluído todo comparatismo sem ponto de vista. Em nossas relações com as outras culturas, a oposição do primordial e do derivado, do aqui e do lá longe, é insuperável. Da mesma forma que meu corpo é o ponto zero de onde eu considero cada coisa, minha comunidade é o "membro zero" (*Nullglied*) da comunidade humana.

Assim se articula a esfera que *Ideen* II chama de "espírito" (*Geist*), para distingui-la da *psychè* que é sempre uma realidade natural. Este vocabulário diltheyano – e mais remotamente hegeliano (o espírito objetivo) – está sinalizando que transpusemos o limite da natureza para a cultura. Mais ainda, o que denominamos até o presente natureza aparece agora como uma simples camada na totalidade do mundo concreto, obtida por subtração de todos os "predicados" culturais que a sociabilidade confere ao mundo. Sozinhas, algumas alusões dão a entender que não é tanto em uma teoria do conhecimento e mais da *praxis* – do "padecer" e do "agir" (*Leiden und Tun*) –, que se processa a constituição desses ambientes culturais. Aparece também que a própria pessoa não acaba sua constituição a não ser nesse nível. Ela representa um foco de interiorização desses mundos culturais. Assim a pessoa, em Husserl, não é sinônimo do *ego* nem mesmo do "homem" (Husserl fala sempre do "homem" em relação com a *psychè*, por conseguinte ainda no nível naturalista). A pessoa é correlativa da comunidade e de suas "propriedades habituais". Dir-se-ia bastante bem que a pessoa vem a ser o *ego* considerado em seus hábitos comunitários. É mesmo digno de nota que seja apenas neste contexto que aparece a noção de *Lebenswelt*[47] que ocupará um lugar tão considerável na *Krisis*.

---

47. "A progressão sistemática da explicitação fenomenológica transcendental do *ego* apodítico culmina com a descoberta do sentido transcendental do mundo em toda a plenitude concreta na qual é o mundo de nossa vida comum a todos" [163,1.10-14] (115).

7. Edmund Husserl: a V *Meditação cartesiana* 247

Este "mundo da vida" só poderia aparecer ao término da V *Meditação*, porque representa a plenitude concreta para a qual aponta a constituição do outro e das comunidades intersubjetivas. Não se poderia, então, identificar o "mundo da vida" com aquilo que denominamos, no começo desta análise, "esfera do próprio". Pelo contrário, a *Lebenswelt* se configura como o polo oposto da constituição: não o termo reduzido de onde a constituição inicia a partida, mas o termo para o qual ela se orienta.

Ao término de nosso estudo, é possível dizer em qual sentido esta longa e paciente meditação completa o conjunto das *Meditações cartesianas*. Como ficou o projeto inicial de uma ciência filosófica? Colocando essas meditações sob o patrocínio de Descartes, Husserl estabeleceu o princípio de uma ciência universal a partir de um fundamento absoluto: o que aconteceu finalmente a esse projeto?

Sob o nome de ciência filosófica Husserl compreende de início três coisas: primeiro, a *radicalidade* na maneira de pôr a questão do ponto de partida; em segundo lugar, a *universalidade* de um método dedicado à explicitação das camadas e dos níveis de sentido; enfim, o caráter *sistemático* das estruturas assim dadas à luz[48]. Será que as *Meditações cartesianas*, e de modo especial a V *Meditação*, respondem a essa definição da ciência filosófica? Pode-se dizer que satisfazem a essa tríplice exigência, mas ao custo de uma transformação profunda do projeto.

1) No que tange à radicalidade do ponto de partida, o resultado mais evidente das *Meditações cartesianas* consiste

---

48. *Epílogo*, § 64: "Nossas meditações [...] alcançaram, no essencial, a sua meta; particularmente mostrar a possibilidade concreta da ideia cartesiana de uma ciência universal a partir de um fundamento absoluto. A demonstração dessa possibilidade concreta, sua realização prática – embora, é claro, sob a forma de programa infinito – não é outra coisa senão a invenção de um ponto de partida necessário e indubitável e de um método igualmente necessário que, ao mesmo tempo, permite esboçar um sistema de problemas que podem ser postos sem absurdo. Eis aí o ponto que alcançamos" [178,1.23-33] (130).

em ter recuado esse ponto de partida para além do *cogito* cartesiano. Husserl pode afirmar, orgulhoso, em seu Epílogo: "Há uma só tomada de consciência radical de si mesmo (*radikale Selbstbesinnung*), a da fenomenologia"[49]. Começamos com um *cogito* que respondia à ideia de ciência universal e que poderia ter sido somente um sujeito epistemológico. A IV e a V *Meditações* nos forçaram a referir a origem de todo sentido a uma subjetividade singular e a uma intersubjetividade monádica: egologia e monadologia são de ora em diante o lugar de todo sentido possível. Husserl rompe assim com a tradição do sujeito impessoal herdada tanto do cartesianismo como do kantismo e do neokantismo.

Deslocando deste modo o ponto de partida em direção ao sujeito mais singularizado e à rede intersubjetiva, Husserl abre o caminho para as novas investigações que constituem o ciclo da *Krisis* e que vão culminar, sete anos mais tarde, em um dos grandes livros da fenomenologia husserliana, *A crise das ciências europeias* e a *Fenomenologia transcendental*.

2) No que tange ao método de explicitação (*Auslegung*), a V *Meditação* lhe revela toda a riqueza, talvez sua contradição profunda. Nós o vimos oscilar entre o sentido agudo do concreto e uma exigência não menos premente do radical: seu gosto pelo concreto leva a fenomenologia para uma recapitulação sempre mais ampla da experiência humana, à feição da fenomenologia hegeliana. Torna-se assim a fenomenologia a descrição de uma totalização em curso que tem na *Lebenswelt* o seu horizonte mais distante. Mas, na época das *Meditações cartesianas*, Husserl está compenetrado de uma intenção mais fundamental: a de subordinar essa progressão rumo ao concreto e rumo ao total ao movimento de regressão rumo ao fundamento que, mais que nunca, consiste no *ego*.

Pode-se comparar esse duplo processo àquele que anima paralelamente a lógica de 1929: *Lógica formal e Lógica transcendental* apresenta, com efeito, um primeiro movi-

---

49. Cf. [179,1.34] (131).

mento de expansão que abre a lógica formal para a lógica matemática dos modernos e para uma *mathesis universalis* que cobriria ao mesmo tempo uma lógica sintática, uma lógica da prova, uma lógica da experiência. Mas o objetivo dominante dessa obra é subordinar essa lógica formal ampliada a uma lógica transcendental que remete, como nas *Meditações cartesianas*, para a experiência primordial, para a subjetividade e a intersubjetividade. É necessário, então, considerar em conjunto essas duas obras e colocá-las sob a mesma regra de leitura. Outrossim, a filosofia fenomenológica, na qual vão desaguar as *Meditações cartesianas*[50], engloba os resultados dessas duas obras contemporâneas. O que Husserl chama de "explicitação ontológica" (*ontologische Explication*) consiste em um desdobramento das camadas de sentido (natureza física, animalidade, psiquismo, cultura, personalidade) cuja disposição em camadas sobrepostas constitui o "mundo enquanto sentido constituído". Esse desdobramento representa bem aquilo que chamamos de caminhada em direção ao concreto, isto é, rumo ao mundo dos homens. Mas esta leitura sucessiva das camadas de sentido permanece estática, enquanto esses sentidos constituídos não forem conectados aos diferentes graus da constituição do *ego*: *ego* primordial, *ego* estranho, comunidade das mônadas. O movimento progressivo e sintético para o concreto permanece assim firmemente subordinado ao movimento regressivo e analítico rumo ao original e ao radical.

Deste modo, a "explicitação" se detém a meio caminho entre uma filosofia da construção e uma filosofia da descrição. Por um lado, contra o hegelianismo e contra qualquer "construção metafísica", Husserl sustenta que a fenomenologia não "cria" nada, mas apenas "encontra"[51]. Este é o lado hiperempírico que acima sublinhamos. A explicitação é uma explicitação da experiência:

---

50. § 59s.

51. Cf. [168,1.2 e 3] (120).

A explicitação fenomenológica não faz outra coisa – não se poderia e jamais destacá-lo demais –, a não ser explicitar o sentido que este mundo tem para todos nós, anteriormente a toda filosofia e que, claramente, a nossa experiência lhe confere. Este sentido pode perfeitamente ser destacado (*enthüllt*) pela filosofia, mas não pode ser jamais modificado (*geändert*) por ela. E, em cada experiência atual, ele está cercado – por razões essenciais, e não por nossa fraqueza – de horizontes que necessitam de elucidação (*Klärung*)[52].

Mas, por outro lado, ligando assim a explicitação à clarificação dos horizontes, a fenomenologia pretende ultrapassar a descrição estática que faria dela uma simples geografia das camadas de sentido, uma estratigrafia descritiva da experiência. As operações de transferência que descrevemos do eu para o outro, a seguir para a natureza objetiva e, enfim, para a história, realizam uma constituição progressiva, uma composição gradual, no limite uma "gênese universal" daquilo que vivemos ingenuamente como o "mundo da vida".

Assim, a elucidação da experiência do outro oferece o ensejo para desmontar o mecanismo da *Auslegung* husserliana: esta realiza um equilíbrio harmonioso entre tendências que, no caso de se dissociassem, levariam de volta ou ao construtivismo do idealismo alemão ou ao empirismo da tradição britânica.

3) É mais difícil dizer até que ponto as *Meditações cartesianas* satisfazem à exigência de sistematicidade. A fenomenologia não pode ser sistemática no sentido em que, em Descartes, o *cogito* oferece o primeiro elo de uma cadeia de verdades. O *cogito* husserliano não é uma verdade suscetível de ser seguida por outras verdades em uma "ordem das razões". O *cogito* desempenha, o papel de "origem" (*Ursprung*), de "solo preliminar", ao invés de teorema inicial. Menos ainda pode a fenomenologia ser um sistema no sentido hegeliano, a tal ponto ela ignora o trágico da negação e a superação lógica

---

52. Cf. [177,1.14-22].

7. Edmund Husserl: a V *Meditação cartesiana*   251

desse trágico. Há, no entanto, um projeto de sistema em Husserl, que permanece, aliás, no estado de programa, mas ao qual este liga expressamente a sua ideia da fenomenologia como ciência. Enunciando os "resultados metafísicos de nossa explicitação da experiência do outro"[53], Husserl apresenta a constituição intermonádica como uma "justificação consequente do mundo da experiência objetiva". Ele quer dizer com isto que a relação intermonádica comporta uma estrutura que resiste ao nosso arbítrio. É desta estrutura que procede a necessidade da ordem objetiva. Entre o modelo cartesiano e o modelo hegeliano do sistema, é o modelo leibniziano que se propõe aqui. Há sistema, com efeito, caso se possa passar da multiplicidade infinita das mônadas à unicidade do mundo monádico. Leibniz viu bem sob qual condição era possível essa passagem. Ela repousa sobre as leis de compossibilidade: *nem todas as possibilidades são compossíveis*. Da mesma maneira, a fenomenologia seria possível como ciência, no caso de se poder mostrar que as livres combinações intersubjetivas são limitadas por um "sistema de incompossibilidades aprióricas". Husserl o afirma uma vez com muita ênfase: minha existência tem uma estrutura determina que "prescreve" (*vorschreibt*), "predetermina" (*vorzeichnet*) um universo compossível, um mundo fechado de mônadas[54].

Tal programa será realizável? Pode-se determinar outra coisa que não seja um estilo geral de coerência, ou seja, as condições gerais da coexistência dos sujeitos entre si? O próprio Husserl o reconhece: depois de ter dito, na linguagem da metafísica, que "o ser primeiro em si, que serve de fundamento a tudo aquilo que há de objetivo no mundo, é a intersubjetividade transcendental, a totalidade das mônadas que se unem em formas diferentes de comunidades e de comunhões"[55], ele declara que essa estrutura intermonádica propicia apenas um quadro de *possibilidades ideais*. Neste quadro de novo se abrem to-

---

53. § 60.
54. Cf. [168,1.8-9] (120).
55. Cf. [182,1.11-14].

das as questões da "facticidade contingente": morte, destino, possibilidade de uma vida autêntica, problema do "sentido" da história, etc. O "sistema monádico" não é, portanto, senão uma estrutura de acolhida para problemas ético-religiosos: o solo sobre o qual "deve (*muss*) ser posta toda questão suscetível de ter um sentido possível para nós"[56].

Assim, o único sistema que a fenomenologia pode conceber é sempre um sistema de compossibilidades, isto é, finalmente de possibilidades. Tal sistema deixa em aberto todas as questões últimas. É, precisamente, apenas um sistema de "sentido possível para nós".

É esta modéstia na ambição, combinada com a firmeza do projeto racional, que se exprime na noção final de "tomada de consciência universal" (*universale Selbstbesinnung*). A palavra universal relembra o projeto da filosofia como ciência, mas a palavra "tomada de consciência de si" lembra que todo conjunto de possibilidades ideais, por mais bem encadeado que seja, repousa no fim das contas sobre o poder de cada um de retornar a si mesmo na reflexão.

Vamos de novo dizer com Husserl as admiráveis palavras que concluem não apenas a V *Meditação*, mas toda a série das *Meditações cartesianas*:

> O oráculo de Delfos – *gnooti seauton* [conhece-te a ti mesmo] – ganhou novo sentido. A ciência positiva é uma ciência que se extraviou no mundo. É necessário primeiro perder o mundo pela *epochè*, para o reencontrar, em seguida, em uma tomada de consciência universal de si mesmo. *Noli foras ire* – diz Santo Agostinho –, *in te redi; in interiore homine habitat veritas*[57].

---

56. Cf. [182,1.22-24].
57. Cf. [183,1.4-8].

8
Kant e Husserl*

Este estudo tem por objetivo situar, com alguma exatidão, a oposição entre a fenomenologia de Husserl e a crítica kantiana, após os grandes trabalhos destes últimos vinte anos consagrados a Kant (e particularmente à sua metafísica) e depois de uma leitura mais completa da obra publicada e inédita de Husserl.

Eu gostaria de mostrar que essa oposição não se situa onde o pensavam os neokantianos que elaboraram a crítica das *Ideen*[1]. Tal crítica permanecia ainda tributária de uma interpretação por demais epistemológica de Kant. Mas a oposição deve ser situada, não no nível da exploração do mundo dos fenômenos, mas no nível onde Kant determina o estatuto ontológico dos próprios fenômenos.

1) Servindo-nos primeiramente de Husserl como guia, vamos discernir, por trás da epistemologia kantiana, uma *fenomenologia implícita* cujo revelador, de certo modo, será Husserl. Neste sentido, Husserl continua alguma coisa que no kantismo estava impedida e permanecia no estado embrionário, embora isto fosse necessário para sua economia geral.

2) Em contrapartida, tomando Kant como guia e levando a sério a intenção ontológica de Kant, nós nos perguntaremos

---

* Primeira publicação em *Kantstudien*, 46, 1954-1955, p. 44-67.
1. Natorp, Rickert, Kreis e Zocher.

se a fenomenologia de Husserl não representa ao mesmo tempo o pleno desabrochar de uma fenomenologia implícita em Kant e a destruição de uma problemática do ser, que tinha sua expressão no papel de limite e de fundamento da coisa em si. Podemos nos perguntar se a perda da medida ontológica do objeto enquanto fenômeno não será comum a Husserl e a seus críticos neokantianos do começo do século: aqui estaria a razão pela qual deviam situar o debate em um terreno acessório.

Seremos, portanto, levados a reinterpretar o idealismo husserliano, guiados por este sentido dos limites que talvez seja a alma da filosofia kantiana.

3) Como o processo de desontologização do objeto conduz Husserl a uma crise de sua própria filosofia, a um ponto crítico, ao qual ele mesmo deu o nome de solipsismo transcendental, vamos nos perguntar se é possível vencer essa dificuldade e ter acesso à intersubjetividade sem o socorro de uma filosofia prática de estilo kantiano. Partindo, portanto, agora dos embaraços de Husserl na constituição do *alter ego*, retornaremos uma última vez ao kantismo, para aí buscar a determinação ética e prática da pessoa.

A "Crítica" como fenomenologia implícita

Visto que Husserl deve nos servir inicialmente de guia para trazer à luz uma fenomenologia implícita do kantismo, deve-se dizer ao menos em algumas palavras quais caracteres da fenomenologia husserliana consideramos essenciais neste trabalho de revelação.

1) Insisto, em primeiro lugar, com muita força em que é necessário distinguir, em Husserl, o *método*, tal qual ele efetivamente o praticou, e a interpretação filosófica desse método, tal como a desenvolveu sobretudo em *Ideen* e nas *Meditações cartesianas*. Essa distinção ganhará todo o seu sentido quando a filosofia kantiana dos limites nos houver, por seu

8. Kant e Husserl

turno, aberto os olhos para a decisão metafísica implícita na fenomenologia husserliana.

Distinguindo o método praticado e a interpretação filosófica do método, não estou de modo algum pretendendo mandar de volta para o campo da interpretação filosófica a famosa redução fenomenológica. Isto seria reduzir a fenomenologia a uma rapsódia de experiências vividas e batizar como fenomenologia toda complacência com as curiosidades da vida humana, como acontece um sem-número de vezes. A redução é a porta estreita da fenomenologia. Mas é nesse ato mesmo que se entrecruzam uma conversão metodológica e uma decisão metafísica: portanto é nesse ato mesmo que se deve separar uma coisa da outra.

Em sua intenção estritamente metodológica, a redução é uma conversão que faz aparecer o *"para mim"* de toda posição ôntica. Mesmo que o ser seja uma coisa, um estado de coisa (*Sachverhalt*), um valor, um vivente, uma pessoa a *epochè* o "reduz" ao seu aparecer. Faz-se mister uma conversão porque o *"para mim"* se acha no princípio dissimulado pela própria posição do ente. Tal posição dissimuladora que Husserl denomina atitude natural (ou tese geral do mundo) fica, ela mesma, dissimulada para a reflexão: por isso é que é necessária uma ascese especial para romper-lhe o encanto. Sem dúvida, só se pode falar em termos negativos dessa "tese natural", visto que o seu sentido só aparece no movimento que a reduz. Dir-se-á, então, que ela não é a crença na existência, e menos ainda a intuição, pois a redução deixa intacta essa crença e revela o "ver" em toda a sua glória. É, antes, uma operação que se imiscui na intuição e na crença e faz o sujeito cativo desse ver e desse crer, a ponto de ele mesmo se omitir na posição ôntica disto ou daquilo.

Eis por que a atitude natural é uma restrição e uma limitação. Em compensação, a "redução", apesar de sua aparência negativa, é a reconquista da relação total do *ego* com seu mundo. Num estilo positivo, a "redução" vem a ser a "constituição" do mundo para e no vivido de consciência.

Quanto a isso, já dissemos o bastante para esboçar a demarcação entre o campo do método e o da doutrina, e isto só se clarificará quando a ontologia kantiana nos houver aberto os olhos para uma outra problemática diversa da redução.

O ato de redução descobre a relatividade daquilo que aparece diante da consciência operante: essa relatividade define com muita exatidão o fenômeno. De ora em diante, para a fenomenologia, tudo se dá como sentido na consciência. A fenomenologia quer ser a ciência dos fenômenos asceticamente conquistados sobre a posição do ente.

Mas toda a problemática do ser será, por isso, anulada pela redução? Para afirmá-lo, é necessário decidir que a problemática do ser se achava inteiramente contida na atitude natural, isto é, na posição de cada ente de modo absoluto, sem relação com uma consciência. É imprescindível confessar que Husserl jamais pôs esta questão em pratos limpos. Deste modo, cabe-nos o dever de reservar inteiramente a questão de saber se o surgimento do *para mim* de todas as coisas, a tematização do mundo como fenômeno, esgota toda questão que se possa ainda levantar sobre o ser daquilo que aparece. No meu modo de sentir, o método praticado por Husserl deixa intacta esta questão. E eu diria mais: a atitude natural é ao mesmo tempo a dissimulação do *aparecer para mim* do mundo e a dissimulação do *ser do aparecer*. Se a atitude natural me leva a perder-me no mundo, me deixa colado no visto, sentido, agido, seu em si é o falso em si de uma existência sem eu. Esse em si não passa de uma absolutização do ôntico, dos "istos", dos "entes". "A natureza é", eis a tese natural. Pondo um fim a esta omissão do sujeito, pondo a descoberto o para mim do mundo, a "redução" me abriu, não fechou, a verdadeira problemática do ser; pois essa problemática supõe a conquista de uma subjetividade; implica a reconquista do sujeito, o ser a quem o ser se abre.

2) A redução fenomenológica, que assim fez aparecer o fenômeno do mundo, como o sentido mesmo da consciência, é a chave que abre o acesso a uma "experiência" original: a

8. Kant e Husserl

experiência do "vivido" em seu "fluxo de consciência". As *Ideen* chamam a isto uma "percepção imanente", enquanto as *Meditações cartesianas* falam de uma "experiência transcendental" que, como toda experiência, obtém sua validade do seu caráter intuitivo, do grau de presença e de plenitude do seu objeto. A ressonância jamesiana destas palavras: "vivido" e "fluxo de consciência" não deve nos extraviar. A ênfase é fundamentalmente cartesiana. Ou seja, enquanto a percepção da coisa transcendente é sempre duvidosa, dado que se faz em um fluxo de silhuetas, de perfis que podem sempre cessar de concordar em uma unidade de sentido, o vivido de consciência *schattet sich nicht ab*; não "se apresenta de perfil"; não é percebido por faces sucessivas. A fenomenologia se assenta, portanto, sobre uma percepção absoluta, ou seja, não apenas indubitável, mas apodítica (no sentido de ser inconcebível que o seu objeto, o vivido, não seja).

Mas isto significa que a fenomenologia é um novo empirismo? Um novo fenomenismo? Aqui se faz necessário lembrar que Husserl jamais separou a redução transcendental desta outra redução que ele designa como eidética, e que consiste em apreender o fato (*Tatsache*) em sua essência (*Eidos*). O *ego* que a *epochè* revela como aquele a quem aparecem todas as coisas não deve ser descrito em sua singularidade fortuita, mas como *eidos-ego* (*Meditações cartesianas*): esta mudança de plano, obtida principalmente pelo método das variações imaginativas, faz da "experiência transcendental" uma *ciência*.

Com base nesta dupla qualidade 1) *de redução* do ente ao fenômeno e 2) *de experiência* descritiva do vivido no registro eidético, a fenomenologia de Husserl pode servir de guia para o estudo da obra de Kant. O próprio Kant nos autoriza a isto: na carta a Marcus Herz (21 de fevereiro de 1772), ele anuncia que a grande obra que ele está projetando sobre os *Limites da sensibilidade e da razão* comportará em sua parte teórica duas seções: 1) a fenomenologia em geral; 2) a metafísica considerada unicamente em sua natureza e em seu método.

Todavia, a *Crítica da razão pura* não deu a si mesma o nome de fenomenologia nem é, propriamente falando, uma fenomenologia. Por quê?

1) Esta questão vai nos permitir situar a *Crítica* em cotejo com a "redução".

Pode-se dar para isto duas razões: a primeira, que vamos encontrar na II Parte, deve-se à filosofia dos *limites* que, na *Crítica*, ocupa tanto lugar quanto a investigação do próprio domínio dos fenômenos.

Evocando no *Prefácio da* 2ª edição a "revolução" efetuada pela *Crítica* no método da metafísica, Kant declara:

> Sie ist ein Traktat von der Methode, nicht ein System der Wissenschaft selbst; aber sie verzeichnet gleichwohl den ganzen Umriss derselben, sowohl in Ansehung ihrer Grenzen, als auch den ganzen inneren Gliederbaus derselben[2]. Ela é um tratado do método, e não um sistema da ciência em si. Mas ela descreve assim mesmo toda a sua circunscrição, tanto com relação a seus limites como também no que tange à sua estrutura interna[3].

Os dois projetos da *Crítica* se acham aqui nitidamente postos: limitar o fenômeno, elucidar a sua estrutura interna. E esta segunda tarefa é que poderia ser fenomenológica.

Mas essa razão não basta: pois a elucidação da estrutura interna da fenomenalidade não é, em si mesma, realizada no estilo de uma fenomenologia. Deve-se questionar aqui a preocupação propriamente *epistemológica* da Crítica. A questão fundamental – "como são possíveis juízos sintéticos *a priori*" – impede uma verdadeira descrição do vivido: o problema *de iure*, que se fragmenta no primeiro plano na *Dedução transcendental*, arruína o projeto de compor uma verdadeira fisio-

---

2. B 22-23. Citamos Kant sempre na edição da Academia Real da Prússia, assinalada A.

3. Trad. Tremesaygues et Pacaud. Paris: PUF, p. 25. Citaremos daqui em diante esta tradução com a sigla Tr.

logia do *Gemüt*. É menos importante descrever como o espírito conhece do que *justificar* a universalidade do conhecimento pela função de síntese das categorias e finalmente pela função de unidade da apercepção transcendental. As três noções correlativas de natureza, experiência e objetividade trazem a marca dessa preocupação epistemológica. A natureza, definida (de certa maneira fenomenologicamente) como "o conjunto de todos os fenômenos", torna-se em estilo epistemológico "a natureza em geral, considerada como conformidade a leis" (*Gesetzmässigkeit*). E dado que a natureza é o correlato da experiência, a *Gesetzmässigkeit* da natureza é idêntica às *condições de possibilidade* da própria experiência. Quanto à *Crítica*, em sua tarefa epistemológica, procurará quais conceitos *a priori* possibilitam "a unidade formal da experiência" ou ainda "a forma de uma experiência em geral". Neste quadro é que se põe o problema da objetividade: ela é o valor de saber conferido ao conhecimento empírico por sua *Gesetzmässigkeit*.

Mas precisamente a *Crítica* não se fecha em uma determinação puramente epistemológica da objetividade ou, em outras palavras, em uma justificação do saber constituído (matemática, física, metafísica). A *Analítica* ultrapassa o destino da física newtoniana, e a *Estética* a da geometria euclidiana e até não euclidiana. É nesta margem pela qual a *Crítica* ultrapassa uma simples epistemologia que há chance para encontrar o esboço de uma verdadeira fenomenologia.

A revolução copernicana, sacada da hipoteca epistemológica, outra coisa não é senão a *epochè* fenomenológica. Ela constitui uma ampla redução que não vai mais somente das ciências constituída, do saber que foi bem-sucedido, para suas condições de *legitimidade*. Ela vai do conjunto do aparecer para suas condições de *constituição*. Este plano descritivo, envolvido no plano justificativo da *Crítica*, aparece todas as vezes que Kant renuncia a buscar apoiar-se em uma ciência constituída, e define diretamente aquilo que ele chama de receptividade, espontaneidade, síntese, subsunção, produção, reprodução, etc. Essas descrições embrionárias, muitas vezes mascaradas em definições, são necessárias para a própria empreitada epistemológica, pois o *a priori* que constitui as determinações formais de todo saber se radica, ele mesmo, em atos, operações, funções cuja descrição vai muito além do estrito domínio das ciências. Pode-se dizer, então, que a *Crítica* envolve uma "experiência transcendental"?

2) Essa experiência transcendental, que se abre ao fenomenólogo além do limiar da redução fenomenológica, parece à primeira vista totalmente estranha à índole do kantismo. Até a ideia de uma "experiência" do *cogito* não será, para um kantiano, uma espécie de monstro? Observar e descrever o *cogito* não será o mesmo que tratá-lo como um fenômeno e, portanto, como um objeto na natureza e não mais como a condição de possibilidade dos fenômenos? A combinação da redução transcendental e da redução eidética não afastará de maneira ainda mais decisiva de Kant, por uma mistura suspeita de psicologismo (o "vivido") e de platonismo (o *eidos-ego*)? Não se deveria aqui lembrar que o "eu penso" da apercepção originária não é de maneira alguma o eu apreendido em seu *eidos* e se reduz à função de unidade que suporta a operação de síntese do conhecimento? Como poderia então a "experiência transcendental" escapar deste dilema: ou tenho "consciência" do *Eu penso*, mas não se trata de um conhecimento; ou então "eu conheço" o eu, mas se trata de um fenômeno da natureza? É efetivamente neste terreno que se moviam os críticos neokantianos de Husserl.

Importa reconhecer que é difícil para a *Crítica* abrir caminho fora desse dilema que é puramente do plano epistemológico. Ou seja, o "Eu penso" e o "eu fenômeno" são definidos em termos de conhecimento objetivo. Mas Kant foge, de fato, desse dilema todas as vezes que procede a uma inspecção direta do *Gemüt*. O próprio termo *Gemüt*, tão enigmático, designa o "campo de experiência transcendental" tematizado por Husserl. Ele não é de modo algum o "Eu penso", fiador epistemológico da unidade da experiência, mas aquilo que Husserl chama de *ego cogito cogitata*. Em suma, é o próprio tema da fenomenologia kantiana, o tema que a "revolução copernicana" traz à luz. Quando não se reduz à *quaestio iuric*,

8. Kant e Husserl

à axiomatização da física newtoniana, essa revolução nada mais é que a redução dos entes ao seu aparecer no *Gemüt*.

Tendo como guia uma experiência transcendental do *Gemüt*, é possível resgatar os lineamentos de uma fenomenologia kantiana.

A *Estética transcendental* é sem dúvida a parte menos fenomenológica de sua *Crítica*. A descrição da espacialidade dos fenômenos – a única empreendida por Kant, porque ela diz respeito às matemáticas – fica esmagada entre por um lado a preocupação epistemológica de justificar, mediante o conceito de intuição pura, os juízos sintéticos *a priori* da geometria[4] e a construtibilidade característica do raciocínio matemático[5] e, pelo outro, a preocupação ontológica de situar exatamente o ser do espaço[6].

No entanto, uma fenomenologia da espacialidade está implícita uma vez que o espaço está relacionado com a *subjektiven Beschaffenheit unseres Gemüts*[7] ("com a constituição subjetiva da nossa mente"). Somente essa fenomenologia pode estabelecer que a noção puramente epistemológica de intuição *a priori* coincida com aquela de uma "forma com sede no sujeito". Kant é levado a descrever o espaço como a maneira pela qual um sujeito se dispõe a receber um algo antes da aparição de alguma coisa: "possibilitar uma intuição exterior" é uma determinação fenomenológica bem mais ampla que "possibilitar os juízos sintéticos *a priori* da geometria". A possibilidade não é mais da ordem da legitimação, mas da constituição, da *Beschaffenheit unseres Gemüts*.

A *Estética transcendental* continua sendo, entretanto, muito decepcionante pelo seu caráter não só embrionário,

---

4. Cf. "A exposição transcendental" A 25, Tr. 68.
5. "Teoria transcendental do método", A 712s., Tr. 567s.
6. A pergunta inicial é de ordem ontológica: *Was sind nun Raum und Zeit? Sind es wirklich Wesen? usw.*(A 23); "Mas o que são o espaço e o tempo? São entes reais"? (Tr 65-66).
7. A 23.

mas também estático. Espaço e tempo não são considerados no movimento da experiência total, mas como uma camada preliminar, acabada e inerte. Isto se compreende ainda pelo peso da epistemologia: para o geômetra, a espacialidade não é uma etapa na constituição da "coisa"; sua determinação como intuição pura deve encerrar-se em si mesma, para assegurar a total autonomia das matemáticas.

Mas assim que começa a pisar o terreno fenomenológico e relaciona o espaço com a possibilidade de ser afetado por alguma coisa, Kant se vê arrastado no próprio movimento de uma constituição dinâmica da experiência da coisidade. De repente, a justaposição provisória do espaço e do tempo é questionada: o espaço tem de ser "percorrido" em momentos temporais, "retido" em uma imagem total e "reconhecido" como um sentido idêntico[8]. A esquematização acentua ainda mais o caráter dinâmico da própria constituição espacial[9]. Essa recuperação do espaço pelo tempo ("o tempo é uma representação necessária que serve de fundamento para todas as intuições") assinala a vitória da fenomenologia sobre a epistemologia.

Muito mais, à medida que nos afastamos da preocupação em axiomatizar a geometria, tudo aquilo que parecia claro na ordem epistemológica se torna obscuro na ordem fenomenológica. Se o espaço é de nível sensível, não pensamos ainda nada nele, nós nos dispomos somente a receber alguma coisa. Mas nos achamos então abaixo de toda síntese, e é necessário dizer que esta forma (epistemológica) é um diverso (fenomenológico)[10]. Kabt chega ao ponto de entrever que o espaço diz respeito ao estatuto de um ser dependente *seinem Dasein sowohl als seiner Anschauung nach (die sein Dasein in Beziehung auf gegebene Objekte bestimmt)*[11] "quanto

---

8. A 95s.; Tr. 125s.
9. A 137s.; Tr. 175s.
10. A 76-77; Tr. 109.
11. B 72.

8. Kant e Husserl

à sua existência e quanto à sua intuição (intuição esta que determina sua existência com relação a objetos dados)"[12].

Ele identifica ao mesmo tempo o espaço – ou propriedade formal de um corpo afetado por objetos ou de receber uma representação imediata das coisas – com a própria intencionalidade da consciência. É o próprio movimento da consciência para uma coisa, considerada como possibilidade de exibir, de discriminar, de pluralizar uma impressão qualquer.

Portanto, a fenomenologia mais explícita da *Analítica* é que dissipa a falsa clareza da *Estética*, tão fracamente fenomenológica.

A fenomenologia da *Analítica* se destaca de modo evidente caso nos sujeitemos a começar a leitura pelo fim, remontando da teoria transcendental do juízo (ou *Analítica dos princípios*) para a teoria transcendental do conceito e detendo-nos nas *Analogias da experiência*, antes de mergulharmos no difícil capítulo do *Esquematismo* (isto por razões que diremos mais adiante). É natural que a fenomenologia de Kant seja prioritariamente uma fenomenologia do juízo. Pois esta é o que há de mais apropriado para oferecer uma propedêutica à epistemologia. É natural, ao contrário, que a fenomenologia de Husserl seja preferencialmente uma fenomenologia da percepção. Esta é a mais apropriada para ilustrar uma preocupação de evidência, de originariedade e de presença, mesmo que as *Logische Untersuchungen* comecem pelo juízo e o lugar do juízo fique marcado nas estratificações do vivido, no nível das sínteses fundadas. (Veremos, na II Parte, que há outras razões para explicar essa diferença de ênfase e de preferência na descrição, entre Kant e Husserl). Em todos os casos, a diferença do *tema* descritivo não deve nos mascarar o parentesco do *método* de análise.

Portanto, se abordamos a *Analítica* pelo fim, pelas *Analogias da experiência*, vemos desenvolver-se uma ampla análise do juízo, como ato que subsume percepções debaixo

---

12. Tr 89.

de regras de intelectualidade. Kant epistemologista considera essa operação como simples "aplicação" das regras do entendimento previamente constituídas. Mas o peso da descrição vai arrastar a análise em outra direção: a subsunção se revela como sendo uma verdadeira constituição da experiência enquanto experiência compreendida, julgada e expressa no nível predicativo.

Os *Princípios* que, do ponto de vista epistemológico são os axiomas de uma física pura, os primeiros juízos sintéticos *a priori* de uma ciência da natureza, suscitam uma admirável descrição da constituição da *Dinglichkeit*: além dos princípios de permanência, de produção e de reciprocidade, é tematizada a intelectualidade do percebido. E, coisa admirável, bem antes de Husserl, Kant ligou as estruturas da *Dinglichkeit* às estruturas da temporalidade. As maneiras diferentes como a experiência é "ligada" são também as maneiras diferentes como o tempo se estrutura intelectualmente. A segunda analogia em particular oculta uma verdadeira fenomenologia do acontecimento, que responde à questão: que significa "acontecer"? É sobre o objeto no mundo que o fenomenólogo elabora a noção de uma sucessão regrada. Em linguagem husserliana se dirá que as *Analogias da experiência* desenvolvem o lado noemático do vivido no juízo de experiência. Elas consideram o juízo do lado do "julgado" terminando no objeto (O capítulo precedente, sobre o *Esquematismo*, gira ao contrário em torno da análise noética do "acontecimento" e reflete sobre a própria *operação* da ligação, como "poder sintético da imaginação"[13]. A este ponto voltaremos mais abaixo).

Caso se considere que este Capítulo II da doutrina do Juízo, cujo coração é a teoria das *Analogias da experiência*, mostra a face noemática do juízo de experiência, compreende-se que essa análise noemática se encerra nos *Postulados do pensamento empírico em geral*[14]. Estes, com efeito, não acrescentam nenhuma determinação nova ao objeto, mas te-

---

13. B 233.
14. A 218s; Tr. 232s.

8. Kant e Husserl

matizam a sua existência segundo as modalidades do real, do possível e do necessário. Mas o que significam esses postulados? Simplesmente põem a correlação fundamental da existência das coisas e da sua perceptibilidade: *wo also Wahrnehmung und deren Anhang nach empirischen Gesetzen hinreicht, dahin reicht auch unsere Erkenntnis vom Dasein der Dinge*[15]. "Em toda a parte, portanto, onde se estendem a percepção e aquilo que dela depende, em virtude das leis empíricas, aí também se estende o nosso conhecimento da existência das coisas"[16]. A espacialidade nos havia fornecido o *estilo* da intencionalidade como abertura ao aparecer. Quanto ao postulado do pensamento empírico, determina a *efetividade* da intencionalidade, como presença percebida da coisa que aparece.

Portanto, não é sem motivo que Kant inseriu à margem deste lugar, na 2ª edição, a *Refutação do idealismo*[17], que é uma definição, ainda em estado incipiente, da intencionalidade: *das blosse, aber empirisch bestimmte, Bewusstsein meines eigenen Daseins beweist das Dasein der Gegenstände im Raum ausser mir*[18]. Tradução: "a consciência simples, mas empiricamente determinada, de minha própria existência, prova a existência dos objetos no espaço fora de mim"[19]. A correlação entre o "Eu sou" e o "existe alguma coisa" é, com efeito, a própria intencionalidade.

Mas se o capítulo II da *Doutrina transcendental do juízo* desenvolve a face noemática do juízo de existência, o Capítulo I, consagrado ao esquematismo, é a sua face noética. E por isso é tão obscuro, antecipando sem cessar, por via reflexiva, as *Analogias da experiência* que mostram a operação do juízo acerca do objeto. Seria sempre necessário ler este capítulo

---

15. A 226.
16. Tr. 237.
17. B 274s.
18. B 275.
19. Tr. 238.

depois do seguinte e retornar a ele por um movimento reflexivo que resgate "no" *Gemüt* aquilo que foi mostrado "acerca do" objeto. É o caráter antecipatório desse capítulo que explica a brevidade de Kant na elaboração dos esquemas, mas essas cerca de cem linhas[20] são por assim dizer a face subjetiva da imensa análise noemática do capítulo seguinte.

Se for considerada deste modo, a teoria do esquematismo se aproxima muito daquilo que Husserl denomina a autoconstituição ou a constituição de si na temporalidade. Compreende-se que o próprio Kant tenha ficado admirado com esta *verborgene Kunst in den Tiefen der menschilichen Seele, deren wahre Handgriffe wir der Natur schwerlich jemals abraten und sie unverdeckt vor Augen legen werden*[21], "uma arte oculta nas profundezas do ser humano"[22]. Jamais Kant se mostrou mais livre quanto a suas preocupações epistemológicas; jamais ao mesmo tempo esteve mais perto de descobrir o tempo originário da consciência para lá do tempo constituído (ou do tempo como representação segundo a *Estética transcendental*). O tempo do esquematismo está na sutura da receptividade e da espontaneidade, do diverso e da unidade. Ele é meu poder de ordenar e a ameaça de me escapar sempre e de me desfazer; é de forma indivisa a racionalidade possível da ordem e a irracionalidade sempre renascente do vivido. Ele olha para a afecção, da qual é o fluxo puro, e para a intelectualidade, visto que os esquemas lhe figuram a estruturação possível quanto à "série", quanto ao "conteúdo" e à "ordem"[23].

Se acompanharmos até o fim esta fenomenologia do *Gemüt*, faz-se necessário aproximar dessa análise noética da própria *operação* do juízo aquilo que Kant, diversas vezes, é levado a dizer da existência da consciência. Se a análise noemática tem seu ponto culminante nos *Postulados do pensa-*

---

20. A 144-147; Tr. 179-182.
21. A 141.
22. Tr. 178.
23. A 145.

8. Kant e Husserl

mento empírico que coordenam a existência das coisas à sua perceptibilidade, a análise noética vai culminar na autodeterminação do *Eu existo*. Mas sobre este tema só se encontram notas esparsas de Kant na *Crítica*. Aqui, com efeito, a fenomenologia implícita esbarra nas resistências mais consideráveis no próprio interior do kantismo. Toda a concepção epistemológica da objetividade tende a fazer do "Eu penso" uma função dessa objetividade e impõe a alternativa que evocávamos no começo: ou tenho "consciência" do *Eu penso*, mas não o "conheço"; ou então "conheço" o eu, mas ele é um fenômeno na natureza. Por isso a descrição fenomenológica tende à descoberta de um sujeito concreto que não tem lugar sustentável no sistema. No entanto, é dele que Kant se aproxima todas as vezes que se aproxima também do tempo originário operando no juízo mediante a esquematização. Dele também se aproxima quando determina a existência das coisas como correlativa da minha existência. Então declara:

236

> Ich bin mir meines Daseins als in der Zeit bestimmt bewusst[24] [...] folglich ist die Bestimmung meines Daseins in der Zeit nur durch die Existenz wirklicher Dinge, die ich ausser mir wahrnehme, möglich[25].

> Estou consciente de minha existência como determinada no tempo [...] por conseguinte, a determinação de minha existência no tempo não é possível a não ser pela existência das coisas reais que percebo fora de mim[26].

Igualmente a nota do *Prefácio da 2ª edição*[27]. Era uma imensa dificuldade tematizar uma existência que não fosse a categoria de existência, ou seja, uma estrutura da objetividade. Ela é encarada pela primeira vez no § 25 da 2ª edição (uma existência que não é um fenômeno). A nota que Kant lhe acres-

---

24. B 275.
25. B 275-276.
26. Tr. 238.
27. B XL; Tr. 34-36.

centa[28] propõe como tarefa apreender a existência no ato do *Eu penso*, que determina essa existência, portanto antes da intuição temporal de mim mesmo, que eleva minha existência ao nível de um fenômeno psicológico[29]. A dificuldade é enorme, sobretudo quando se considera que o *Eu penso* não passa ao ato senão por ocasião de um diverso que ele determina logicamente. É conhecido, sobretudo, o famoso texto, na crítica da *Psicologia racional*, onde o "Eu penso" é considerado como uma proposição empírica que encerra a proposição eu existo. Kant tenta resolver o problema no quadro da sua epistemologia ligando a existência a uma "intuição empírica indeterminada", anterior a toda experiência organizada. E isto lhe permite dizer: *die Existenz ist hier noch keine Kategorie*[30], ou seja, "a existência, aqui, não é ainda uma categoria"[31].

Essa existência extracategoria não será a própria subjetividade sem a qual o "Eu penso" não mereceria o título de primeira pessoa? Não estará ela em ligação com aquele tempo originário que a *Analítica* traz à luz além do tempo-representação da *Estética*?

Em suma, não será ela a existência do *Gemüt* – do *Gemüt* que não é nem o Eu penso como princípio da possibilidade das categorias, nem o eu-fenômeno da ciência psicológica – do *Gemüt* que se oferece à experiência transcendental mediante a redução fenomenológica?

A "Crítica" como inspecção dos limites

Nosso primeiro grupo de análises repousava sobre uma limitação provisória: admitimos então que se podia distinguir, em Husserl, o método efetivamente praticado, da interpreta-

---

28. B 158; Tr. 158.
29. B 157.
30. B 423.
31. Tr. 357.

8. Kant e Husserl

ção filosófica que o autor com ele mistura constantemente, sobretudo nas obras editadas. Essa fenomenologia efetiva nos serviu de revelador para uma fenomenologia implícita na *Crítica*. Portanto, não se descobre o parentesco entre Kant e Husserl a não ser ao preço de uma abstração legítima, mas precária, praticada sobre a intenção total tanto de uma como da outra obra.

Mas a crítica é, precisamente falando, outra coisa. Não é uma fenomenologia, não só pela sua preocupação epistemológica, mas pela sua intenção ontológica. Aqui, a *Crítica* é mais do que uma simples investigação da "estrutura interna" do conhecimento, mas ainda uma investigação de seus limites. O enraizamento do conhecer dos fenômenos no pensamento do ser, não conversível em saber, confere à *Crítica* de Kant a sua dimensão propriamente ontológica. Destruir essa tensão entre o conhecer e o pensar, entre o fenômeno e o ser, significa destruir o próprio kantismo.

Pode-se então perguntar se a fenomenologia de Husserl, que serviu de guia e de revelador para uma fenomenologia descritiva do kantismo, não deve ser considerada por sua vez do ponto de vista da ontologia kantiana. Talvez a interpretação filosófica que se mistura com a *epochè* transcendental tome parte na destruição da ontologia kantiana e consagre a *perda* do *Denken* no *Erkennen* e assim reduza a filosofia a uma fenomenologia sem ontologia.

Vamos primeiro tomar de novo consciência da função exercida em Kant pela posição do em si em relação à inspecção dos fenômenos.

É impossível conhecer o ser. Mas esse tipo de impossibilidade, que estabelece um gênero de decepção no coração do kantismo, é em si essencial para a significação última do fenômeno. Trata-se de uma impossibilidade de certo modo ativa, e até positiva: através dessa impossibilidade do conhecer acerca do ser, o *Denken* põe ainda o ser como aquilo que *limita* as pretensões do fenômeno a constituir a realidade última.

Deste modo o *Denken* confere à fenomenologia a sua medida ou a sua avaliação ontológica.

Pode-se acompanhar, através da *Crítica*, esta conexão entre uma *decepção* (quanto ao conhecer) e um ato positivo de *limitação*.

A partir da *Estética transcendental*, onde a intenção ontológica está constantemente presente, Kant estabelece que a intuição *a priori* se determina por contraste com uma intuição criadora que não temos. A importantíssima nota de Kant sobre o *intuitus originarius*, no fim da *Estética*, é clara: o *Gegen-stand* se posta diante de mim enquanto não é o *Ent-stand*, aquele que surgiria da sua própria intuição[32]. Mas essa decepção metafísica é desde o começo incorporada à determinação do próprio sentido do espaço e do tempo e introduz um toque negativo a cada página da *Estética*: "toda intuição nossa não é senão a representação do fenômeno; as coisas que intuímos não são em si mesmas tais quais as intuímos". A carência de ser do fenômeno lhe é de certa forma incorporada. Mas esse defeito é em si mesmo o inverso de um ato positivo do *Denken* que, na *Estética*, assume a forma fantástica de uma suposição: a suposição da destruição da nossa intuição: "*Gehen wir von der subjektiven Bedingung ab [...] so bedeutet die Vorstellung vom Raume gar nichts*"[33]. Igualmente, um pouco mais adiante para o tempo[34]. Esse nada possível faz parte da noção de idealidade transcendental: o es-

---

32. A carta a Markus Herz, de 21 de fevereiro de 1772, punha já o problema da *Vorstellung* com referência a essa possibilidade estranha de uma Intuição geradora do seu objeto.

33. A 26. Igualmente mais adiante: "*Wenn aber Ich selbst, oder ein ander Wesen mich, ohne diese Bedingung der Sinnlichkeit, anschauen könnte, so würden eben dieselben Bestimmungen, die wir uns jetzt als Veränderung vorstellen eines Erkenntnis geben, in welcher die Vorstellung der Zeit, mithin auch der Veränderung gar nicht vorkäme [...]*" (A 37).
"*Wenn man vor ihr die besondere Bedingung unserer Sinnlichkeit wegnimmt, so verschwindet auch der Begriff der Zeit*" (A 37).

34. A 37; Tr. 75-76.

paço não é *nada* fora da condição subjetiva[35]. Essa imaginação fantástica exprime o positivo desse negativo: nossa falta de intuição originária. Esse positivo é o *Denken*, irredutível ao nosso ser-afetado, irredutível por conseguinte, essa "dependência" do homem *seinem Dasein sowohl als seiner Anschauung nach*[36] ("quanto à sua existência e à sua intuição"[37]) que o final da *Estética* evoca. É o *Denken* que põe o limite[38].

Não é o conhecimento fenomenal que limita o uso das categorias à experiência, é a posição do ser pelo *Denken* que limita a pretensão do conhecer ao absoluto: conhecimento, finitude e morte estão assim ligados por um pacto indissolúvel que só é reconhecido pelo próprio ato do *Denken* que escapa a essa condição e a considera de certo modo de fora.

Não seria difícil mostrar que essa suposição do nada do nosso conhecimento sensível esclarece a afirmação constante de Kant que a filosofia transcendental se mantém na linha divisória que separa "duas faces" do fenômeno[39], em si e para nós. "*Denn, das was uns notwendig über die Grenze der Erfahrung und aller Erscheinungen hinausgehen treibt, ist das Unbedingte, usw*"[40]: "Pois aquilo que nos leva a sair necessariamente dos limites da experiência e de todos os fenômenos é o incondicionado". E o incondicionado nos autoriza a falar das coisas *sofern wir sie nicht kennen*[41], "enquanto não as conhecemos"[42].

---

35. A 28; Tr. 70.
36. B 72.
37. Tr. 89.
38. "*Aber diese Erkenntnisquellen a priori bestimmen sich eben dadurch (dass sie bloss Bedingungen der Sinnlichkeit sind) ihre Grenzen, nämlich, das sie bloss auf Gegenstände gehen sofern sie als Erscheinungen betrachtet werden, nicht aber Dinge na sich selbst darstellen*" (A 39).
39. A 38.
40. B XX.
41. Ibid.
42. Tr. 24.

Essa função limitante do em si encontra uma brilhante confirmação na *Analítica transcendental*, pois ela completa o sentido da "natureza". Marcando o lugar vazio de uma impossível ciência da criação, ela preserva o conhecer dos fenômenos da natureza de se fechar em um naturalismo dogmático. Essa função limitante do em si encontra a sua expressão mais completa no capítulo sobre a *Distinção de todos os objetos em fenômenos e noúenos*. O conceito do em si, embora "problemático" (do ponto de vista do conhecer; mas problemático não quer dizer duvidoso, mas não contraditório), é necessário "*um die sinnliche Anschauung nicht bis über die Dinge an sich selbst auszudehnen*"[43]; "para não se estender a intuição até as coisas em si"[44]. Mais claramente ainda: "*Der Begriff eines Noumenon ist also bloss ein Grenzbegriff, um die Anmassung der Sinnlichkeit einzuschränken, und also nur von negativen Gebrauche*"[45]. "O conceito de um noumeno é, pois, simplesmente um conceito limitativo que tem por fim restringir as pretensões da sensibilidade"[46]. Haveria, portanto, uma espécie de *hybris* da sensibilidade. Não, é verdade, da sensibilidade como tal, mas do *uso* empírico do entendimento, da *práxis* positiva e positivista do entendimento.

Esta noção do uso das categorias é capital. Kant a distingue expressamente do próprio sentido das categorias[47]. Essa distinção esclarece bem aquilo que Kant entende pela presunção da sensibilidade. Kant não diz outra coisa ao mostrar, pelo jogo da ilusão transcendental e pela sanção do fracasso (paralogismo e antinomias), a vaidade dessa pretensão. Não é a

---

43. A 254.
44. Tr. 265.
45. A 255.
46. Tr. 265.
47. A 147, A 248; Tr. 181 e 259.

8. Kant e Husserl

razão que fracassa na *Dialética transcendental*, é ainda a sensibilidade na sua pretensão de se aplicar a coisas em si[48].

Se cremos poder servir-nos dessa doutrina kantiana como de um guia para interpretar a filosofia implícita de Husserl, devemos nos assegurar de que Kant foi bem-sucedido ao combinar essa função de limitação com o idealismo de sua teoria da objetividade, tal como ela se depreende da *Dedução transcendental*. A objetividade não se reduz à síntese imposta ao diverso da sensibilidade pela apercepção mediante categorias? Se essa concepção da objetividade, como *obra* da subjetividade transcendental, é precisamente o centro da *Dedução transcendental*, como é que ela pode se articular com outra significação do objeto como em si? Às vezes parece, com efeito, que a palavra objeto não pode designar senão "o conjunto de minhas representações" e que a estrutura intelectual da experiência basta para destacar minhas representações de mim e contrapô-las a mim como um face a face (conhece-se o exemplo da casa percorrida, apreendida e reconhecida)[49]. Neste sentido, o objeto não é senão a *Erscheinung im Gegenverhältnis mit den Vorstellungen der Apprehension*[50], "o fenômeno, por oposição às representações da apreensão"[51]. A causalidade em particular, distinguindo a sucessão no objeto da sucessão das representações, *sofern man sich ihrer bewusst ist* (A 189: "enquanto se tem consciência delas" Tr. 213), consolida o objeto de minhas próprias representações em contrapolo da consciência. E é possível falar de verdade, isto é, de acordo da representação com o seu objeto, visto que, por este processo de *objetivação* das representa-

---

48. "Der Verstand begrenzt demnach die Sinnlichkeit, ohne darum sein eigenes Feld zu erweitern, und, indem er jene warnt, dass sie nicht anmasse, auf Dinge an sich selbst zu gehen, sondern lediglich auf Erscheinungen, so denkt er sich selbst einen Gegenstand an sich selbst, aber nur als transzendentales Objekt [...]" (A 288).
49. A 190-191; Tr. 213-214.
50. A 191.
51. Tr. 214.

ções, há precisamente *das davon unterschiedene Objekt derselben* (A 191; "o objeto da apreensão distinto dessas representações" Tr. 214). Essa constituição do objeto *na* consciência, como *face a face* da consciência, não anunciará efetivamente Husserl?

No entanto, Kant não duvida que aquilo que põe o objeto radicalmente fora é a coisa em si. A visada do fenômeno para além dele mesmo é o objeto não empírico, o **X** transcendental. É por isso que Kant equilibra os textos ou a objetividade nasce da distância entre *minhas* representações e o fenômeno por outros onde os fenômenos permanecem *nur Vorstellungen, die wiederum ihren Gegenstand haben* (A 109; "representações que, por sua vez, têm seu objeto" Tr. 143). O objeto transcendental *ist das, was in allen unsern empirischen Begriffen überhaupt Beziehung auf einen Gegenstand, d. i. Objektive Realität verschaften kann* (A 109; "aquilo que pode proporcionar a todos os nossos conceitos empíricos em geral uma relação a um objeto, isto é, uma realidade objetiva" Tr. 143).

Assim a função realista da intencionalidade (o objeto **X** como "o correlativo da unidade da apercepção") perpassa de ponta a ponta a função idealista da objetivação de minhas representações.

Como isso é possível? A chave do problema é a distinção, fundamental em Kant, mas totalmente desconhecida em Husserl, entre a *intenção* e a *intuição*: Kant dissocia radicalmente a relação a uma coisa... e a visão de alguma coisa. O *Etwas* = **X** é uma intenção sem intuição. É essa distinção que fica subentendida na distinção entre o pensar e o conhecer. Ela mantém não apenas a tensão entre eles, mas também o acordo.

Kant não justapôs as duas interpretações da objetividade, ele estabeleceu a sua reciprocidade. Por isso a relação ao objeto = **X** é uma intenção sem intuição que ele remete à objetividade como unificação de um diverso. Deste modo, a relação ao objeto não será outra coisa senão "a unidade necessária da consciência, por consequência também da síntese do diver-

8. Kant e Husserl 275

so"[52]. A objetividade procedente da objetivação e a objetividade prévia a essa objetivação remetem, portanto, uma à outra[53]. A idealidade transcendental do objeto remete ao realismo da coisa em si e este remete àquela. O prefácio da segunda edição diz a mesma coisa quando afirma a implicação mútua do condicionado e do incondicionado[54].

Esta estrutura do kantismo não tem correspondente na fenomenologia husserliana. Tal como os neokantianos, Husserl perdeu a medida ontológica do fenômeno e simultaneamente perdeu a possibilidade de uma meditação sobre os limites e o fundamento da fenomenalidade. Por isso a fenomenologia não é uma "Crítica", ou seja, uma inspecção dos limites do seu próprio campo de experiência.

Temos aqui o guia verdadeiro para discernir na redução fenomenológica a simples conversão metodológica, cujas implicações vimos na I Parte, e a decisão metafísica que se mistura com ela. A segunda das *Meditações cartesianas* mostra claramente esse deslizamento sub-reptício de um ato de abstenção para um ato de negação. Quando me abstenho (*mich nthalten*) de pôr o mundo como absoluto, eu o conquisto como mundo-percebido-na vida reflexiva; numa palavra, eu o ganho como fenômeno. E Husserl pode então, legitimamente, dizer que "o mundo não é para mim senão aquilo que existe e vale para minha consciência e em tal *cogito*". Mas eis que Husserl afirma dogmaticamente que o mundo "encontra em mim e aufere de mim o seu sentido e a sua validade: *Ihren ganzen, ihren universalen und speziellen Sinn und ihre Seinsgeltung hat sie ausschliesslich aus solchen cogitatio-

241

---

52. A 109; Tr. 143. *"Es ist aber klar, dass, da wir es nur mit dem Mannigfaltigen unserer Vorstellungen zu tun haben, und jenes X, was ihnen korrespondiert (der Gegenstand), weil er etwas von allen unseren Vorstellungen Unterschiedenes sein soll, für uns nichts anderes sein könne, als die formale Einheit des Bewusstseins in der Synthesis des Mannigfaltigen der Vorstellungen"* (A 105).

53. A 250-251; Tr. 260-262.

54. B XX; Tr. 24.

nes"⁵⁵. "Seu sentido total, ao mesmo tempo universal e especial, e sua validade ontológica, o mundo os aufere exclusivamente dessas *cogitationes*". Ingarden já levantara reservas sobre tais expressões que, diz ele, antecipam o resultado da constituição, *da darin eine metaphysische Entscheidung enthalten ist, eine Entscheidung, die einer kategorischen These über etwas, was selbst kein Element der transzendentalen Subjektivität ist, gleicht*⁵⁶:

> Pois essas expressões envolvem uma decisão metafísica, uma decisão que se pode assimilar a uma tese categórica referente a uma coisa que não é propriamente um elemento da subjetividade transcendental.

A razão profunda para isso é que Husserl confundiu a problemática do ser com a posição ingênua dos "entes" na atitude natural. Mas essa posição ingênua não é senão a omissão da relação dos entes com nós mesmos e é tributária daquela *Anmassung* da sensibilidade de que fala Kant. Por isso não se acha em Husserl aquele entrelaçamento de duas significações da objetividade que encontrávamos em Kant, uma objetividade *constituída* "em" nós e uma objetividade *fundadora* "do" fenômeno. Eis por que este mundo que é "para" mim quanto ao seu *sentido* (e "em" mim no sentido intencional do "em") é também "de" mim quanto à sua *Seinsgeltung*, sua "validade ontológica". Sendo assim, também a *epochè* é a medida do ser e não pode ser medida por coisa alguma. Ela pode apenas se radicalizar a si mesma; mas ela não pode ser perpassada por nenhuma posição absoluta que, à maneira do Bem em Platão, *daria* ao sujeito ver e *daria* algo de absoluto a ver.

Eu gostaria agora de mostrar que essa metafísica implícita da não metafísica explica certos traços da própria descrição husserliana, não a fidelidade nem a submissão do olhar "às coisas mesmas" (esta censura arruinaria pura e simples-

---

55. *Cartesianische Meditationen, Husserliana* I, p. 60. Da mesma forma, mais adiante, uma frase semelhante, p. 65.1.11-16.
56. "Bemerkungen von Prof. Roman Ingarden", Apêndice às *Husserliana* I, p. 208-210.

8. Kant e Husserl

mente a fenomenologia), mas as preferências que orientam o olhar para certos estratos constitutivos do vivido *ao invés de* para outros.

1) É em primeiro lugar a função da *Razão* que difere profundamente de Kant para Husserl: em Kant, a razão é o próprio *Denken* refletindo sobre o "sentido" das categorias fora do seu "uso" empírico. Sabe-se que esta reflexão é ao mesmo tempo uma crítica da ilusão transcendental e a justificação das "ideias" da razão. Mas Husserl emprega a palavra razão, geralmente associada às palavras realidade e verdade, em um sentido totalmente diverso: é problema de razão[57] toda apreciação das pretensões do vivido a significar algo de real. Ora, essa apreciação de validade consiste em mensurar cada tipo de significação (o percebido como tal, o imaginário, o julgado, o querido, o sentido como tais) à evidência originária do tipo correspondente.

O problema da razão não é em absoluto orientado para uma investigação de alguma visada sem visão, de alguma intenção sem intuição que daria ao fenômeno um além dele mesmo[58]. Muito pelo contrário, a razão tem como tarefa autenticar o fenômeno como tal pela sua própria plenitude.

Sendo assim, a fenomenologia da razão vai se desenvolver toda em cima da noção de evidência originária (seja esta evidência perceptiva, categorial ou outra). É, portanto, justamente uma crítica que a fenomenologia desenvolve aqui, ao

---

57. *Ideen* I, seção IV.

58. O parágrafo 128 de *Ideen* I parece, à primeira vista, ir neste sentido. Husserl, observando que é o *mesmo* objeto que sem cessar se dá *outramente*, chama o objeto de "o **X** de suas determinações". Muito mais, ele se propõe a elucidar como o noema "visado como tal" pode ter uma relação com uma objetividade (*Husserliana*, III, p. 315): *Jedes Noema hat einen Inhalt, nämlich seinen Sinn, und bezieht sich durch ihn auf seinen Gegenstand* (316). Mas depois deste exórdio de estilo kantiano, a análise se volta para um tema especificamente husserliano: a visada nova do noema para seu objeto, que parecia remeter a um além do "sentido", designa o grau de plenitude, o modo de "preenchimento" do sentido pela intuição (§ 135s.).

invés daquela de Kant. Com efeito, ela faz mais que descrever em um estilo espetacular, ela mede toda pretensão pelo ver. Sua virtude não é mais apenas descritiva, mas corretiva. Toda significação vazia (por ex. a significação simbólica cuja lei de formação se perdeu) é *remetida* para a presença da realidade, tal qual apareceria se ela mesma se mostrasse, na sua *Leiblichkeit*, em carne e osso. A razão é o movimento que remete do "modificado" para o "originário".

Assim a fenomenologia se tornou crítica, mas em sentido inverso do de Kant: em Kant, a intuição remetia ao *Denken* que a limitava; em Husserl, o "simplesmente pensar" remete à evidência que o *preenche*. O problema da plenitude (*Fülle*) substituiu o do limite (*Grenze*). Ao definir a verdade pela evidência e a realidade pelo originário, Husserl já não encontra nenhuma problemática do em si. Kant estava preocupado em não se deixar confinar no fenômeno, enquanto Husserl está preocupado em não se deixar enganar por pensamentos não efetuados. Seu problema deixa de ser o de fundação ontológica, e é agora o de autenticidade do vivido.

2) Mas essa crítica de autenticidade deveria levar Husserl de redução em redução e, em primeiro lugar, a uma redução da própria evidência. Toda filosofia do ver, da imediatidade, ameaça retornar ao realismo ingênuo. E a de Husserl mais que qualquer outra, na medida em que ele insiste sobre a presença "em carne e osso" da coisa *mesma*. E este perigo, Husserl jamais terminou de conjurá-lo. Quanto mais ele insiste sobre o *remeter* do pensado ao originariamente evidente, tanto mais deve compensar os perigos latentes desse intuicionismo, radicalizando sempre mais a interpretação idealista da constituição.

Nessa tarefa se empenham a III *Meditação* e os inéditos do período final. Esses escritos tendem a reduzir a discordância sempre renascente entre a exigência idealista da constituição – que faz do objeto uma unidade de sentido puramente ideal – e a exigência intuicionista da razão. Impõe-se, então, praticar sobre a própria evidência a redução do aprendido e

8. Kant e Husserl

do adquirido: despojada de toda a parte de evidência antiga, sedimentada e abolida, a evidência fica reduzida ao presente vivo (*die lebendige Gegenwart*) da consciência. Aqui se vê outra vez um novo efeito dessa "decisão metafísica" que há pouco discerníamos na redução husserliana: toda presença continua sendo um enigma para a descrição, por este "acréscimo" (*Zusatz*) que aporta com relação à minha expectativa e às minhas antecipações mais precisas. Husserl, ao quebrar o derradeiro prestígio do em si, que poderia intrometer-se ainda na presença, decide que a presença da coisa mesma é *meu* presente: a alteridade radical ligada à presença se reduz à novidade do presente e, assim, a presença do outro é o presente de mim mesmo.

A partir de agora, é do lado da temporalidade que Husserl vai procurar o segredo da constituição de todo pretenso em si. As antigas evidências, abolindo o movimento de constituição onde nasceram originariamente (*Urstiftung*), se dão como uma transcendência misteriosa. O em si é o passado da evidência, com a possibilidade de reativá-lo em um novo presente. Todo um grupo de inéditos – o grupo C – se empenha nesta brecha aberta pela III *Meditação*.

Topamos aqui novamente, no lugar de honra, com o grande problema da temporalidade. Como Husserl discerniu, para além do tempo-representação da *Estética transcendental*, a temporalidade originária que é o próprio adiantar-se da consciência, ele pode enfrentar o mais antigo dos prestígios, o da realidade absoluta. Mas a questão é saber se ele algum dia se deu conta do problema do ser.

3) Esta desontologização da realidade vai levar a uma nova peripécia: a passagem da constituição "estática" à constituição "genética", marcada pelo papel sempre mais importante da temporalidade em todos os problemas de origem e de autenticidade. Mas a constituição "genética" é em boa parte uma gênese "passiva". *Erfahrung und Urteil* atesta essa orientação das investigações de Husserl. Cada posição de sentido e de presença conserva como que em síntese uma

história que ficou sedimentada, e depois foi abolida. Já o vimos a respeito da evidência. Mas essa história se constitui a si mesma nos estratos "anônimos" do vivido. Na época das *Ideen*, Husserl não ignorava esse aspecto de "passividade" da consciência, mas o considerava mais como o avesso da consciência (como a *hylè* em relação à forma intencional). O que permanecia no primeiro plano era a ativa antecipação de um "sentido", de uma unidade significante (coisa ou animal, pessoa ou valor, *Sachverhalt*). Sobretudo, Husserl não deixava de frisar que a consciência é um diverso que o fenomenólogo não pode abordar a não ser com "a guia transcendental do objeto". Noutros termos, é a análise noemática que se antecipava à reflexão do vivido considerado noeticamente. Esta preocupação de identificar a consciência com a síntese, com a pressuposição de unidade era no fundo algo muito kantiano. Mas o interesse vai aos poucos se deslocando do problema da unidade de sentido para o problema da *Urstiftung*, ou seja, do enraizamento de todo sentido no vivido evidente atual. Esse deslocamento de interesse remetia da razão lógica para a razão perceptiva – com as articulações do juízo voltando ao modo ativo das estruturações elaboradas passivamente na esfera antepredicativa da percepção –, e da razão perceptiva para a *impressão* sensorial, com suas retenções memoriais e suas protenções cinestésicas.

Portanto, é numa nova *Estética transcendental*, não devorada por uma *Dedução transcendental*, que trabalham os mais importantes inéditos dos grupos C e D da classificação de Lovaina.

Segundo essa nova *Estética transcendental*, o objeto percebido por todos "remete", em um nível mais baixo que a intersubjetividade, ao mundo primordial tal como aparece ao *solus ipse*. No interior dessa esfera primordial, o objeto "externo" remete, mediante das retenções e protenções da constituição temporal, ao "objeto imanente" – à *Urimpression*.

Assim Husserl recorria do gênio de Kant ao de Hume. Kant *fundava* a impressão no *a priori* da sensibilidade e toda a ordem percebida na ordem intelectual. Com o último Hus-

8. Kant e Husserl

serl, fundar não significa mais *elevar* à intelectualidade, mas ao contrário edificar sobre o terreno do primordial, do pré-dado. O gênio de Humem, precisamente, consiste em *regressar* assim dos signos, símbolos e imagens às impressões.

4) Poder-se-ia dizer que por essa identificação da razão com uma crítica da *evidência*, por essa redução da evidência ao *presente vivido* e por esse retorno à *impressão*, Husserl identifica totalmente a fenomenologia com uma egologia sem ontologia.

A intenção mais explícita das *Meditações cartesianas* é conduzir a essa identificação: a II *Meditação* afirma inicialmente que se toda realidade é um correlato da *cogitatio*, toda *cogitatio* é um modo do *cogito*. E o *cogito*, por sua vez, a explicitação do *ego*. A fenomenologia é deste modo uma análise egológica[59]. Husserl percebe a partir desse momento as suas temíveis consequências:

> *Sicherlich fängt sie also als reine Egologie an und als eine Wissenschaft, die uns, wie es scheint, zu einem, obschon transzendentalen Solipsismus verurteilt. Es ist ja noch gar nicht abzusehen, wie in der Einstellung der Reduktin andere ego - nicht als bloss weltliche Phänomene, sondern als andere transzendentale ego – als seiend sollen setzbar werden können, und damit zu mitberechtigten Themen einer phänomenologischen Egologie*[60].

Certamente ela começa ao modo de uma egologia pura, de uma ciência que nos condena, parece, ao solipsismo, pelo menos a um solipsismo transcendental. Nesta etapa, não se pode absolutamente prever como, na atitude da redução, poderá ser possível que tenhamos de pôr a existência de outros *egos*, não mais como de simples fenômenos mundanos, mas como outros *egos* transcendentais, e que assim façamos de-

---

59. § 13.
60. *Husserliana*, I, p. 69.

les também o tema legítimo de uma egologia transcendental.

Mas Husserl aceita heroicamente a dificuldade e deixa entrever que o solipsismo transcendental deve permanecer *eine philosophische Unterstufe* – "um grau filosófico preliminar" – e deve ser assumido provisoriamente, um *die Problematik der transzendentalen Intersubjektivität als eine fundierte, also höherstufige in rechter Weise ins Spiel setzen zu können [...]*[61], "para poder empenhar a problemática da intersubjetividade transcendental de maneira reta, enquanto problemática fundada, portanto de grau superior".

Veremos, na III Parte deste estudo, se Husserl conseguiu transpor esse limiar da intersubjetividade. Observemos por enquanto a qual radicalismo Husserl levou essa egologia, a qual paradoxo levou ele o solipsismo transcendental.

Na IV *Meditação cartesiana* o próprio *ego*, enquanto *ego* do *ego cogito*, é tematizado: *also sich in sich selbst als seiend kontinuierlich Konstituierende*[62]: "ele não cessa de se constituir em si mesmo como existente". Husserl devia então ultrapassar a antiga tese das *Ideen*, segundo a qual o *ego* é *der identische Pol der Erlebnisse* – "o polo idêntico dos vividos". O *ego* é de ora em diante *das in voller Konkretion genommene ego (das wir mit dem Leibnizschen Worte Monade nennen wollen)*[63]: "o *ego* tomado em sua total concreção que designaremos com o termo leibniziano de mônada". Que significa esta passagem da linguagem cartesiana para a linguagem leibniziana? Marca o triunfo completo da interioridade sobre a exterioridade, do transcendental sobre o transcendente: tudo aquilo que existe para mim se constitui em mim, e essa constituição é a vida concreta do eu. Deste modo se pode perfeitamente dizer que todos os problemas de constituição estão incluídos naquele *der phänomenologischen Auslegung dieses monadischen ego (das Problem seiner Kons-*

---

61. Ibid.
62. Op. cit., p. 100.
63. Op. cit., p. 102.

titution für sich Selbst) [...] In weiterer Folge ergibt sich die Deckung der Phänomenologie dieser Selbstkonstitution mit der Phänomenologie überhaupt [...][64], da elucidação fenomenológica deste *ego* monádico (o problema da sua constituição para si mesmo). [...] No fim das contas, se vê que a fenomenologia dessa constituição de si para si coincide com a fenomenologia *tout court*.

A fenomenologia, portanto, vai jurar que atravessará o deserto do solipsismo, a modo de ascese filosófica. A fenomenologia é a ciência do único *ego* do qual tenho uma evidência originária, o meu. Jamais o kantismo poderia se deparar com tal problema. Não só porque na sua perspectiva epistemológica só poderia encontrar uma consciência em geral, o sujeito do verdadeiro saber. Mas também porque o *Gemüt* que a *Crítica* pressupõe como sujeito concreto é sempre voltado para o objeto transcendental = X que escapa ao fenômeno e que pode ser a existência absoluta de uma outra pessoa. A desontologização do objeto, em Husserl, implica virtualmente a dos corpos do outro e a das outras pessoas. Assim a descrição do sujeito concreto, colocada sob o signo do idealismo, leva a essa solidão metafísica, cujas consequências Husserl assumiu com uma probidade exemplar.

Eis por que a constituição do outro, que assegura a passagem à intersubjetividade, é a pedra de toque do fracasso ou do sucesso, não da fenomenologia, mas da filosofia implícitas da fenomenologia.

"Constituição do Outro" e "Respeito"

Todos os aspectos da fenomenologia convergem, então, para o problema da constituição do outro. Saímos assim de uma problemática kantiana? Penetramos em um país novo que o gênio kantiano não teria roçado? De modo algum. Esta

---

64. Op. cit., p. 102-103.

última peripécia da fenomenologia husserliana, proveniente daquilo que há de menos kantiano na "experiência transcendental" de Husserl, nos leva de volta de maneira surpreendente ao coração do kantismo; não certamente à *Crítica da razão pura*, mas à filosofia prática.

Kant não tem uma fenomenologia do conhecimento do outro: a fenomenologia do *Gemüt* é por demais implícita e muito esmagada pelas considerações epistemológicas, para conter somente os esboços de uma teoria da intersubjetividade. Quando muito se encontrariam as suas primícias na *Antropologia*, no quadro da teoria das paixões que Kant conduz efetivamente como uma teoria da intersubjetividade. Mas tudo isto é pouca coisa diante dos admiráveis ensaios fenomenológicos de Husserl sobre a *Einfühlung*. A teoria da *Einfühlung* pertence à fenomenologia descritiva antes de suportar a tarefa de resolver o paradoxo do solipsismo transcendental. Ela se une com a fenomenologia da percepção, com a percepção do outro se incorporando à significação do mundo que percebo. Ela se inscreve na constituição da coisa cujo último estrato de objetividade determina. Ela está implícita na constituição dos objetos culturais, da linguagem, das instituições.

Não é, pois, no terreno propriamente descritivo que a fenomenologia tem algo a aprender de Kant. Aqui o guia é Husserl, não Kant.

Em compensação, recorremos a Kant para resolver as dificuldades suscitadas pela interpretação filosófica da redução e que vão desaguar no paradoxo do solipsismo transcendental. Husserl não apenas se propôs descrever como o outro aparece, em quais modos perceptivos, afetivos, práticos o sentido se constitui: "o outro", o "*alter ego*". Ele tentou constituí-lo "em" mim e, portanto, constituí-lo enquanto "outro".

Esta é a tarefa da V *Meditação cartesiana*, mas se pode dizer que esse difícil ensaio é uma aposta insustentável: o autor procura constituir o outro como um sentido que se forma em mim, no que é mais "próprio" ao *ego*, naquilo que Husserl designa como a esfera de pertença. Mas enquanto constitui o outro em mim conforme a exigência idealista, pretende res-

8. Kant e Husserl

peitar o próprio sentido que se liga à presença do outro, como um outro, outro que não é eu, que tem seu mundo, que me percebe, que se dirige a mim e trava comigo relações de intersubjetividade de onde surgem um único mundo da ciência e múltiplos mundos de cultura. Husserl não quer sacrificar a exigência idealista nem a docilidade aos traços específicos da *Einfühlung*. A exigência idealista quer que o outro, tal *como* a coisa, seja uma unidade de modos de aparições, um sentido ideal pressuposto; mas a docilidade ao real quer o outro "transgrida" a minha esfera própria de experiência, faça surgir, nos limites do meu vivido, um *acréscimo* de presença incompatível com a inclusão de todo sentido em meu vivido.

O problema do outro traz, portanto, à luz o divórcio latente entre as duas tendências da fenomenologia, a tendência descritiva e a tendência dogmática. Coube ao gênio de Husserl ter mantido a aposta até o fim. A preocupação descritiva em respeitar a alteridade do outro e a preocupação dogmática de fundar o outro na esfera primordial de pertença do *ego* encontram o seu equilíbrio na ideia de uma apreensão *analogizante* do outro.

O outro está lá, é ele mesmo; no entanto eu não vivo o seu vivido. O outro é apenas *appräsentiert* – "presentificado", mas tendo por fundamento o seu corpo, pois só este é *präsentiert* – "apresentado" com evidência originária na esfera de minha experiência vivida. "Em" mim é apresentado um corpo que presentifica um outro vivido diverso do meu. Esse vivido é um vivido como o meu, graças à equiparação (*Paarung*) entre meu corpo aqui e o outro corpo lá adiante. Essa configuração em dupla funda a analogia entre o vivido *eingefühlt* e o vivido *erlebt*, entre o vivido do outro e o meu.

Mas será que Husserl foi bem-sucedido ao constituir o estranho como estranho na esfera própria da experiência? Manteve de pé a aposta de vencer o solipsismo sem sacrificar a egologia? O enigma é como é que o outro, presentificado em seu corpo e analogicamente apreendido por "síntese passiva", tem um valor de ser (*Seinsgeltung*) que o livra de minha esfera primordial. Como é que uma analogia – supondo que eu conheça o outro por analogia – pode ter esta visada transcendente, enquanto as outras analogias todas vão de uma coisa para uma coisa no interior da *minha* experiência? Se o corpo do outro se constitui "em" mim, como é que o vivido do outro, que adere a ele, se faz presente "fora" de mim? Como é que uma simples concordância entre os modos do aparecer do comportamento pode *indizieren* um estranho e não uma coisa mais sutil do "meu" mundo? Será que Husserl conseguiu subtrair-se ao imenso prestígio da constituição da *Dinglichkeit* – da coisa enquanto coisa – em uma torrente de perfis, de silhuetas (*Abschattungen*)? Será o outro mais que uma simples unidade de perfis concordantes?

Verdade é que em *Ideen* II (III Parte) Husserl opõe radicalmente a constituição das pessoas à da natureza (coisas e corpos animados). Acontece-lhe até, em um dos apêndices, opor à *Erscheinungseinheit* – "a unidade de aparições" – da coisa a *Einheit absoluter Bekundung* – "a unidade de manifestação absoluta" – da pessoa. A pessoa seria, portanto, muito mais que um desfilar sem fim de silhuetas, ela seria um surgimento absoluto de presença. Mas essa oposição entre a pessoa que "se anuncia" e a coisa que "aparece" é uma oposição que a descrição impõe e que a filosofia da redução minimiza. É uma comoção total do sentido idealista da constituição que ela implica. Ou seja, aquilo que a pessoa anuncia é precisamente a sua existência absoluta. Constituir a pessoa é, então, demarcar em quais modos subjetivos se opera esse reconhecimento de alteridade, de estranheza, de uma existência outra. O idealismo husserliano deveria estabelecer um obstáculo a essa inversão do sentido da constituição.

E aqui se propõe uma volta a Kant. Não para levar a cabo uma descrição do aparecer do outro, mas para compreender o sentido da *existência* que se anuncia nesse aparecer. É notável que seja o filósofo mais desarmado no terreno da descrição fenomenológica que tenha ido direto a este sentido da existência. Quando Kant introduz, na *Fundação da metafísica dos costumes*, a segunda fórmula do imperativo categórico:

8. Kant e Husserl

> *Handle so, dass du die Menschheit sowohl in deiner Person, als in der Person eines jeden andern jederzeit als Zweck, niemals bloss als Mittel brauchest*[65].

> Age de tal modo que trates a humanidade tão bem na tua pessoa como na pessoa de qualquer outro sempre ao mesmo tempo como um fim, e nunca simplesmente como um meio[66].

É possível ficar chocado com essa abrupta introdução do outro no formalismo kantiano e é possível se queixar porque nenhuma descrição do conhecimento do outro preceda esta determinação prática do outro pelo *respeito*. Não será necessário primeiro conhecer o outro como outro e, em seguida, respeitá-lo? O kantismo sugere uma resposta bem diferente. É no respeito mesmo, como disposição prática, que reside a única determinação da existência do outro.

Vamos examinar mais de perto a empreitada kantiana: a existência em si do outro é posta preliminarmente, de modo hipotético, como idêntica a seu valor:

> *Gesetzt aber, es gäbe etwas, dessen Dasein an sich selbst einen absoluten Wert hat, was als Zweck an sich selbst ein Grund bestimmter Gesetze sein konnte, so würde in ihm und nur in ihm allein der Grund eines möglichen kategorischen Imperativs, d.i. praktischen Gesetzes, liegen*[67].

> Supondo, porém, que haja alguma coisa cuja existência em si mesma tenha um valor absoluto, alguma coisa que, como fim em si, poderia ser um princípio de leis determinadas, então nisto e só nisto é que se acharia o princípio de um imperativo categórico possível, isto é, de uma lei prática[68].

---

65. A 429.
66. Trad. Delbos. Paris: Delagrave, p. 150-151. Citaremos daqui em diante D, p. 150-151.
67. A 427-428.
68. D, p. 149.

Nesta posição hipotética de um fundamento, não aparece diferença alguma entre a determinação existencial e a determinação prática da pessoa. A oposição entre a pessoa e a coisa é desde o começo prático-existencial: a "coisa" pertence, como objeto de meus desejos, à ordem dos meios, mas a pessoa pertence, como presença digna de respeito, à ordem dos fins em si: [...] *dagegen vernünftige Wesen Personen genannt werden, weil ihre Natur sie schon als Zwecke an sich selbst [...] auszeichnet"*[69]: "ao contrário, os seres racionais são chamados pessoas, porque a sua natureza os designa já como fins em si"[70].

Objetar-se-á que o respeito, assim como a simpatia, é um sentimento subjetivo e não tem o poder de alcançar um em si, como tampouco a percepção sensível ou o desejo. É precisamente tão equivocado conceber o respeito na linha da percepção, como também o desejo ou mesmo a simpatia: o respeito é o momento *prático* que funda a visada transcendental da simpatia. Quanto à simpatia, tal qual o afeto, não tem mais privilégio que o ódio ou o amor. Por isso a ampliação, aliás legítima, da fenomenologia de Husserl no sentido indicado por Max Scheler ou por MacDougall ou pelos existencialistas franceses, nada muda quanto ao problema existencial, mesmo se dá um inventário mais rico dos modos de aparecer do outro. O respeito, enquanto sentimento prático, fixa um limite para minha faculdade de agir. Deste modo, falando da humanidade, Kant estabelece que ela não é um "fim subjetivo" que minha simpatia visaria, pois isto seria ainda incluí-la em minhas inclinações *als Gegenstand den man sich von selbst wirklich zum Zwecke macht* (A 431: "como um objeto do qual se faz na realidade um fim por si próprio" D 154). A humanidade é um "fim objetivo", como lei de série que constitui *die oberste einschränkende Bedingung aller subjektiven Zwecke*: "a suprema condição restritiva de todos os fins subjetivos"). Mais adiante, e com maior ênfase, Kant a denomina *die oberst-*

---

69. A, 42-429.
70. D, p. 149.

te einschränkende Bedingung im Gebrauch aller Mittel (A 438: "a suprema condição limitativa no uso de todos os meios" D, p. 166. O mesmo se diga da pessoa: é "um fim que existe por si", que só posso pe sar negativamente como "aquilo contra que não se deve nunca agir"(dem niemals zuwider gehandelt [...] werden muss)[71].

Pelo respeito a pessoa se acha imediatamente situada em um campo de pessoas cuja alteridade mútua está estritamente fundada sobre a sua irredutibilidade a meios. Caso o outro perca essa dimensão ética, que Kant chama de sua dignidade (Würde), ou seu preço absoluto, caso a simpatia perca o seu caráter de apreço ou estima, e a pessoa passa a ser apenas um blosses Naturwesen – "ser puramente natural" – e a simpatia um afeto animal.

Mas, talvez se diga, a proposição: die vernünftige Natur existiert als Zweck an sich selbst (A 429: "a natureza racional existe como fim em si", D, p. 150) é somente um postulado. Kant o admite de bom grado[72]. Esse postulado é o conceito de um reino dos fins, isto é, a ligação sistemática dos seres racionais por leis comuns. O historiador não terá dificuldade para reconhecer aí a ideia augustiniana da cidade de Deus e a ideia leibniziana do reino da graça. O propriamente kantiano é chegar a esta ideia por um movimento de regressão para o fundamento da boa vontade, portanto pela radicalização de uma iniciativa da liberdade. A pluralidade e a comunicação das consciências não podem constituir o objeto de uma descrição, se não forem previamente postas por um ato de Grundlegung – de "fundamentação": a comunicação das consciências é então aquilo que possibilita a coordenação das liberdades e faz de cada vontade subjetiva uma liberdade.

É possível, sem dúvida, lamentar a feição estritamente jurídica que essa reciprocidade das liberdades assume sob a ideia de uma legislação a priori. Não é isto, certamente, o

---

71. A 437; D, p. 165.
72. Veja sua nota a A 429.

mais notável em Kant. O admirável é não ter procurado outra "situação" para a pessoa a não ser sua "pertença" (como membro ou como chefe) a uma totalidade prática e ética de pessoas. Fora daí ela não é mais uma pessoa. Sua existência só pode ser uma *existência-valor*. As revelações afetivas do outro não ultrapassam forçosamente o nível do instrumento ou da mercadoria.

Assim a existência absoluta do outro pertence originalmente à intenção da vontade boa. Só um movimento reflexivo de *Grundlegung* descobre que essa intenção envolve o ato de situar-se como um membro legislador em uma comunidade ética.

Da mesma forma, a determinação da pessoa como fim em si que existe nos leva de volta ao problema da coisa em si. Na II Parte já sublinhamos a função *limitativa* da coisa em si em face das pretensões do fenômeno. Esta filosofia dos *limites*, totalmente ausente da fenomenologia, encontra no plano prático a sua efetivação, dado que o outro é aquele contra o qual não devo agir. Mas ao mesmo tempo a ideia de um reino dos fins faz surgir o caráter positivo de *fundamento* do em si. A determinação do em si nunca se torna somente teórica ou especulativa, mas é sempre prática e ética. O único mundo inteligível no qual eu posso me "situar" é o mundo ao qual tenho acesso pelo respeito. Pela autonomia de minha vontade e pelo respeito à autonomia do outro, *so versetzen wir uns als Glieder in die Verstandeswelt* – "nos transportamos, como membros, para o mundo inteligível". Mas ao entrar nesse mundo, não posso *mich hineinschauen, hineinempfinden*[73]:

> Introduzindo-se assim, pelo pensamento, em um mundo inteligível, a razão prática não ultrapassa em nada seus limites; ela só os ultrapassaria se quisesse, entrando nesse mundo, aperceber-se aí, sentir-se aí[74].

---

73. A 459.
74. D, p. 201.

8. Kant e Husserl

Kant, deste modo, não teria mostrado não só os limites das pretensões do fenômeno, mas também os limites da própria fenomenologia? Posso "ver", "sentir" o aparecer das coisas, das pessoas, dos valores; mas a existência absoluta do outro, modelo de toda existência, não pode ser sentida. Ela é anunciada como estranha a meu vivido pela própria aparição do outro em seu comportamento, sua expressão, sua linguagem, sua obra; mas essa aparição do outro não basta para anunciá-lo como um ser em si. Seu ser deve ser posto praticamente como aquilo que *limita* a pretensão de minha própria simpatia a reduzir a pessoa à sua qualidade desejável e como aquilo que *funda* a sua própria aparição.

Cabe à fenomenologia a glória de ter elevado à dignidade de ciência, mediante a "redução", a investigação do aparecer. Ao kantismo, porém, cabe a glória de ter sabido coordenar a investigação do aparecer com a função limite do em si e com a determinação prática do em si como liberdade e como todo das pessoas.

Husserl *faz* a fenomenologia, mas Kant a *limita* e a *funda*.

9
O sentimento*

Não é fácil encontrar o lugar exato do sentimento no quadro da meditação filosófica. Espreitam-nos, aqui, dois perigos, entre os quais urge avançar sem medo. De um lado, uma filosofia do intelecto reduz o sentimento ao papel de detrito. Seria o *pathos* que o *logos* deve incessantemente evacuar. Do outro lado, uma filosofia do sentimento pede ao "coração" revelações sobre aquilo que o entendimento não conhece. Pede-lhe um segundo imediato, uma intuição pura, além de todo discurso.

Eu gostaria de explorar uma via intermediária entre a rabugice de uma filosofia do entendimento e as pieguices de uma filosofia do sentimento, uma via que não seja a de um fácil ecletismo, mas um verdadeiro meio, ou seja, um extremo. Essa via intermediária, para lhe dar um nome um tanto vago antes de percorrê-la, seria a de uma gênese recíproca da razão e do sentimento, gênese tal que o poder de conhecer, ao se hierarquizar, gera na verdade os *graus* correspondentes do sentimento; mas tal, igualmente, que em compensação o sentimento gera na verdade a própria *intenção* da razão. Portanto, é a dupla espiral do sentimento e da razão que eu gostaria de explorar a seguir.

Mas, antes de percorrer este caminho, gostaria de dizer o que me dá o direito de enveredar por ele. O que dá o direito a

---

* Primeira publicação em *E. Husserl 1859-1959*. Coletânea comemorativa publicada na passagem do centenário do nascimento do filósofo (*Phaenomenologica* 4). La Haye, 1959, p. 260-274.

9. O sentimento

isto é o papel geral do sentimento, do *Fühlen*, do *feeling*, que faz a unidade da noção através das manifestações que percorreremos mais adiante.

Papel geral do sentimento: intencionalidade e interioridade

Quanto ao papel geral do sentimento, procuraremos estabelecê-lo com os recursos da *análise intencional*. Vamos pôr de lado a questão de saber se há diversos graus ou níveis do sentimento: será precisamente a tarefa de uma gênese recíproca do sentimento e da razão. Vamos antes perguntar-nos o que é em cada nível a visada do sentimento.

Mas logo nos vemos submergindo no embaraço. Por exemplo, o sentimento – de amor ou de ódio – é sem sombra de dúvida intencional. É um sentir algo: o amável, o odioso ou detestável. Mas se trata de uma intencionalidade bastante estranha: visa qualidades sentidas *sobre* as coisas ou *sobre* as pessoas, mas ao mesmo tempo revela o modo como o eu se vê intimamente *afetado*. Eis o paradoxo embaraçoso: a coincidência da intencionalidade e da interioridade, da intenção e da afecção, no mesmo vivido. Essa coincidência explica o fato de a filosofia não aceitar ainda hoje conceder um *objeto* ao sentimento e falar somente da sua subjetividade. No entanto, graças a essa visada intencional, a esta ultrapassagem do sentimento num sentido, pode este ser enunciado, comunicado elaborado em uma língua de cultura. Mas hesitamos, com boas razões, em chamar de *objetos* esses correlatos do sentimento. Como não são objetos, mas apenas qualidades que necessitam do suporte dos objetos percebidos e conhecidos para serem objetivadas, tais objetos são como o substantivo, o centro de significações, ao qual se relacionam esses adjetivos sentidos. Por si mesmos, esses correlatos do sentimento não passam de epítetos flutuantes. Estão fora da consciência, certamente, mas só no sentido em que são o seu visado e o seu significado: necessita-se do socorro de uma coisa exterior, de uma pessoa presente, para pô-los completamente fora, no mundo. Mas ao mesmo tempo que as coisas percebidas e as pessoas presentes objetivam o amável e o detestável, o amável e o detestável manifestam sobre as coisas *meu* amor e *meu* ódio. Eis aí outra faceta desta notável experiência: enquanto intencional, o sentimento não é objetivo; é somente perpassado por uma intenção posicional, por uma crença ôntica. Não se opõe a uma coisa que é. Não significa, pela mediação das qualidades que visa, o ente da coisa; não crê no ser daquilo que visa. Não. Mas *sobre* a coisa e pela mediação do amável e do detestável, manifesta meu ser-afetado-assim. Sentir é sentir-se deste ou daquele jeito: sinto-me triste ou alegre.

Eis o paradoxo do sentimento. Como é possível? Como é que o mesmo vivido pode *designar* um aspecto da coisa e, por esse aspecto de coisa, *exprimir* a intimidade de um eu?

É possível compreender este nó da intencionalidade e do íntimo no sentimento da seguinte maneira:

O sentimento é a manifestação sentida de uma relação com o mundo, mais profunda que aquela da representação que institui a polaridade do sujeito e do objeto. Essa relação com o mundo passa pos todos aqueles fios secretos, "tendendo" entre nós e os seres, que denominamos precisamente "tendências". Essas ligações antepredicativas, pré-reflexivas, pré-objetivas, não podemos resgatá-las a não ser em duas linguagens fragmentadas, a dos comportamentos e a dos sentimentos. Mas elas são a raiz comum dessas duas linguagens. Noutros termos, uma tendência é ao mesmo tempo a direção objetiva de um comportamento e a visada de um sentimento; igualmente o sentimento não é nada mais nada menos que essa direção mesma do comportamento enquanto sentido. A manifestação sentida daquilo "a quê" se aproxima, "para longe do quê" se afasta, "contra o quê" luta o nosso desejo.

Esta tese, que é a pedra angular de toda a nossa reflexão, merece um exame mais demorado. O privilégio de *revelador* que damos ao sentimento com relação aos impulsos de nosso ser e com relação a suas ligações pré-objetivas com os seres do mundo esbarra em resistências de dois tipos: a da psicologia do comportamento e a da psicologia do profundo. A pri-

9. O sentimento

meira vai alegar que o sentimento não constitui senão uma parcela de comportamento e que apenas o conjunto do comportamento tem algum sentido. A isto se deve responder que o sentimento não é uma fração do comportamento, mas é significante do todo. O vivido afetivo revela que o comportamento tem um sentido ao manifestar aquilo que significa carecer de... tender a... alcançar, possuir e gozar. Noutras palavras, o sentimento não faz senão manifestar a intenção imanente às "tensões" e "pulsões" de que fala a psicologia do comportamento. Aqui a psicologia do profundo vai objetar que o sentimento vivido dá apenas o sentido aparente e que importa decifrar o sentido latente, que é o sentido real e tratar o sentimento como simples sintoma. É verdade. Mas esse sentido real não passará nunca de uma exegese do sentido aparente: o essencial é que tenha um sentido. Ora, por mais longe que se possa e se deva ir na suspeita diante do sentido aparente, este último é que introduz as pulsões na dimensão do significante. Sem um sentimento, ainda que mentiroso, as pulsões não passariam de metáforas transpostas da física. O sentimento, mesmo falso, revela uma intencionalidade. O fato de que esse revelador é também dissimulador é uma complicação suplementar que nada subtrai à relação fundamental de manifestação entre "o agido" e o "sentido", pois a manifestação ainda é uma peripécia da manifestação.

Tendo descartado essas duas objeções, podemos dar mais um passo na exegese do sentimento. Fizemos do sentimento a manifestação sentida de todos os vínculos com os seres e os aspectos do mundo que constituem as tendências. Podemos agora compreender a função do sentimento, função que faz a unidade de todas as suas manifestações vitais, psíquicas e espirituais. Pode-se compreender tal função como o *inverso* da função de objetivação[1]. Enquanto a representação nos *opõe* objetos, o sentimento atesta a nossa afinidade, a nossa coadequação, a nossa harmonia eletiva com realidades cuja efígie afetiva carregamos conosco. Os escolásticos tinham uma palavra excelente para exprimir essa conveniên-

---

1. STERN, W. *Allgemeine Psychologie auf personalistischer Grundalege.*

cia mútua do ser vivo aos bens que lhe são congêneres: falavam de união conatural. Quanto a esse vínculo conatural, nós o operamos de modo silencioso em nossas tendências, nós o sentimos em toda a nossa vida afetiva.

Compreende-se, assim, que possa haver um surgir do sentimento proporcionar ao advento da razão. Em todos os níveis que o conhecimento percorre, o sentimento vai ser, com efeito, a contrapartida da dualidade do sujeito e do objeto. A esse corte ele responde por uma consciência de pertença, pela segurança de nossa afinidade por aquilo mesmo que opomos a nós, que objetamos a nós. E compreende-se, enfim, por que o sentimento, assim mesclado à aventura do conhecimento e da objetividade, deve apresentar a textura intencional estranha que dizíamos. Por uma parte, é *sobre* as coisas elaboradas pelo trabalho de objetivação que o sentimento projeta seus correlatos afetivos, suas qualidades sentidas: o amável e o detestável, o desejável e o abominável, o triste e o alegre. Deste modo parece fazer o jogo do objeto. Mas como essas qualidades não são objetos em face de um sujeito, mas a expressão intencional de um vínculo indiviso com o mundo, o sentimento vai aparecer ao mesmo tempo como um colorido de alma, como uma afecção. Esta paisagem é que é sorridente e eu é quem estou alegre. Mas o sentimento é minha pertença a essa paisagem e, por outro lado, o signo e a cifra da minha intimidade. Como toda a nossa linguagem foi elaborada na dimensão da objetividade em que o sujeito e o objeto são distintos e opostos, o sentimento agora só pode ser descrito de maneira paradoxal, como a unidade de uma intenção e de uma afecção, de uma intenção que se volta para o mundo e de uma afecção do eu. Mas esse paradoxo é apenas o índice que aponta para o mistério do sentimento, a saber, a ligação indivisível da minha existência aos seres e ao ser mediante o desejo e o amor.

Dualidade do conhecer e dualidade do sentir

A análise intencional que acabamos logo acima nos põe bem perto do local de trabalho. Tínhamos como propósito

9. O sentimento

mostrar a *gênese mútua* da razão e do sentimento. Trata-se de empreitada legítima, se for verdade que o sentimento tem como função geral interiorizar a realidade que "objetamos" a nós, compensar o corte sujeito-objeto por uma consciência de participação. Sentimento e razão, deste modo, são contemporâneos e crescem juntos. Somente um ser de razão é também ser de sentimento.

Que esperamos então dessa *gênese mútua*? Duas coisas. Em primeiro lugar a teoria do objeto deve fornecer-nos um princípio de hierarquia na confusão afetiva. Com efeito, a nossa análise anterior permaneceu muito indeterminada e, por isso mesmo, muito abstrata. Refletimos sobre as relações do amor e do amável, sem precisar bem se estávamos falando de coisas ou de pessoas, de ideias, de comunidades ou de Deus. Somente a gênese do sentimento pela razão e seus objetos pode qualificar o nível das tendências e hierarquizar o sentimento em sua própria interioridade. Esperamos, por conseguinte, dessa gênese mútua que ela nos leve a passar de uma análise *horizontal* do laço de participação entre o amor e o amável a uma análise *vertical* dos níveis do sentimento. Quanto a essa escala da vida afetiva, não vamos percorrê-la em todos os seus graus, mas deixá-la marcada por suas duas extremidades, de maneira a fazer aparecer *a amplitude do sentimento*. Será o tema da *amplitude do sentimento* que nos ocupará na segunda parte deste estudo.

256

A segunda coisa que eu gostaria de mostrar, a seguir, é esta: se o sentimento se hierarquiza em função do poder de conhecer, em compensação é a *vida* do sentimento que anima e fica subjacente à vida da razão. E eu gostaria de surpreender essa vida do sentimento no termo intermediário da dialética ascendente, no *thymós* que Platão situava entre o desejo e a razão, que talvez seja o sentimento por excelência.

Assim, depois de nos termos transportado até os extremos para compreendermos a amplitude do sentimento à luz daquela da razão, voltaremos ao meio termo, no intuito de mostrarmos a fragilidade da razão pela do sentimento.

Vamos, portanto, primeiro da amplitude do conhecer para a amplitude do sentir. Essa amplitude do conhecer pode ser descrita como uma desproporção inicial entre duas visadas que se recortam na constituição de nossos objetos. De um lado, uma visada de percepção, essencialmente perspectivista, do outro uma visada de entendimento que pretende determinar o próprio objeto. Não retomo, aqui, a análise sobejamente conhecida do perspectivismo da percepção: é sempre uma face e, depois, outra face que me aparece, e é sempre de um ponto de vista e, depois, de outro, que apreendo o objeto. Mas o importante é isto: essa visada perspectivista é sempre atravessada pela visada de um sentido não perspectivista que atinge a verdade da coisa mesma. Quanto a este sentido, eu o viso sem dúvida *em* uma perspectiva, mas além de toda perspectiva. É justamente essa visada de verdade que revela a perspectiva como perspectiva. Mas que haverá no extremo dessa visada? A exigência de uma totalidade, a exigência da totalidade das condições para todo condicionado. Assim o homem é o ser distendido entre duas visadas, a do isto-aqui-agora na *certeza* do presente vivo, e a do acabamento do conhecer na *verdade* do todo. A essa dupla visada a história da filosofia dá nomes diferentes: opinião e ciência, intuição e entendimento, certeza e verdade, presença e significação. Seja lá qual for o nome dessa dualidade originária, ela não permite que se faça uma filosofia da percepção antes de uma filosofia do discurso e obriga a elaborá-las conjuntamente, uma com a outra, uma pela outra. O juízo é precisamente o próprio movimento do entendimento, opinando entre os dois limites da impressão e da totalidade.

Este é o fio condutor: simples na vitalidade, o homem é duplo na humanidade. Mas esta dualidade na humanidade nada possui de *dramático* na ordem do conhecimento, pois ela encontra a sua reconciliação no objeto. A objetividade do objeto é precisamente a síntese feita, a síntese da significação e da aparição, do verbo e do olhar. Pode-se dizer que a dualidade do homem se projeta na síntese do objeto onde ela se esquece e se anula ao se objetivar.

Mas se o sentimento interioriza aquilo que o conhecimento objetiva, que acontece a essa dualidade que de súbito se anula na síntese objetal? Ocorre isto: a síntese objetiva se inte-

9. O sentimento

rioriza em dualidade sentida e não de enunciado, em "desproporção" afetiva.

Assim a dualidade silenciosa do conhecer, esbatida no objeto, reflete-se, no sentimento, em dualidade dramática. Essa dualidade, tornada sensível, é a que vamos agora interrogar. O que encontramos agora é a ideia platônica da amplitude da vida afetiva: *epithymía – thymós – eros* (desejo, coração, amor). Já dissemos que deixaremos para o fim a meditação sobre o *thymós* que será, para nós, o sentimento por excelência, a vida do sentimento na tensão entre a vida e o espírito. O que significa essa dualidade afetiva de *epithymía* e de *eros*?

A meu ver, é necessário considerá-la como uma dualidade originária: em vez de a derivar de outra coisa, importa tomá-la como chave da vida afetiva humana. Ora, o erro metodológico dos antigos *Tratados das paixões* foi, a meu ver, sugerir uma ordem progressiva do simples para o complexo, das paixões principais para as paixões derivadas, ao passo que é mister partir da desproporção originária do desejo vital e do amor espiritual ou intelectual; não do simples para o complexo, mas do dual para o conflito. Igualmente assim é que se dá uma afetividade humana e não animal. A ilusão que os antigos *Tratados das paixões* comunicaram, aliás, à filosofia moderna consiste em estabelecer uma primeira camada de tendências e de estados afetivos, comum ao animal e ao homem, e erguer a camada da humanidade sobre essa base. Mas a humanidade do homem é aquela polaridade inicial entre cujos pontos extremos está situado o "coração".

Como fazer aparecer essa polaridade? Interrogando as afecções que terminam, que acabam o movimento da necessidade, do amor, do desejo[2]. Há duas maneiras de "terminar": uma acaba e leva à perfeição operações isoladas, parciais, como se dá no prazer; cabe à outra perfazer aquilo que Aristóteles chamava o *ergon*, a obra do homem, aquilo que Kant denomina a *Bestimmung*, a destinação do homem, e aquilo que os modernos chamam de o destino ou o projeto existen-

---

2. STRASSER, S. *Das Gemüt*.

cial do homem: é a felicidade ou a beatitude. O prazer é um acabamento finito, perfeito na limitação, como o mostrou admiravelmente Aristóteles. Quanto à felicidade, não pode ser compreendida como extensão do prazer, pois a sua maneira de terminar não pode ser reduzida a uma simples soma, a uma adição de satisfações incessantemente renovadas e que a morte interromperia. Felicidade não é uma soma, mas uma totalidade. Kant não levou isso em conta, ao criticar a ideia de felicidade ("a satisfação da vida que acompanha ininterruptamente toda a existência"[3]). Sua concepção é a de uma adição, de uma soma de simples "consciências de resultado" (Scheler). Ora, a felicidade não é o resultado final de uma soma de desejos elementares saturados, pois não existem atos que façam alguém feliz. Há somente sinais e promessas de felicidade. Mas esses sinais são menos satisfações, que saturam desejos limitados, do que acontecimentos que abrem perspectivas ilimitadas, como que descortinando novos horizontes.

Se for correta esta fenomenologia da felicidade, magnificamente desenvolvida por S. Strasser, torna-se fácil mostrar que essa ideia da felicidade ou da beatitude é um sentimento da mesma amplitude que a razão. Somos capazes de felicidade, assim como exigimos a totalidade.

Aí encontramos novamente Kant, depois que o criticamos. Refletindo no início da dialética da *Crítica da razão prática*, sobre a origem de toda dialética, declara: "A razão tem sempre sua dialética, quer seja considerada no seu uso especulativo quer no seu uso prático, pois ela *requer* a totalidade absoluta das condições para uma condição dada". Este verbo *requerer* [*pedir, solicitar*] (*verlangen*) é muito esclarecedor, pois ele marca o momento em que a exigência da razão, que é a razão enquanto exigência, se interioriza em sentimento. A exigência é também pedido, solicitação e é o próprio sentimento. Sigamos ainda Kant: algumas linhas adiante, ao refletir sobre o poder de ilusão – sobre a necessária ilusão – ligada a esse pedido, descobre em sua fonte:

---

3. KANT. *Crítica da razão prática.*

9. O sentimento

uma perspectiva (*Aussicht*) sobre uma ordem de coisas mais elevada e mais imutável na qual estamos já agora e na qual somos capazes, por preceitos determinados, de continuar nossa existência, em conformidade com a determinação suprema da razão.

Todas essas expressões são notáveis: essa *Aussicht*, isto é, a perspectiva que descortina horizontes, a ordem na qual estamos, a continuação da existência em conformidade com a destinação (ou ainda conforme à determinação, conforme ao *Dictamen* da razão), não será *ao mesmo tempo* a razão como exigência da totalidade *e* o sentimento da felicidade como consumação de um destino? Kant, é verdade, não a chama de felicidade, mas "o objeto inteiro de uma razão pura prática". Mas, se "esse objeto inteiro" não é a felicidade tal qual Kant a criticou, não é, todavia, aquilo que Aristóteles denominava felicidade e que dizia ser "aquilo em vista do quê" fazemos todas as coisas ou ainda aquilo que todos "procuramos"? O "procurar" de Aristóteles não será o "exigir" de Kant? Kant não estaria bem perto de Aristóteles quando evoca a visada originária da vontade e quando fala da "vontade perfeita de um ser racional que teria ao mesmo tempo a onipotência"? Muito mais, esse "objeto inteiro" não exige que a felicidade se reconcilie com a virtude na totalidade? Como diz então Kant, a privação da felicidade "não pode em absoluto concordar com essa vontade perfeita". É necessário, portanto, que a felicidade pertença originariamente à essência dessa vontade consumada ou completa, para podermos formar a ideia do "sumo bem de um mundo possível".

Por conseguinte, é a razão como abertura para a totalidade que engendra o sentimento enquanto abertura para a felicidade.

Mas esta gênese é uma gênese *recíproca*. O que é que o sentimento revela que a razão sozinha não mostra? Primeiro, isto: que *a* razão é *minha* razão. O sentimento efetua a apropriação afetiva da razão. Em linguagem platônica: somos da estirpe das ideias; a ideia é aquilo ao qual a alma se assemelha mais; é o sentido mais profundo da reminiscência; pelo sentimento, pelo *eros*, lembro-me da razão como de minha origem. Em linguagem kantiana: a razão é minha "destinação" minha *Bestimmung*, a intenção segundo a qual sou "capaz de continuar minha existência". Em suma, o sentimento revela a identidade da existência e da razão. Deste modo, o sentimento *personaliza* a razão.

Sem dúvida, deve-se dizer mais, sob pena de cair novamente em um mero formalismo que deixa escapar o essencial da revelação do sentimento. No mesmo texto de Kant que acima evocávamos, tratava-se da "ordem na qual estamos já agora e na qual somos capazes [...] de continuar nossa existência". Meditemos sobre este "em" ("na qual estamos"). O sentimento se anuncia como consciência *de estar já em*... Ele manifesta um *inesse* mediante uma "antecipação transcendente". O sentimento é mais que a identidade da existência e da razão na pessoa, é o próprio pertencer da existência ao ser cuja razão é o pensamento. Aqui o sentimento é inteiramente ele mesmo, pois aqui é que vemos na obra aquilo que denominamos, na primeira parte, a identidade da intencionalidade e da afecção e onde vimos a contrapartida da... e a vitória sobre... a dualidade sujeito-objeto. A razão sem o sentimento permanece na dualidade, à distância. E o sentimento nos revela que, seja qual for o ser, somos dele. Graças ao sentimento, o ser deixa de ser para nós o totalmente outro e se torna o meio, o espaço originário no qual continuamos existindo; aquilo no qual nos movemos, queremos, pensamos e somos.

A fragilidade afetiva

Mas a "desproporção" entre o prazer e a felicidade revela, por sua vez, a fragilidade afetiva do homem e a possibilidade fundamental do conflito. Apenas o sentimento poderia revelar tal fragilidade. De fato, a dualidade da razão e da sensibilidade, considerada somente no poder de conhecer, não é vivida como desproporção nem como conflito. Projeta-se na *síntese* do objeto. E o objeto é a própria ligação do aparecer e do discurso. O objeto é o que pode ser visto e o que pode ser dito; mostra-se e pode ser explicitado em uma linguagem comuni-

9. O sentimento

cável: graças a ele, a unidade do homem está fora. Mas essa unidade é puramente intencional; o homem se faz projeto do objeto; mas a unidade de si a si mesmo se acha aí somente figurada em um face a face, em um *Gegenstand*. Esta a razão pela qual "o terceiro termo", o termo "intermediário" – aquele que Kant chama de imaginação transcendental – não é outra coisa senão a possibilidade da síntese e de maneira alguma um vivido, uma experiência suscetível de ser dramatizada. Esgota-se completamente em fazer que haja objeto, que haja síntese no objeto. Por si mesmo não é nada, permanece "uma arte oculta nas profundezas da alma humana"; subsiste, enquanto raiz comum às duas fontes, "desconhecido de todos". "A consciência" da qual é o motor não é em absoluto "consciência de si", mas unidade formal do objeto, projeto de um mundo: o "eu" da síntese transcendental não é pessoa.

Bem outra é a condição do sentimento, distendido entre um princípio do prazer e um princípio da felicidade. A "síntese" não é dada em parte alguma. Ao *se interiorizar* pelo sentimento, a dualidade que faz a nossa humanidade se dramatiza em conflito. À síntese sólida da *objetividade* responde a dualidade polêmica da *subjetividade*.

Gostaria de mostrá-lo por uma análise concreta que prolongaria as perspectivas de Platão sobre o *thymós*. Na segunda parte deste ensaio tínhamos omitido este momento intermediário, para considerar apenas os extremos – *epithymía* e *eros*. Ora, Platão descreve esse *thymós* como o ponto onde se concentra ainda mais a contradição humana. Às vezes, diz ele, combate com o desejo, do qual é neste caso a ponta agressiva, a irritabilidade e a cólera; algumas vezes luta com a razão, da qual é o poder de indignação e a coragem de tomar iniciativas.

A meu ver, esse *thymós* é muito mais que a imaginação transcendental, poder silencioso por antonomásia; o *thymós* é que é o "terceiro termo" da existência humana, terceiro termo não mais intencional e perdido no objeto, mas terceiro termo que se tornou para si e se tornou sensível pelo sentimento e como sentimento. O *thymós* é, na verdade, "meu coração desnudado".

262 Mas esse *thymós*, esse *Gemüt*, esse coração, esse terceiro termo que serve de mediador entre prazer e felicidade, qual é?

Parece-me que se pode pôr, sob o signo do "coração", ambíguo e frágil, toda a região média da vida afetiva, entre as afecções vitais e as afecções espirituais, numa palavra toda a afetividade que faz a transição entre o viver e o pensar, entre o *bios* e o *logos*.

As afecções que preenchem este intervalo são aquelas que animam as "paixões" mais importantes da história e da cultura. Não mais aquelas "paixões" elementares dos *Tratados das paixões*, mas ao contrário as paixões essencialmente inter-humanas, sociais, culturais, comunitárias que Kant punha sob o tríplice título de *paixão de ter*, *paixão de dominação* e *paixão de honra*. Pois atrás dessas figuras passionais aberrantes, ou até feias e mortais, há solicitações que são autênticas exigências de humanidade: o *eu* aí constitui a sua "diferença, sua diferença em face das coisas e sua diferença diante dos outros "eus". O "eu" se distingue pelo "meu", afirma-se pela autoridade, procura seu valor na opinião do outro, na aprovação e no apreço. Não disponho do tempo suficiente para levar muito longe este esboço, nem para remontar até a bondade original dessas três exigências, além das suas expressões históricas malignas, nem para mostrar as correspondências entre essas exigências afetivas de ter, de poder e de valor e a constituição de novas camadas de objetividade de objetos de nível humano, realidades econômicas, realidades políticas, realidades culturais.

Prefiro insistir apenas sobre a *fragilidade* dessas exigências afetivas, situando-as *entre* o princípio do prazer e o princípio da felicidade.

Parece-me que essa fragilidade aparece do melhor modo quando se considera como tais solicitações poderiam ser satisfeitas, já se havia considerado prazer e felicidade do ponto de vista do acabamento, da plena realização. Pondo a mesma questão a propósito do "coração", logo se faz aparecer uma característica notável dessas solicitações: são desejos *indefinidos*. Entre a *finitude* do prazer, que encerra um ato determi-

9. O sentimento

nado, e o infinito da *felicidade*, que saciaria plenamente um destino considerado como um todo, o *thymós* sutilmente introduz um indefinido, que possibilita uma história, mas pode também suscitar uma infelicidade de existir. O "coração", sempre inquieto, é propriamente insaciável. Pois, quando terei o bastante? Quando serei bastante poderoso? Quando serei bastante estimado? O eu anda sem fim à procura de si mesmo, entre o prazer e a felicidade.

Produzem-se, então, endosmoses múltiplas entre a finitude das necessidades vitais e a indefinitude do *thymós*. Todos os nossos instintos são retocados e como que transmutados pela tríplice exigência que nos faz humanos. Isto se faz particularmente manifesto no caso da sexualidade. Esta se torna sexualidade humana pelo desejo de posse, de dominação e também de reconhecimento mútuo que a perpassa. Ela está apta para os dramas passionais e chega ao mito de Don Juan. Em contrapartida, o *thymós* se sexualiza e passa a ser a equívoca *libido* da qual diz o próprio Freud que não é exclusivamente genital. A *libido* é, antes, a afetividade humana sensibilizada pela sexualidade, simultaneamente sexual e mais que sexual. Da mesma forma, diz Platão que o *thymós* combate com o desejo enquanto é mais que desejo.

Mas além de sofrer a atração do vital, enquanto o perpassa com a sua própria inquietação, o *thymós* sofre também a atração do *eros* espiritual, do desejo da felicidade, ao qual acrescenta o colorido de sua angústia. Nascem assim as "paixões" no significado romântico da palavra, as *Leidenschaften*, sem as quais, diria Goethe, nada de grande se faz. Há nas "paixões" humanas, com efeito, um apetite de totalidade, de infinito, de absoluto, que não se poderia explicar só pelo princípio do prazer e que não poderia ser senão uma imagem, reflexo, miragem do desejo da felicidade[4]. Para o homem da paixão seu objeto é tudo. Ora, a vida não quer tudo; mas o espírito quer o todo, pensa o todo, só repousa no "todo". Em vista desse todo,

---

[4]. STRASSER. Op. cit.

o homem é capaz de sacrificar até seu prazer e enfrentar a dor. O homem se empenhou mesmo com dor e "paixão".

E vai assim continuando, através do coração humano e de suas muitas solicitações, indefinidas e inquietas, o jogo do prazer e da felicidade. É por esse jogo e nesse jogo que o sentimento se torna um drama e o eu vai cavando a sua presença frágil e vibrante no coração das coisas onde, todavia, não cessa de se apaziguar o conflito da razão e dos sentidos, na tranquilidade do olhar e do discurso, pela mediação da imaginação. Quanto à dualidade do homem, que a imaginação transcendental tranquiliza no objeto, o sentimento a interioriza e a aviva, no *conflito* essencial, o conflito entre o prazer e a felicidade. Todos os outros conflitos, quer tenham haurido sua origem em nossa infância, ou em nossas relações com nosso meio, podem por seu turno ser interiorizados, porque o conflito do íntimo de nós mesmos os precede, recolhe e lhes confere a nota de intimidade que lhes pertence desde a origem. Não seria possível introjetar nenhum conflito entre nós mesmos e um *superego* de empréstimo, se já não fôssemos desde a origem essa desproporção da vida e do espírito, da sensibilidade e da razão, e se o nosso "coração" (nosso *thymós*, nosso *Gemüt*) não sofresse por divisão e mistura; se não fosse o ardor da existência quando se cruzam o *bios* e o *logos*.

Vamos resumir em algumas palavras toda a nossa caminhada de pensamento: cabe ao sentimento a função universal de ligar ou reatar. Liga em primeiro lugar aquilo que o conhecimento cinde: liga-me ao mundo. Enquanto todo o movimento de objetivação tende a opor a mim um mundo, o sentimento une a intencionalidade que me lança fora de mim à afecção pela qual me sinto existir. Assim, está sempre aquém ou além da dualidade do sujeito e do objeto.

Ao interiorizar, porém, todas as ligações do eu ao mundo, o sentimento suscita uma nova cisão, não horizontal desta vez, mas vertical. Torna sensível e viva a dualidade da razão e da sensibilidade que encontrava no objeto o seu ponto de repouso. Distende o eu entre duas visadas afetivas fundamentais, a da vida orgânica que se acaba na perspectiva instantâ-

9. O sentimento

nea do prazer, a da vida espiritual que aspira à totalidade, que visa à felicidade.

Essa desproporção do sentimento suscita uma nova mediação, a do *thymós*, a do "coração". Essa mediação corresponde, na ordem do sentimento, à mediação silenciosa da imaginação transcendental na ordem do conhecimento. Mas enquanto a imaginação transcendental se reduz totalmente a possibilitar a objetividade que ainda há pouco denominávamos o ponto tranquilo onde repousam a razão e a sensibilidade, essa mediação se reflete em si mesma em uma exigência afetiva interminável onde se comprova a *fragilidade* do ser-homem.

A imagem do homem proposta por uma filosofia do sentimento é a de um ser situado entre os polos extremos da realidade, que abrange esses polos e os aproxima. De um ser que recapitula em si mesmo os graus da realidade, mas que ao mesmo tempo é o ponto fraco da realidade porque não coincide consigo mesmo, porque é a "mistura" que o mito platônico já descrevera. Essa "mistura" é o tema da nossa história.

10
Simpatia e respeito
Fenomenologia e ética da segunda pessoa*

Pondo o problema da segunda pessoa, vamos perseguir um desígnio essencialmente metodológico: o método fenomenológico será verdadeiramente universal? Vale tanto para as pessoas como para as coisas? Não se pode, com efeito, praticar um método sem prestar atenção a seus limites. É provável que descobrindo aquilo que o limita, também se descubra o que o justifica e o funda. Por isso pareceu interessante surpreender um ponto onde ele se acha em dificuldade e onde requer, para continuar a ser praticado, o socorro de um tipo de pensamento outro em vez da descrição compreensiva daquilo que "aparece", diverso da exegese das "aparências".

Sendo assim, vamos começar tomando consciência de uma decepção: uma decepção ligada a todos os ensaios de fenomenologia que tentam explicar a existência do outro por um simples balanço dos modos de seu aparecer. A fenomenologia da simpatia nos servirá de exemplo privilegiado, a fim de suscitar essa decepção.

Vamos então mostrar que o *aparecer* do outro deve ser fundado em uma *posição de ser* que ultrapassa todo método descritivo e resulta, antes, de uma função prática da consciência, de um postulado da liberdade. Nossa reflexão vai assim

---

* Trabalho publicado pela primeira vez em *Revue de Métaphysique et de Morale*, 59, 1954, p. 380-397.

10. Simpatia e respeito

remontar de Husserl e Scheler a Kant: a fenomenologia da simpatia vai nos remeter à ética do respeito.

Terminaremos, enfim, a prova mostrando que a posição absoluta do outro no respeito é o fundamento sempre anterior a um discernimento do aparecer do outro. Remontando, portanto, da ética do respeito à fenomenologia da simpatia, veremos de que modo a primeira possibilita a segunda, mantém de certo modo o seu objeto à mão, oferece-lho a descrever e o protege contra os equívocos de uma simples fenomenologia da simpatia; enfim, de que maneira, sob a égide de uma ética do respeito, podem coordenar-se uma fenomenologia de estilo husserliano da simpatia e uma fenomenologia de estilo hegeliano da luta.

Decepcionante fenomenologia

Por que falar de *decepção* a propósito da fenomenologia do outro? Porque ela é uma promessa que não poderia manter-se de pé.

Seu problema está em explicar o corte entre o jeito como uma pessoa se anuncia e a maneira como uma coisa se mostra. Pertence à aparência da pessoa dar-se não apenas como a presença de um ser qualquer, portanto como aparência ôntica, mas, além disso, como a aparência de um outro sujeito, a aparência do meu semelhante.

Para fazer justiça a este duplo enigma da subjetividade *estranha* e *semelhante*, é mister quebrar aquilo que se pode chamar de ditadura da "representação" (*Vorstellung*), e achegar-se à posição absoluta da existência do outro. Pela expressão ditadura da "representação" designo o convite sutil que procede da fenomenologia da "coisa", da *Dingkonstitution* – um convite a não mais saudar no mundo senão significações puramente pressupostas, "unidades de sentido", como diz Husserl, que projeto de dentro de mim para controlar a corrente de silhuetas a que se reduz o objeto de minha percepção, aquele objeto que denomino coisa. A luta contra o falso prestigio do em-si, contra o falso absoluto da coisa, consegue muito bem anular o peso de presença da "coisa". Pois a presença, em última instância, é o próprio das pessoas e são estas que conferem presença às coisas mesmas. E isto de diversas maneiras: em primeiro lugar meu percebido é também apercebido como percebido pelo outro e a presença do outro que fita a mesma coisa que eu irradia a sua presença sobre o meu próprio percebido. Mas o outro é não somente aquele que olha as mesmas coisas no mesmo mundo, mas que trabalha nas mesmas obras e habita os mesmos locais. Assim as coisas estão não só prenhes do olhar do outro, mas carregadas de sua labuta e impregnadas daquela presença sutil e diversamente qualificada que se respira em uma casa aconchegante, em uma repartição anônima, em face de um público hostil ou num campo de batalha.

A presença das pessoas se acha tão embaralhada com a aparência das coisas, que a conquista do puro aparecer dos "perfis" de coisas pressupõe muito mais que a suspensão do pretenso em-si das coisas: a "suspensão", a *epochè* da presença do outro. Mais ainda: deve-se buscar esta redução não só nas aparências, no fluxo de perfis que meu ambiente vital vai fazendo desfilar, mas até na consciência surda que tomo de meu corpo, como centro de perspectiva e de orientação, como ponto zero e como aqui, como referência existencial e como poder carnal do presente vivo.

É essa *epochè* que Husserl elaborava, ainda há pouco, na V *Meditação cartesiana* sob o nome de redução à esfera de pertença própria, à esfera do "próprio". Surge a esta altura a questão de saber a que preço se pode dar conta da presença do outro a partir dessa redução heroica – pois há heroísmo nessa luta pela constituição do mundo, que ousa se enfiar no gargalo de estrangulamento do solipsismo transcendental.

Nossa meta, aqui, não é fazer história. Também não vamos refazer passo a passo a trabalhosa argumentação de Husserl e iremos direto ao ponto onde, a nosso ver, ela fracassa. Pode-se dizer que a V *Meditação* é uma aposta insustentável: Husserl procura não deixar cair nenhuma das duas exigências que dominam o problema tal qual ele o pôs.

10. Simpatia e respeito

Por um lado, para se manter fiel ao idealismo que presidiu à redução e à constituição da coisa, ele quer mostrar como o outro é um "sentido" que se constitui "*na*" esfera de pertença, naquilo que me é o mais próprio. Com efeito, é na minha experiência mais pessoal que o corpo do outro se perfila. Faz parte da minha paisagem vital: é visto, ouvido, tocado. Seu ser se reduz verdadeiramente ao seu ser percebido como qualquer outra coisa. Até aqui o corpo do outro não se destaca sobre o fundo das coisas, mas fica nele absorvido sem privilégio particular.

Por outro lado, ao mesmo tempo em que constitui o outro "em mim", segundo a exigência idealista do seu método, Husserl tem o intuito de respeitar o sentido que se liga à presença do outro, como um outro que não é eu, como outro eu, que tem seu mundo, que me percebe, que se dirige a mim e estabelece comigo relações de intersubjetividade de onde saem um só mundo da ciência e múltiplos mundos de cultura. Husserl não quer sacrificar nem a exigência idealista, nem a docilidade aos traços específicos desta apercepção do outro que ele chama com o termo mais ou menos feliz de *Einfühlung* ["empatia"]. A exigência idealista quer que o outro, *como* a coisa, seja uma unidade de modos de aparição, um sentido ideal pressuposto. Quanto à docilidade ao real, esta quer ver o outro "transgredir" a minha esfera própria de experiência, para fazer surgir, nos limites do meu vivido, um *acréscimo* de presença, incompatível com a inclusão de todo sentido em meu vivido.

O problema do outro mostra com clareza o divórcio latente entre as duas tendências da fenomenologia husserliana, a tendência descritiva e aquilo que se pode chamar com propriedade designar como a tendência "metafísica". Husserl mostrou-se genial por ter mantido a aposta até o fim: com efeito, a preocupação descritiva de respeitar a alteridade do outro e a preocupação dogmática de fundar o outro na esfera primordial de pertença encontram o seu ponto de equilíbrio na ideia de uma apreensão analogizante do outro.

Mas é duvidoso que o enigma da existência do outro enquanto outro – ou seja, ao mesmo tempo como outro e como semelhante – se sustente nos limites estreitos dessa apreensão analogizante onde se equilibram as duas exigências a que Husserl tenta satisfazer simultaneamente.

Com efeito, não há em sentido radical senão uma única realidade primordial, eu, que, no entanto, se transgride a si mesma em um "outro", mediante uma espécie de multiplicação por similitude que Husserl denomina "emparelhamento" (*Paarung*). O corpo do outro está ali, ele mesmo, "presentificando" o vivido do outro que não está lá, ele mesmo, sob pena de se confundir com o meu. Assim o outro não é um momento de minha vida, embora o desenrolar de sua vida seja indicado por seu corpo cuja "apresentação" se produz em minha esfera própria de pertença.

O nervo do argumento reside no elo analógico que liga o outro corpo ao meu, único dado a mim mesmo originariamente como corpo vivo (*Leib*). Husserl não desconhece as dificuldades clássicas da tese da analogia. Pensa escapar-lhes fazendo da analogia uma apreensão mais primitiva do que o "raciocínio" e do que todo "ato de pensamento", uma espécie de referência a uma primeira criação de sentido, de transposição pré-intelectual, no estilo das relações pré-intelectuais – pré-relações – estudadas mais tarde em *Erfahrung und Urteil*. Husserl não é capaz de explicar o fato de que todas as analogias jogam de objeto para objeto no interior da esfera primordial e que esta vai do conjunto da esfera primordial para outro vivido que é o vivido de um outro. Husserl está de acordo: "Nada do sentido transferido – a saber, o caráter específico do corpo vivo – pode ser realizado no original em minha esfera primordial". Estranha analogia que não vai mais somente do modelo para o semelhante, mas do próprio para o estranho. O enigma se concentra no valor ôntico (*Seinsgeltung*) que arranca o vivido do outro assim "presentificado" (apreendido por analogia) à minha esfera primordial.

O embaraço de Husserl se deve ao fato de ser incapaz de sair dos quadros de pensamento herdados da constituição da coisa. Ele se pergunta em qual experiência concordante se confirma o sentido: "vivido do outro". Assim como a unidade de sentido a que damos o nome de árvore, casa, se confirma

10. Simpatia e respeito

em perfis concordantes, também as presentificações do outro "tomam emprestado seu valor ôntico de sua conexão motivadora com apresentações verdadeiras que não cessam de acompanhá-las nem, todavia, de mudar". Mas logo a seguir, Husserl restabelece o enigma da experiência do outro: a concordância do comportamento do outro "indica" (*indiziert*) somente algo psíquico. Não é o preenchimento no original de um sentido visado por uma presença percebida, mas a "indicação" indireta de um vivido estranho pela coerência de um comportamento. Toda a dificuldade, portanto, subsiste: por que essa coerência interna me convida a visar um estranho e não um objeto do meu mundo?

Aquilo que Husserl acrescenta sobre o papel dos aspectos potenciais de minha experiência própria ("lá adiante" onde está o outro é um "aqui" possível de meu corpo, um lugar aonde posso ir) torna mais fácil o jogo da analogia, mas não resolve o enigma do estranho: eu equiparo o outro não somente à minha experiência atual, mas à minha experiência potencial. Aquilo que o outro percebe me é analogicamente sugerido por aquilo que eu veria de lá. Mas o "aqui" do outro difere essencialmente do meu "aqui" potencial, aquele que seria o meu, se eu fosse até lá. O teu "aqui" é outro diverso do como se eu estivesse lá, pois é o teu e não o meu.

Assim não cessam de se equilibrar na escrupulosa análise de Husserl as pretensões do idealista, que se exprimem na reflexão sobre as operações do *ego* "nas" quais constituo o outro em mim e o respeito propriamente fenomenológico da experiência, que se exprime na descrição pura e simples dos traços específicos pelos quais o outro se exclui da minha esfera própria. Esta segunda tendência culmina nesta observação que a compreensão do outro e a reflexão sobre mim mesmo são estritamente recíprocas, "pois toda associação de emparelhamento é reversível"[1]. Esta confissão final não atesta a precariedade da *epochè* que isolou a esfera própria?

---

1. Cf. *Méditation cartésienne.* Op. cit., p. 102.

Esta aventura do idealismo husserliano[2] permite pôr a questão radical: o "valor ôntico" (para usar a linguagem de Husserl) que se liga à "presentificação" do outro na "apresentação" de seu corpo não será de natureza irredutível ao "valor ôntico" que se liga às unidades de sentido pressupostas que chamamos "coisas" e que se confirmam quando se preenchem intuitivamente ao fio do fluxo de silhuetas? Kant não tinha ido direto ao coração do problema quando opunha praticamente as pessoas às *mercadorias*? Tentar-se-á, para quebrar o prestígio da *Dingkonstitution* e para romper o encanto sutil da "representação", herdado da reflexão sobre a "coisa", procurar do lado dos *sentimentos* a revelação da existência do outro? A vida da atenção terá recursos que a percepção por demais espetacular, demasiado contemplativa não tem? Seria a simpatia a chave dessa revelação?

Este projeto parece legítimo, tanto mais quando a afetividade visa e apreende alguma coisa sem passar pela "representação". Ela põe em presença de..., sem propriamente conhecer. Parece, pois, legítimo procurar do lado da afetividade a abertura para o mundo das pessoas.

Sabe-se com que ardor – por falta de rigor – Max Scheler tentou, em *Natureza e formas da simpatia*, distinguir a sim-

---

2. As *Meditações cartesianas* representam a ponta avançada do idealismo husserliano. Por isso não é de se espantar que os inéditos ulteriores que marcam o refluxo do idealismo sublinhem a irredutibilidade da constituição das pessoas à das coisas. Já o Apêndice VII a *Ideen* II, para o qual Tran-Duc-Thao atraiu exatamente a atenção, marca a oposição entre a *Einheit absoluter Bekundung* que a pessoa significa e a simples *Erscheinungseinheit* à qual a coisa se reduz. Toda a terceira parte de *Ideen* II, consagrada à realidade das pessoas, sublinha a inflexão do problema da percepção quando se eleva da coisa e mesmo da *psychè* (no sentido de: objeto da psicofisiologia) ao espírito. Husserl sublinha já que é numa atitude prática mais que teórica (II, III, § 2 e 3), em predicados de valor e de ação que se reconhece o espírito das pessoas e dos grupos. Mas essa evolução de Husserl não infirma nossa análise; prova, ao contrário, que o reconhecimento do momento ôntico da realidade pessoal é de uma outra natureza que a constituição das unidades de sentido pressupostas segundo o modelo da *Dingkonstitution*. O enigma de uma experiência de alteridade absoluta sai daí reforçado.

10. Simpatia e respeito

patia (*Mitfühlen*) do contágio afetivo e da fusão afetiva que 271
é sua forma extrema. A simpatia é uma maneira de "tomar
parte", de "compartilhar" uma tristeza ou uma alegria sem a
repetir, sem a experimentar por duplicação como um vivido
semelhante. O contágio afetivo seria, antes, um fenômeno
de contaminação psicológica cega e quase automática, portanto involuntária e inconsciente, capaz de se amplificar por
uma espécie de ressonância ou recorrência afetiva. Ela excluiria a "compreensão" verdadeira e a "intuição" ativa e
consciente de sentir "com..." sem sentir "como...". Assim a
simpatia distinguiria os seres, o contágio e a fusão afetiva os
misturariam.

A descrição de Max Scheler é incontestável. Resta somente saber se a distinção entre a compaixão compreensiva e o
contágio cego constitui, como o pretende Max Scheler, um
dado fenomenológico suscetível de servir depois de pedra de
toque para a metafísica da pessoa, para a ética da piedade,
etc. Ter-se-á o direito de falar de uma "distância fenomenológica" entre os seres, em nome de um traço descritivo elevado
ao nível de "essência" ou de "*a priori*"?

Temos o direito de sermos céticos, caso consideremos
a confusão total em que Max Scheler encontra o problema
da simpatia e a confusão em que ele torna a afundá-la.
Todo o seu livro é dirigido contra Spencer e Darwin, contra
Schopenhauer e von Hartmann, contra Nietzsche enfim: todos eles teriam confundido simpatia e contágio, ou até simpatia e fusão afetiva, quer os primeiros por esboçarem uma
gênese de todos os sentimentos intersubjetivos a partir desse afeto ambíguo, quer os segundos por louvarem a piedade, quer o último por arruinar o seu prestígio. Por ser tão difundida, a confusão entre a simpatia e o contágio afetivo
não será devida à própria natureza da simpatia? Não será a
própria simpatia uma relação *equívoca* com o outro que
espera, aliás, crítica e discernimento? Se não, como explicar que a fenomenologia da simpatia tenha assim de tornar a subir sem cessar a ladeira da confusão? Aqui se pode

mesmo duvidar de que a fenomenologia opere essa recuperação só utilizando os recursos da descrição, no sentido bruto da constatação de um fato ou de um estado de coisas. Na verdade, a descrição de Max Scheler introduz tanta confusão quanto a dissipa. Seu livro é de certo modo uma apologia da fusão afetiva. De modo complacente, ele vai encontrá-la no êxtase dos mistérios gregos, na alma primitiva e em todo primitivismo psíquico de ordem infantil ou de ordem patológica, nas emoções eróticas e no sentimento maternal, no instinto conforme o sentido de Driesch e de Bergson. E essa fusão afetiva, à qual ele opõe por outro lado a simpatia, todo o seu romantismo, todo o seu dionisismo tende a ver nela a matriz afetiva da simpatia:

> Um mínimo de fusão afetiva não especificada se faz necessária para possibilitar a intuição de um ser vivo (até do movimento orgânico mais simples, enquanto distinto do movimento de um objeto inanimado) enquanto ser vivo, e [...] e é sobre esta base da mais primitiva intuição dos seres exteriores que se edificam a "reprodução afetiva" mais elementar, a "simpatia" não menos elementar e, além destas duas atitudes, a "compreensão" espiritual[3].

O gosto antimoderno de Max Scheler o levava, por outro lado, a deplorar a decadência da vida instintiva. Ditos curiosamente dissonantes com outros como este:

> A reprodução afetiva e a simpatia são totalmente incompatíveis com a fusão afetiva e com a identificação verdadeira[4].

Daí o constante equívoco desse livro, dividido entre duas preocupações: a de *cindir descritivamente* a simpatia do contágio e da fusão afetivos, a de *tornar a enraizar vitalmente* a simpatia na fusão. Max Scheler – agostiniano e românti-

---

3. SCHELER, M. *Nature et forme de la sympathie*, p. 50.
4. Ibid., p. 56.

10. Simpatia e respeito 317

co – estava bem de acordo por seu equívoco próprio com o equívoco da situação afetiva que abordava[5].

Este caráter equívoco do afeto como tal nos convida a nos perguntar se a "distância fenômenológica" que se pensa que revela, se a alteridade mesma dos seres, não são de uma outra ordem que a do afeto. O equívoco, que parece inerente à simpatia, não deve sem cessar ser dirimido por um ato de posição do outro enquanto outro, por um ato que confira à simpatia esse discernimento da distância entre os seres que a fenomenologia declara constatar?

Este processo da simpatia pode ser levado mais longe ainda. Por que privilegiar a simpatia entre todos os sentimentos intersubjetivos? Este privilégio não será de outra ordem que a descritiva? Com efeito, a simpatia, enquanto modalidade vivida, não é mais significativa que a antipatia, o ciúme, o ódio. E até se pode dizer que a pessoa ciumenta intui com mais clarividência o cenário de gestos do outro em direção do foco de intenções onde se constitui sua existência do que o bom homem que acha todo o mundo simpático. A maneira como o

---

5. Um estudo histórico – que não é aqui o nosso propósito – teria que recolocar a análise de *Natureza e formas da simpatia* no contexto de conjunto da obra de Max Scheler. Ver-se-ia então que a verdadeira doutrina do conhecimento do outro está nas páginas da *ética material*, consagradas à "pessoa em suas relações éticas" (*in ethischen Zusammenhängen*) p. 495-620]. A análise intitulada "apreensão teorética da pessoa", que precede essas páginas decisivas (p. 381-495), atinge bem a essência da pessoa como unidade concreta de seus atos intencionais. É, no entanto, notável que essa análise essencial não esgote "a intenção significativa da palavra pessoa" (p. 495) nem se eleve até a diferença fundamental Eu-Tu. Quando a pessoa se mostra em suas "intenções de valores" e se assinala como "ser-de-valor" (*Wertwesen*), como diz M. Scheler em uma expressão breve, só então a compreensão emocional do outro atinge o seu verdadeiro objeto: o amor vai ao *Wertwesen* do outro e reciprocamente o *Wertwesen* só é acessível ao amor. Somente neste nível escapamos dos embaraços do conhecimento analógico. Toda a meditação de M. Scheler tende, pelo contrário, a estabelecer que a apreensão do *Wertwesen* do outro precede toda reflexão solipsista e que o conhecimento de mim mesmo em meu *Wertwesen* é uma espécie de amor do outro refletido na primeira pessoa. Teremos de dizer, mais adiante, se aquilo que Max Scheler chama de compreensão do ser-de-valor pelo amor difere daquilo que Kant chama de respeito.

ciumento observa os sinais, suspeita deles, coteja-os, não constituirá uma espécie de dúvida metódica, implacável e dolorosa, contrária a todos os juízos precipitados da simpatia, àquela ingenuidade da simpatia que, espontaneamente, liga um pensamento, um sentimento, uma intenção a uma expressão, a um comportamento? O ciúme, ainda melhor que a compaixão, não transporta e empurra o outro para além dos sinais que ele dá de si mesmo? O ciumento não atesta, até pelo seu sofrimento, a existência absoluta e certa de um Eu estranho e inacessível, que tanto se esconde quanto se mostra no fenômeno de si mesmo? E o tímido, tomado sob o olhar do outro, petrificado por esse olhar, não faz uma experiência absoluta da subjetividade estranha na própria prova de sua própria existência convertida em objeto sob o olhar que pesa sobre ela? São bem conhecidos os recursos que Sartre colheu dessa situação.

De repente, o *privilégio* da simpatia entre todos os humores e as tonalidades intersubjetivas desmorona, enquanto os *equívocos* próprios da simpatia lhe arruínam a claridade reveladora. De um ponto de vista estritamente descritivo, os afetos como tais são igualmente interessantes, e a fenomenologia das aparições do outro deve perder-se em uma multiplicidade de monografias, tão válidas umas quanto as outras: fenomenologia da vergonha, do pudor, da antipatia, da cólera, do medo, do ciúme, da inveja, da timidez, etc. O problema do outro fica então sujeito a uma decomposição sem fim que é precisamente um dos perigos da fenomenologia, sem contar os malefícios do amadorismo descritivo, do seu gosto pela sutileza. Põe-se assim uma séria questão no plano metodológico: o que é que poderia resistir a essa dispersão sem fim de aparições incessantemente ramificadas, a essa vã curiosidade que se denomina de bom grado fenomenologia?

Poder-se-ia então ser levado a procurar de um outro lado, em vez da simpatia, a relação fundamental com o outro, capaz de reagrupar a multiplicidade das revelações de sua existência. Husserl, Scheler e toda a sua descendência não omitiram o momento de *negatividade* que Hegel e Marx discerniram no coração das relações inter-humanas? É fato que as análises hegeliana do senhor e do escravo, a marxista da luta de classes, a sartreana do olhar e da vergonha parecem hoje mais ricas de conteúdo humano do que a fenomenologia da *Einfühlung* e do *Mitfühlen*. A luta que dramatiza o problema do outro não estará mais em concordância com a realidade cotidiana do que a compaixão? Em suma, é-se tentado a pensar que a *oposição* das consciências é a chave de sua *alteridade*; outras porque cada uma busca a morte da outra; estaria aí o segredo da "distância fenomenológica" que Max Scheler acreditou ter encontrado na simpatia.

Da simpatia ao respeito 274

Uma espécie de dúvida cética surge do processo da simpatia. Seus equívocos, seu contestável privilégio entre o sem-número de afetos intersubjetivos, nos deixam em uma atitude de suspeita em face das pretensões da nossa sensibilidade intersubjetiva. Quanto a essa dúvida cética, é necessário que seja com ousadia transformada em dúvida metódica: depondo em bloco todos os afetos rivais onde o outro parece mostrar-se e ao mesmo tempo ocultar-se, façamos surgir o ato de posição do outro, sempre prévio a esse ato de deposição.

De que natureza pode ser esse ato de posição? Não pode se produzir no prolongamento do *cogito* cartesiano, mas, como bem o viu Kant, no ato pelo qual a razão *limita* as pretensões do sujeito empírico. A realidade do outro se comprova em uma reflexão sobre o limite, não o limite sofrido como uma "situação" que me afeta, mas querido como o meio de dar valor ao eu empírico. Este ato de autolimitação justificadora – esta posição voluntária de finitude – pode ser chamado indiferentemente dever ou reconhecimento do outro. Com efeito, não posso limitar o meu desejo por uma obrigação, sem pôr o direito do outro a existir de algum modo. Reciprocamente reconhecer o outro é me obrigar de alguma maneira, pois obrigação e existência do outro são duas posições correlativas. O outro é um centro de obrigação para mim, e a obrigação é um resumo abstrato de comportamentos possíveis para com o outro. Por conseguinte, enquanto a posição do *cogito* na dúvida cartesiana pode permanecer como um ato eticamente neutro, a posição do outro enquanto outro – o reconhecimento de uma pluralidade e de uma alteridade mútua – deve ser obrigatoriamente ética. Não é possível que eu reconheça o outro em um juízo de existência bruta que não seja um consentimento do meu querer ao direito igual de um querer estranho.

Kant, neste campo, vai mais longe que Descartes. Apenas a constituição de uma filosofia prática, que não seja uma extensão do nosso conhecimento teórico e não possa tender para a especulação, permite-me ter certeza do outro, tal como tenho certeza de mim, de Deus e dos corpos nas *Meditações*.

Este recurso a Kant no terreno da fenomenologia da segunda pessoa pode parecer mais singular ainda, dado que Kant jamais pôs de maneira explícita o problema da existência do outro, como põe o do mundo na *Refutação do idealismo* e no *Postulado do pensamento empírico*. Mas essa existência, precisamente, não deve ser procurada em outro lugar que não seja nas implicações da filosofia prática. Na análise do *respeito* é que se acha contida toda a filosofia kantiana da existência do outro. Quanto Kant introduz de maneira abrupta a noção de pessoa, com a segunda fórmula do imperativo categórico, ele contesta que haja um problema da existência do outro antes daquele do respeito. No respeito um querer fixa o seu limite pondo um outro querer. Assim a existência em si do outro é posta com o seu valor absoluto em um só e mesmo ato. E essa existência é, desde o primeiro instante, outra daquela das coisas: a "coisa" pertence como objeto do meu desejo à ordem dos meios, mas a "pessoa" pertence, como face a face do meu querer, à ordem dos fins em si:

> Os seres racionais [escreve Kant nos *Fundamentos da metafísica dos costumes*] se chamam pessoas, porque a sua natureza as designa já como fins em si, isto é, como uma coisa que não pode ser empregada simplesmente como meio, uma coisa que, por conseguinte, limita tanto toda faculdade de agir quanto bom me parece e que é um objeto de respeito;

10. Simpatia e respeito

a oposição da pessoa e da coisa é existencial, visto ser ética, e não o contrário.

Teremos de esclarecer imediatamente dois pontos difíceis: em primeiro lugar a situação do *respeito* como *sentimento*. Vamos fazê-lo quando tentarmos abordar de novo a simpatia enquanto afeto no respeito. Por enquanto, só vamos considerar o aspecto puramente prático do respeito, a saber, a posição de um querer estranho e semelhante como face a face do meu querer, a coordenação de uma pluralidade de quereres. O segundo ponto que teremos de retomar diz respeito à relação exata entre aquilo que Kant chama de "limite" da minha faculdade de agir e as situações históricas de conflito que acima evocávamos. Este ponto será também elucidado quando considerarmos o modo como o respeito ordena não somente os afetos que gravitam em torno da simpatia, mas todos os afetos dramáticos que têm no conflito sua alma: antipatia, ódio, ciúme, vontade de dominar, de sujeitar e destruir. Vamos conservar, por enquanto, apenas o momento puro do "limite", que não significa nem limitação da capacidade de conhecer (limite do ponto de vista especulativo), nem limitação da capacidade de agir (por impotência empírica), mas limite prático-ético. O limite é aqui pura alteridade: um outro vale e existe, existe e vale diante de mim. E sua alteridade se assinala pelo fato de pôr um ponto onde pare a minha tendência a determinar todas as coisas como uma visada de minhas inclinações e a incluí-la assim intencionalmente em mim como objeto de minhas inclinações.

A força da análise kantiana, cuja insuficiência será bastante bem exposta a seguir, está em ter ligado o problema da pessoa ao da obrigação e o da obrigação ao da razão prática; noutras palavras, ele mostra que o reconhecimento da existência do outro é correlativo da dupla instância do dever ser e da racionalidade enquanto prática. Estamos diante de uma tríplice e indivisível emergência, resumida por Kant na linda palavra *humanidade*, que chama de fim objetivo enquanto "suprema condição restritiva de todos os fins subjetivos" ou ainda enquanto "suprema condição limitativa de todos os meios". Pelo respeito, a pessoa se encontra de imediato situada

276 em um campo de pessoas, cuja alteridade mútua está estritamente fundada sobre sua irredutibilidade toda vez a meios. Noutras palavras, sua existência é sua dignidade, seu valor não comercial, sem preço. Quando toda pessoa não apenas aparece diante de mim, mas se põe absolutamente como fim em si limitando minhas pretensões a objetivá-la teoricamente e a utilizá-la praticamente, então é que ela existe ao mesmo tempo *para mim* e *em si*. Numa palavra, a existência do outro é uma existência-valor. A ilusão das fenomenologias da simpatia é que a existência do outro subsistiria ainda de maneira perceptiva ou afetiva, mesmo que o outro houvesse perdido a dimensão ética de sua dignidade.

Na terminologia kantiana, a existência do outro é um postulado, ou seja, uma proposição existencial implicada no princípio da moralidade ("a proposição: a natureza racional existe como fim em si é um postulado"). Este postulado é o conceito de um reino dos fins, isto é, a ligação sistemática dos seres racionais pela própria lei de seu respeito mútuo. Não se pode chegar a esse postulado mediante simples reflexão sobre os atos do *cogito*, mas pela análise das intenções da vontade boa. Essa intenção implica o ato de situar-se a si mesmo em um todo de pessoas como membro e soberano da comunidade ética que as pessoas formariam todas juntas, se cada uma se situasse em relação a todos segundo a reciprocidade do respeito.

Falta ainda compreender como o respeito convoca, se assim se pode dizer, a simpatia e a própria luta, tanto o jurídico como o político, a história enfim. Kant, muito conscientemente, não ultrapassou o formal da obrigação e a existência do outro conserva o caráter pontual e abstrato de uma existência correlativa da obrigação moral toda pura. Não adianta censurar Kant por seu formalismo: a pobreza mesma do formalismo é sua razão de ser. Mesmo que seja por outro lado o fruto amargo de uma desconfiança ranzinza acerca da afetividade, é antes de tudo uma exigência de método. O preço desta implacável ascese dos momentos empíricos é o desnudar do momento propriamente prático da existência do outro.

10. Simpatia e respeito

A partir desse ponto, tudo resta a fazer. Kant nunca disse que uma moral efetiva deveria permanecer formal. Ele repete sem se cansar que a determinação completa seja lá do que for é indivisivelmente forma e matéria. O que é verdadeiro de uma física e de uma ética o é também da apreensão concreta de um mundo de pessoas. A abstração kantiana do respeito só tem então sentido se agora surpreendemos o respeito em atuação na polpa afetiva e histórica da simpatia e da luta.

Do respeito à simpatia e à luta

O respeito, em primeiro lugar, efetua a justificação crítica da simpatia. Ele trabalha como um discriminador no seio da confusão afetiva inerente à simpatia. O respeito, sem cessar, livra a simpatia de sua tendência romântica, ou a se perder no outro, ou a absorver o outro em si – tendência que Max Scheler perfeitamente discerniu sob o termo de fusão heteropática ou idiopática. Pelo respeito eu me compadeço ao mesmo tempo com a dor ou com a alegria do outro como sua e não como minha. O respeito aprofunda a "distância fenomenológica" entre os seres, pondo o outro ao abrigo das invasões de minha sensibilidade indiscreta: a simpatia toca e devora o coração, o respeito observa de longe. Dir-se-ia com muita propriedade, que a simpatia, conforme Max Scheler, é uma fusão afetiva posta em pé pelo respeito. Mesmo que sua textura seja paradoxal, este paradoxo não é um dado, um fato inerte que se constata, e sim uma obra. Não se poderia, portanto, falar de uma "situação fenomenológica de fato". Noutra linguagem, seria possível pôr o respeito no nível das "tomadas de posição" (expressão dos fenomenólogos da escola de Munique, que corresponde muito bem ao que Kant designava como "máxima subjetiva do livre arbítrio"), é uma tomada de posição que retoma para a trabalhar a massa afetiva e a eleva ao grau do sentimento. O sentimento de simpatia constitui assim, tal como a generosidade cartesiana, uma ação em uma paixão, uma paixão do livre arbítrio. Da mesma forma, o fenomenólogo não está diante de um espetáculo psicológico, mas diante de uma disposição passivo-ativa, que pode estar ausente, e com a qual a reflexão colabora ativamente. É da mesma forma o momento de "tomada de posição" imanente à simpatia, isto é, a espontaneidade volitiva operando no coração do afeto que pode tornar-se má, como o veremos logo a seguir e que, de fato, é sempre já misteriosamente má.

Podemos, portanto, chamar de transafetivo o momento do respeito, embora este só exista em um afeto que ele remodela interiormente. Acredito que é o que Kant queria dizer, na *Crítica da razão prática*, quando, ao retomar por uma démarche sintética o tema do respeito a partir da autonomia, opõe o respeito como "móvel *a priori*" aos outros móveis empíricos da sensibilidade. Designa-o então como um sentimento "espontaneamente produzido" em oposição aos outros afetos que são "sofridos ou recebidos por influência". Ele é, com efeito, como que a marca da faculdade de agir na faculdade de desejar.

Fazia-se, então, necessário atravessar a dúvida sobre a simpatia, chegar ao momento puro do respeito prático, a fim de conquistar o sentido da simpatia. E é só neste momento que temos o direito de dizer que a simpatia e o respeito são um só e mesmo "vivido". Ou seja, a simpatia é o respeito considerado na sua matéria afetiva, a saber, em sua raiz de vitalidade, em seu impulso e sua confusão; já o respeito vem a ser a simpatia considerada em sua forma prática e ética, isto é, como posição ativa de um outro eu mesmo, de um *alter ego*.

O respeito, dizíamos, *justifica* a simpatia: ele a justifica de uma primeira maneira eliminando seu equívoco, mantendo a alteridade dos seres que a fusão afetiva tende a anular; e a justifica uma segunda vez privilegiando-a entre outros afetos intersubjetivos. De um ponto de vista descritivo, vimo-lo, a simpatia não é mais reveladora das relações com o outro do que a antipatia, do que a timidez e a vergonha, do que a cólera e o ódio, do que a inveja e o ciúme. A superioridade da simpatia sobre os outros afetos intersubjetivos consiste em sua afinidade com a ética do respeito. Sua superioridade existencial como revelação de uma existência estranha é, na realidade, superioridade ética.

Para se compreender bem este ponto, é mister procurar situar os outros afetos em relação ao respeito. É possível, de fato, descobrir analiticamente em cada afeto um momento de "tomada de posição" relativamente ao outro, por conseguinte, um ato de apreciação, de avaliação da existência-valor do outro. É por esse lado que todo afeto intersubjetivo pode ser situado com relação ao respeito.

Vamos esboçar esta análise a propósito do ódio, por exemplo. O ódio é, em certo sentido, um afeto que envolve uma tomada de posição depreciativa da existência-valor do outro. A pessoa movida pelo ódio esboça o movimento de aviltar o outro como se fosse uma coisa que se calca aos pés. Mas o ódio é uma tomada de posição compósita: a avaliação negativa da existência-valor do outro está em conflito com uma avaliação positiva que ele tenta aniquilar. Desse conflito decorre o dinamismo do ódio. Por não conseguir anular, em mim, uma apreciação de sua existência, eu o ponho diante de mim com um direito igual, obstino-me diante dele para anular a censura que o valor do outro faz voltar contra mim mesmo, valor reconhecido por um respeito enterrado mais profundamente que meu ódio.

Portanto, o ódio encerra em si um respeito infeliz, respeito despeitado, se ouso dizer.

Essa análise do ódio não pode ser levada mais longe, a não ser pondo em jogo os movimentos complexos da culpabilidade e da má consciência. O conflito no seio de uma mesma consciência do respeito que põe o outro e do ódio que o calca aos pés é o estopim de um processo que se infla a si mesmo infinitamente e faz a consciência infeliz. O respeito, efetivamente, liga ao outro de um modo que não cessa de incriminar o ódio; ao sentir-se incriminado, o rancoroso tenta negar sua culpabilidade, expulsá-la projetando-a sobre o outro. Ele o acusa; acusando-o, deprecia-o. E o fenômeno circular, desen-

279 cadeado pela que o invencível respeito irradia, torna a se lançar, mantém-se por recorrência. Se o desprezo conseguisse sufocar o respeito, conseguiria muito bem anular o valor-existência do outro. O outro desprezado seria um utensílio, um objeto. Então o desprezo se extinguiria no sucesso, dando o contentamento à alma. O tempo do desprezo seria também o tempo da felicidade. Mas a experiência comum e a história mostram bastante bem que o desprezo não chega nunca a seu termo e que o seu prazer nunca é consumado.

O que distingue a simpatia dos afetos negativos é a felicidade.

Sua felicidade não é somente a da consonância afetiva com o outro – coisa que o instinto dá, com um custo menor – mas a da consonância ética entre um afeto patético e a avaliação absoluta do respeito. Os afetos negativos implicam sofrimento moral; trazem a marca de uma infelicidade da dissonância, sentida como culpa, negada como culpa e agravada por uma tentativa fracassada de desculpa: quem odeia sente obscuramente que é o malvado. Não o aceita, detesta-se a si mesmo e tenta purgar-se no outro de seu modo de agir detestável. Pelo menos é ainda a inocência do respeito que lhe permite sofrer odiando. É necessário ser originariamente inocente para ser originalmente culpado. A infelicidade, feita de reprovação e de fracasso, de todos os afetos intersubjetivos negativos, dá testemunho ainda dessa inocência oculta. As paixões surgem na inocência do respeito como uma catástrofe da comunicação. O respeito fornece a trama intersubjetiva originária sobre a qual se tece a infelicidade do ciumento, do invejoso, do luxurioso...

A consonância e a dissonância com o respeito fazem, a partir de agora, parte da estrutura ética de todos os afetos intersubjetivos mediante a "tomada de posição" que os determina praticamente: pelo respeito, o outro continua sendo obscuramente reconhecido, no mesmo ato em que é apaixonadamente suprimido e negado intencionalmente ou de fato.

10. Simpatia e respeito

Eis por que a simpatia, como compaixão ativa, tem a excepcional significação de curar os afetos enfermiços e regenerar a alma injusta. A simpatia ainda há pouco havia sido nomeada a matéria do respeito. Pode-se agora denominá-la o esplendor do respeito, pois este é que faz da simpatia um afeto purificador, por sua proximidade ética em relação ao respeito[6].

Enfim, uma terceira maneira de justificar a simpatia: consiste em mostrar como ela se coordena à luta, subordinando-se ao respeito.

Já apontamos, na primeira parte, a fragmentação sem fim da fenomenologia da intersubjetividade e a tentação que se propõe reunir o sem-número de figuras da experiência do outro, não mais a partir da simpatia, mas a partir do conflito. No prolongamento da *Fenomenologia do espírito* – que então se oporia à fenomenologia de estilo husserliano e scheleriano – a oposição das consciências na luta pelo reconhecimento seria o verdadeiro revelador da sua existência umas para as outras. O principal interesse desta concepção é que faz aparecer, com o momento de negatividade, uma ordem dialética que é ao mesmo tempo uma história, ideal ou real, a história das oposições através da qual as consciências "vêm a ser" em sua reciprocidade: assim a luta comportaria ao mesmo tempo o momento

---

[6]. Não estaremos, aqui, mais perto que nunca de Max Scheler por esta justificação crítica da simpatia? "O que destrói e deve necessariamente destruir esta ilusão [a ilusão teórica e prática do egoísmo] é a intuição que temos, graças à simpatia, da igualdade de valor existente entre o nosso eu e os outros seres humanos, enquanto seres vivos [...]. Desde o momento em que essa igualdade de valor nos é revelado, *o outro* 'se torna' para nós tão real como o nosso próprio eu, perde sua existência de sombra, deixa de só existir em relação a nós" (*Nature et forme de la sympathie*, p. 96). E, indo mais longe, o egocentrismo é uma ilusão timética. De sorte que a fenomenologia se acha ligada a um ato de "renúncia ao egocentrismo timético" (p. 97). – Toda a obra de Max Scheler tende para uma concepção da intuição que consiste, segundo a palavra de P.-L. Landsberg, a "fazer justiça" ao valor dos seres.

dialético e o momento histórico que faltam tanto à ética do respeito como à fenomenologia da simpatia.

Enquanto se examinam a luta e a simpatia de um ponto de vista simplesmente descritivo, não aparece a sua verdadeira relação. Não faltam razões para dar prioridade à luta. Não somente a simpatia não parece abranger todo o campo das aparições do outro, mas falta-lhe elevar-se, parece-me, ao plano propriamente histórico, isto é, social e político. Ela permanece imergida na compaixão com as lágrimas e o riso, com a tristeza e a alegria; mas a luta dinamiza as relações humanas, menos carregadas de vitalidade, mais marcadas pelo trabalho, pela apropriação das coisas, pela concorrência social, pela disputa pelo poder. A simpatia parece assim relegada para o setor "privado" das relações humanas, fora do campo das forças que movem a história.

Inversamente, um discurso em defesa da simpatia não teria dificuldade em argumentar, não a partir da *importância* histórica dos setores animados pelas emoções da simpatia ou da luta, mas a partir da *intimidade* dos laços humanos instaurados por umas e pelas outras. A simpatia se move pela via das relações anônimas para as relações pessoais. Se a luta "historiciza", a simpatia "intimiza" as relações inter-humanas.

Este jogo permanece inútil, enquanto não aparece a estrutura ética da luta, mesmo que fosse luta pelo reconhecimento. Uma reflexão sobre o papel da oposição em geral pode servir para introduzir a seguinte questão: não seria a luta a manifestação primitiva da pluralidade das consciências de si? A oposição não teria, talvez, o privilégio que uma filosofia ao mesmo tempo trágica e lógica lhe desejaria conferir? Seria a oposição apenas uma figura empírica particularmente lúcida e espetacular da alteridade? Seria o caso de recordar a demonstração do *Sofista*, de Platão; o não ser é o outro; a oposição dos contrários não é mais que uma espécie da alteridade. Isto continua sendo verdade quando consciências se opõem: há na oposição das consciências o reconhecimento da alteridade

10. Simpatia e respeito 329

mais outra coisa. Há o núcleo de alteridade originariamente constituído pelo respeito mais uma vontade de homicídio que não é uma vontade de alteridade, mas de solidão pela morte do outro. Justamente por isso, na célebre dialética do senhor e do escravo, é já o reconhecimento do escravo como um outro que mantém em face do senhor a presença de alguém que é mais um instrumento. Não vejo que a consciência estoica da igualdade do senhor e do escravo seja posterior à luta. Mesmo que esta não se reflita senão secundariamente, é pressuposta pela própria estrutura da luta, na medida em que o escravo, no qual o senhor tem sua verdade, permanece outra coisa diversa de um instrumento. Existe no escravo um outro em via de anulação, um instrumento em via de humanização.

Encontramos, aqui, uma dialética semelhante à do ódio, dilacerada entre a valorização nascente do outro, que mantém um sujeito humano face ao ódio, e a desvalorização do outro, que levaria à felicidade caso ela fosse capaz de objetivar totalmente o outro, a mortificá-lo na coisa ou no instrumento.

A luta não é, portanto, uma relação simples. Por isso não parece que a fenomenologia tenha de privilegiar a negatividade como situação originária da comunicação. Impõe-se, ao contrário, empreender uma análise regressiva das condições da luta, para desta inferir o respeito implícito e recompor o seu sentido, como se pode fazê-lo para as outras relações intersubjetivas carregadas de "negatividade". Caberia essa tarefa a uma genealogia das paixões, construída sobre o fundamento do respeito, na qual a luta apareceria como uma das dramatizações passionais da revelação de alteridade instituída pelo respeito.

O alcance dessa inversão, que subordina a luta ao respeito (e, em geral, a oposição à alteridade), não é só teórico, mas também prático: não concerne unicamente à filiação das significações e dos conceitos, mas também ao nosso juízo moral e político. Pois, se contamos apenas com os avatares da luta, com os acasos ou com a lógica, para assegurar o reconhecimento do outro, vamos adorar a história, celebrando a negatividade. Parece-me que o respeito é o momento não só transafetivo, que pode justificar criticamente a simpatia, mas também trans-histórico, que nos permite aceitar ou negar aquilo que a história produz na dor. A justificação crítica da simpatia é também retificação prática da luta. Somente o respeito, de fato, pode antecipar o *fim* da luta, no duplo sentido de visada moral e de termo histórico, e assim dar uma medida à violência. Igualmente ele é que faz a não violência participar da história; ele confere uma eficácia específica que o livra do seu papel nobre e derrisório de má consciência da história; pois o testemunho concreto e atual que o não violento presta à amizade dos homens se une secretamente à visada ética da violência progressista. Não somente se une a ela, mas a revela, antecipando-a loucamente em um presente intempestivo, não atual. Mais ainda, revelando a visada ética da violência, ele justifica a violência, na medida do possível; pois, agindo não só em direção dos fins humanistas da história, mas pela força desarmada desses fins, o homem do respeito, o não violento, mantém no coração da violência o seu sentido atual que é, para ela, somente a sua esperança sempre diferida.

Esta dialética concreta da não violência e da violência na história, impulsionada pelo respeito, contém a relação essencial entre a simpatia e a luta.

Conclusões metodológicas

Deixando de lado essas perspectivas sobre a ação na história, voltemos, para encerrar, a nossas preocupações metodológicas iniciais:

1) Não é necessário escolher entre uma ética formal do respeito e uma ética material, seja da simpatia, seja da luta. O próprio de um formalismo consiste em fornecer à ética a armadura *a priori* implicada no momento de "tomada de posição" diante do outro e chamada a se completar no sentimento

10. Simpatia e respeito

e na ação. Não há moral concreta que seja só formal, como também não há moral sem um momento formal. Aí Kant é invencível: a pobreza do formalismo é sua força. Daí a série de alternativas: Kant ou Hegel, Kant ou Marx, Kant ou Scheler, é uma série de falsas alternativas. A única questão é saber como continuar, quando se tiver começado com Kant.

2) Existe um reconhecimento do outro, ligado ao momento formal da ética. Mediante este ato de reconhecimento, a pretensão do eu a se posicionar por si e para si encontra seu limite. O outro é, deste modo, uma função da boa "vontade" no sentido kantiano do termo. Esta maneira de pôr o outro, implicada na boa vontade, constitui o aspecto prático e ético da finitude.

3) A posição formal do outro no respeito acaba duplamente na simpatia e na luta. Aqui se confrontam e se coordenam uma fenomenologia da simpatia e uma história da violência.

4) Sem a posição de realidade correlativa do respeito, a fenomenologia não consegue passar do problema da constituição da "coisa" ao da constituição a pessoa. A fenomenologia procede da decisão de reduzir o em si ao fenômeno, a posição absoluta de alguma coisa no seu aparecer. Essa decisão – a redução fenomenológica – é libertadora quando se trata de coisas. A redução do seu ser ao seu aparecer é uma conquista positiva que faz surgir a dimensão transcendental do sujeito. Mas essa decisão é mortificante quando se trata de pessoas. A pessoa é reconhecida no movimento inverso que recoloca o aparecer no ser. Aí ganha força de verdade o axioma de Kant: não se dá fenômeno sem "alguma coisa" que aparece (aliás, quando o "alguma coisa" é "alguém", então Kant é "o verdadeiro Leibniz", como ele mesmo o diz uma vez: a coisa em si é então mônada). Mas essa posição de realidade das pessoas continua sendo um reconhecimento prático, e a existência aí reside como existência-valor. Quanto ao desejo de "ver", de conhecer especulativamente a existência do outro já é indis-

crição, desrespeito. Pois, se eu pudesse transformar o postulado da realidade do outro em visão, poderia construir uma especulação monadológica fora da ação mediante a qual opero o reconhecimento do outro. Por isso só se pode encontrar decepção em toda tentativa para substituir o consentimento voluntário por alguma "percepção" do outro ou por alguma intuição do coração. Pondo a realidade do outro, o respeito o protege contra a fútil curiosidade do saber[7].

---

7. Uma palavra, de propósito, não foi pronunciada: o amor. Ela designa uma nova dimensão, a da fonte ou da poesia. Seria então outra questão saber a que preço seria possível uma filosofia do amor. Esta não pode, em todo o caso, ser instituída no prolongamento de uma reflexão sobre a *posição* do outro, implicada na *limitação* que a razão *impõe* às pretensões do eu empírico. Deve ser no horizonte de uma meditação não mais apenas sobre o limite, mas sobre a criação e o dom. Essa meditação vai além das possibilidades do tipo de pensamento ético-fenomenológico que se aplica neste estudo. Todavia o amor não seria capaz, em compensação, de se anunciar no campo da reflexão filosófica como uma reconstrução desde os alicerces do respeito, da mesma forma que o respeito é uma retomada corretiva da simpatia. Uma filosofia do amor, caso fosse possível, "inventaria" o respeito como "amor prático". Pareceu preferível, neste estudo, não misturar os gêneros e salvaguardar a especificidade de cada tipo de reflexão.

11
O originário e a questão-em-sentido-contrário na *krisis* de Husserl*

Eu não poderia esquecer meu primeiro encontro aprofundado com Huserl. Aconteceu ao ler a *Teoria da intuição na fenomenologia de Husserl* por Emmanuel Lévinas[1]. Esse livro simplesmente fundava os estudos husserlianos na França, e os fundava com base em uma interpretação centrada em torno das *Investigações lógicas*, mais especialmente abordando a VI *Investigação* à qual ele gosta de voltar ainda hoje. Pouco após o fim da guerra, apesar dos lutos e para lá do holocausto, Emmanuel Lévinas reabria mais uma vez o campo fenomenológico. E o desdobrava desta vez entre Husserl e Heidegger. A partir de então, esse intervalo não cessou de determinar a amplitude do próprio campo fenomenológico.

O ensaio a seguir prolonga, em uma região da fenomenologia igualmente cara a Emmanuel Lévinas, o impulso que ele deu por duas vezes aos estudos husserlianos. Seja-me permitido dizer as circunstâncias nas quais essa investigação tomou corpo. Convidado, noutro contexto, a interpretar o estilo de redução das ideologias à *praxis* na *Ideologia alemã* de Marx, certa vez, lembrei-me do brilhante estudo sobre a *Origem da geometria* de Jacques Derrida, o primeiro a destacar o método de "*Rückfrage*" que ele traduz com uma expressão feliz

---

* Estudo publicado a primeira vez em *Textes pour Emmanuel Lévinas*. Paris: Fr. Laruelle/Jean-Michel Place, 1980, p. 167-177.

1. LÉVINAS, É. *Théorie de l'intuition dans la phénoménologie de Husserl*. Paris: Vrin, 1930 [reimpr. 2001].

por "*question en retour*" [questão em sentido contrário] (também me sucederá dizer "questionamento em sentido contrário"). E me pus a questão de saber se esse método de redução, considerado em seu conjunto na *Krisis* de Husserl, não constituiria um paradigma admissível para resolver o enigma da famosa "inversão" em Marx, que a metáfora da *câmera obscura* mais obscurece que clareia. Ao elaborar este modelo de inteligibilidade, não esquecia que Husserl e Marx não tinham em vista as mesmas idealidades. Um considera as idealidades religiosas, políticas, éticas e "todo o resto da ideologia", segundo uma expressão da *Ideologia alemã*. O outro considera as idealidades lógicas, matemáticas e filosóficas derivadas. No entanto, parecia-me que os dois pensadores tinham em comum o mesmo gesto filosófico, precisamente o "questionamento em sentido contrário". Parecia-me, com efeito, que esse gesto filosófico suscitava as mesmas questões. Por exemplo, a questão do sentido da própria operação, a do estatuto do termo último da redução – *praxis* em um caso, *Lebenswelt* no outro – enfim a do estatuto epistemológico das "representações", ideologias e idealidades, uma vez que estas tenham sido reduzidas ao seu terreno de ser e de sentido. Muito mais, parecia-me que a *Krisis* constituía um caso mais simples e, por esta razão, mais propício à construção de um modelo de discussão dos paradoxos da *Ideologia alemã*. Em primeiro lugar, o caso exemplar de idealização – a *mathesis universalis* – é mais fácil de teorizar do que o primeiro núcleo da ideologia em Marx, a saber, a religião. Em segundo lugar, o princípio da extensão do modelo inicial é definido com mais clareza em Husserl. Ou seja, a matematização da natureza inteira, erigida em prática teórica, regulada por uma certa teleologia imanente, constitui de fato um processo mais facilmente identificável do que a extensão, em Marx, do modelo ideológico primitivo às idealidades políticas e a toda a esfera das representações ideológicas. Com efeito, se a extensão do modelo é mais homogênea em Husserl do que em Marx, é porque o processo é no essencial de natureza puramente epistemológica e não se refere, portanto, senão às práticas teóricas, ao menos em suas primeiras etapas, ao passo que a extensão, em

Marx, do primeiro núcleo ao resto da ideologia percorre de fato uma série difícil de ordenar de práticas sociais, como política, direito, cultura, etc. Mas, sobretudo, o próprio método de redução das idealidades constitui o objeto – em Husserl – de uma reflexão explícita que autoriza uma tentativa ulterior de transposição de Husserl a Marx. Daí resulta que a vigilância crítica de Husserl o situa em melhor posição para definir uma obra de redução que não seja reducionista.

É o relato dessa empreitada que eu ofereço ao fundador dos estudos husserlianos na França.

O método de "*Rückfrage*" na *Krisis*

Eis a tese fundamental que nos serve de ponto de partida: a *Lebenswelt*, que surge no horizonte da investigação da *Krisis*, não cai nunca sob uma intuição direta, mas só é alcançada indiretamente ao se passar pelo desvio de uma "meditação-em-sentido-contrário" (*Rückbesinnung*), ou, dizendo melhor, pela "questão-em-sentido-contrário" (*Rückfrage*). O ponto de aplicação deste questionamento em sentido inverso se acha no estado contemporâneo das ciências, mas não na "cientificidade" compreendida no sentido de exatidão (*Exaktheit*) interna, mas na pretensão das ciências de encontrar em si mesmas o seu próprio fundamento e em erigir esse fundamento em medida de racionalidade. Husserl parte, portanto, de uma situação predominante com a qual se depara e que caracteriza, por um lado, pela super-elevação das idealidades de tipo matemático em toda a nossa cultura e, por outro lado, pela dúvida geral que afeta, hoje, todo o sistema de valores – *die allgemeine Bewertung*[2] – oriundas desta hipóstase. Seria legítimo perguntar se a desintegração do sistema hegeliano e a sua transformação por aqueles que Marx chama os ideólogos alemães, pode ser comparada, no plano da motivação filosófica, àquilo que Husserl percebeu como constituindo a crise das ciências europeias. O paralelo – se tem algum valor –

---

2. *Krisis*, p. 3.

nada subtrai ao fato de que – para Husserl – a origem da crise está situada no fim do Renascimento, na época de Galileu e de Descartes. Mas, considerando aquilo que chamei de o gesto filosófico eventualmente comum aos dois pensadores, são os "motivos mais profundos"[3] da mudança que se impõem, então Husserl vai falar, de modo análogo a Marx, de *Wende, Wendung* e *Umwendung*. A seu ver, a humanidade europeia operou, no Renascimento, uma "inversão revolucionária" (*"revolutionäre Umwendung"*)[4] e diz ainda: "uma estranha mudança" (*eine sonderbare Wendung*) de todo o pensamento foi a sua consequência necessária[5].

Essa inversão, por seu turno, requer uma inversão em vista de uma nova fundação. Mas essa fundação não será nunca uma projeção utópica, pois o que se impõe é "a penetração de uma meditação-em-sentido-inverso, histórica e crítica", que passe por "uma questão-em-sentido-contrário sobre aquilo que, originalmente e toda vez, foi querido enquanto filosofia e continuou sendo querido através da história na comunhão de todos os filósofos e de todas as filosofias; mas isto se fará também pelo exame crítico daquilo que na determinação da meta e no método, denota esta última autenticidade de origem que, uma vez percebida, força apoditicamente o querer"[6].

Esse texto introduz o método de questionamento em sentido contrário que será de ora em diante o nosso fio condutor.

Impõem-se três observações. Deve-se sublinhar em primeiro lugar o caráter indireto do método, a despeito do fato de ser orientado para aquilo que é o mais último, o mais originário, o mais autêntico. Em seguida, o retorno à origem esquecida pressupõe que todo o processo de idealização seja reconhecido como um super-impulso, como uma "*Überschie-*

---

3. Ibid., p. 5.
4. Ibid.
5. Ibid., p. 9.
6. Ibid., p. 16. • *La crise des sciences européennes et la philosophie transcendentale*. Paris: Gallimard, 1976, p. 23-24.

bung" pela qual o mundo matematicamente construído pela parte de baixo (*substruierte*) é tomado pelo mundo real, o único realmente dado pela percepção, em suma pelo nosso "mundo de vida cotidiana"[7].

Seria ainda um problema saber até que ponto este superimpulso pode esclarecer a metáfora da inversão ótica – da *camera obscura* – em Marx. Enfim, terceira observação, a origem para a qual aponta o questionamento em sentido inverso não consiste em alguma intuição passiva, receptiva, mas em uma vida *operante*. O termo que se impõe é o de "operação" (*Leistung*), que inclui o de *praxis*. Antes da geometria das idealidades vem a medida prática que ignora os idealistas[8]. Esta "operação pré-geométrica" é, no entanto, o fundamento de sentido (*Sinnesfundament*) da geometria. É, declara então Husserl, por uma fatal omissão que Galileu não impeliu seu questionamento em sentido inverso até a operação originariamente dadora de sentido. Assim a idealização progrediu em um terreno originário que é em si mesmo da ordem da atividade, da operação, mas que, já para Galileu, era dissimulada. Essa oposição entre idealização e operação, atingida pelo método de questionamento em sentido contrário, decerto mereceria, a meu ver, ser comparada àquela entre representação e *praxis* em Marx.

Os critérios do originário

Sugeri, acima, que o questionamento em sentido contrário talvez fosse em si mesmo um nó de paradoxos. O primeiro concerne aos critérios do originário. Não se poderia, com efeito, dissimular discordâncias entre as observações esparsas de Husserl a este respeito.

---

7. *Krisis*, p. 48-49.
8. Ibid., p. 49.

A *reflexão a partir de Galileu* sugere um primeiro grupo de traços. Em primeiro lugar este: antes das entidades geométricas, antes do espaço e do tempo geométricos, o que se encontra é um ser vivo ativo dentro de um certo ambiente. Caso se acompanhasse unicamente esta linha de pensamento, ser-se-ia levado à ideia de um mundo da vida, não somente fechado em si mesmo, mas fechado a todo questionamento. Não diz Husserl que este mundo da vida permanece inalterado na sua estrutura essencial própria, seja lá o que façamos "*kunstlos oder als Kunst*"?[9] Mas um segundo traço vai corrigir o primeiro: a ação que caracteriza este nível envolve um certo "pré-ter" (*Vorhaben*), um como que "ter-em-vista" (*Vor-meinen*): "Toda *praxis* com suas antecipações implica induções"[10]. A linha divisória, portanto, não passa entre vida e predição ou indução, mas entre a indução enquanto pertencente à esfera da *praxis* e a indução "estendida ao infinito"[11]. Noutros termos, a virada decisiva é a idealização no sentido de interação infinita. Esta linha é mais difícil de estender, na medida em que a antecipação parece estar potencialmente aberta ao processo infinito característico da idealização. Um terceiro traço parece reforçar o primeiro, mas de certa maneira no nível do segundo: o novo processo permanece finalmente extrínseco à *praxis*. Husserl se arrisca, aqui, a falar da "roupagem de ideias" (*Ideenkleid*) que, ao mesmo tempo, representa (*vertritt*) e disfarça (*verkleidet*) o mundo da vida[12]. Essa dissimulação impediu Galileu de compreender um dia a significação verdadeira do seu método, de suas formulações e de suas teorias. É assim um gênio que ao um só tempo "descobre" e "dissimula"[13].

A *reflexão a partir de Kant* sugere outro grupo de traços. Kant pretende fundar em um sistema categorial a pressuposi-

---

9. Ibid., p. 51.
10. Ibid.
11. Cf. n. 51.
12. Cf. n. 52.
13. Cf. n. 53.

ção de todas as pressuposições. Deve-se então pôr o problema do questionamento em sentido oposto igualmente em termos de pressposição [Este vocabulário, tampouco, não é estranho a Marx]. Neste novo quadro de referência, o mundo da vida é designado como fundamento não questionado de toda pressuposição[14]. Aquilo que Kant esqueceu é da ordem da operação, a operação da subjetividade transcendentalmente formadora. O vocabulário kantiano é preservado, mas ao mesmo tempo subvertido. Não é mais questão de uma atividade de síntese, mas do "mundo ambiente da vida cotidiana enquanto existente"[15].

As implicações desta modalidade específica de questionamento em sentido inverso diferem sensivelmente daqueles que se ligavam à noção de uma *praxis* pré-geométrica. Sublinham-se, em primeiro lugar, os predicados *culturais* do mundo. As ciências, diz Husserl, são "fatos culturais neste mundo"[16]. Compreende-se por que é sublinhada neste lugar e nesta ocasião a dimensão cultural do mundo. Acompanhando Kant, com efeito, a nossa reflexão se move no plano das questões de validação (*Geltung*). A maneira apropriada de reduzir validações ideais ao seu fundamento na experiência é fazer aparecer a própria experiência como um processo de "avaliação" e os sujeitos como "sujeitos de validação"[17]. Observa Husserl, a este propósito, que avaliações que podem ter-se tornado "aquisições habituais" podem ser "re-atualizadas" como se quiser. E assim continuam sendo "nossas validações". Esta dimensão axiológica do mundo da vida não é abolida pela apologia dos aspectos "sensuais" e "corporais" do mundo da vida enquanto "mundo dos sentidos" (*Sinnenwelt*). Nestes aspectos Husserl se detém longamente no mes-

---

14. *Krisis*, p. 106.
15. Ibid.
16. Ibid., p. 107.
17. Ibid.

mo parágrafo consagrado às pressuposições não expressas de Kant[18]. Poder-se-ia sugerir que a transição entre mundo sensível e mundo axiológico é assegurada pelo "eu posso" e pelo "eu ajo", que fazem do sujeito um "sujeito de afecções e de ações"[19].

Seja qual for o tipo de coerência entre as duas descrições do mundo como mundo sensível e como mundo de avaliação, é sobre a atividade de avaliação que se enxerta a dimensão "comunal" do mundo da vida. Viver é "viver com um outro no mundo"[20]. Tal condição faz dos "sujeitos de ato" um nós potencial, como o demonstrarão as análises de Alfred Schutz.

Pondo assim a ênfase sobre os traços culturais e axiológicos do mundo da vida, Husserl prepara a inclusão da própria ciência na esfera da *praxis*, como *praxis* teórica. A noção de mundo da vida é assim estendida a ponto de englobar o seu contrário, o mundo objetivo, e este já não mais verdadeiro como objetivo, mas enquanto ele mesmo é o produto de uma operação. A ciência é uma operação, obra da comunidade de atividade científica[21]. Até as proposições em si de Bolzano são obras do homem, e remetem a "atualidades e potencialidades" humanas: "elas pertencem, assim, à unidade concreta do mundo da vida cuja concretitude se estende por conseguinte mais longe que a das coisas (*Dinge*)"[22].

Mas esta inclusão da *praxis* teórica no universo englobante do mundo da vida não constitui ainda a derradeira palavra. A dimensão cultural e comunal da vida prática no mundo faz desta uma "subjetividade anônima", não apenas, parece, porque a sua fonte e o seu terreno foram esquecidos enquanto

---

18. Ibid., § 28.
19. Ibid., p. 109.
20. Ibid., p. 110.
21. Ibid., § 34.
22. Ibid., p. 133.

Leistung, mas porque até a *Leistung* é naônima, no nível da teleologia que orienta a vida para configurações discerníveis, para *Gestalten*[23].

Compreendo da seguinte maneira este último desenvolvimento: Quando Husserl se deparou com a consequência possível que o mundo da vida seja um mundo privado, incomunicável, como seria o caso se apenas o aspecto "subjetivo-relativo" fosse frisado, dirigiu sua atenção para aquela espécie "de unidade indivisível do complexo de significação e de validade que atravessa todas as operações do espírito"[24]. Precedendo todas as operações individuais e culturais, sempre se encontra uma *Leistung* universal. Esta é pressuposta por toda *praxis* humana, por toda vida pré-científica e científica[25].

Este requisito de uma "subjetividade universal funcionando de maneira última (*letztfungierende*)[26] não poderia ser formulado a não ser no término de uma reflexão de segunda ordem apoiada na filosofia transcendental de Kant.

Se a investigação dos critérios do originário é tão escassamente conclusiva, se ela parece até se perder em direções divergentes, isto, parece-me, se deve ao fato de que a questão está mal posta. O originário, deve-se dizê-lo, não é objeto de descrição. Ou, para dizê-lo de outro modo, o pretenso pré-dado nunca é dado de novo. A filosofia não é a repetição do originário.

A reflexão precedente sobre os critérios do originário nos oferece algumas das razões desta conclusão negativa. Descobriremos novas razões no momento oportuno.

Vê-se, em primeiro lugar, que não se pode isolar o conceito de *Lebenswelt* do próprio método de *Rückfrage*, que tem

---

23. Ibid., p. 114.
24. Ibid., p. 115.
25. Ibid., p. 115.
26. Ibid.

seu ponto de partida na camada das idealizações e das objetivações produzidas pela atividade científica e cultural. Neste sentido, a *Lebenswelt* está fora de nosso alcance. É a pressuposição última que, como tal, não pode jamais ser transposta para uma nova vida paradisíaca.

Além disso, o mundo percebido – o mundo a que Husserl dá o nome de *Sinnenwelt* – com o qual seríamos tentados a identificar a *Lebenswelt* e sua prática, não é tampouco desprovido de interpretação. É o que nos recorda Waldenfels: *Wahrnehmung ist Deutung*. Atesta-o a própria *Krisis*: Os mundos ambientes dos negros africanos e dos camponeses chineses não têm para eles os mesmos valores perceptivos que o mundo ambiente do ocidental. De maneira diversa, mas convergente, o mundo pré-geométrico está já ordenado por antecipações que abrem caminho para o mundo geométrico. Estamos desde todo o sempre além do pré-dado – que permanece pré-dado, nunca dado de novo.

Mas é necessário ir mais longe: o pressuposto mundo da vida não se acha tampouco livre do questionamento. Se, por um questionamento em sentido oposto, que parte de Galileu, ou mesmo de Kant, esse mundo pode parecer sem pressupostos, para o modo cartesiano de questionar, que ainda não introduzimos, é fundamentalmente vulnerável à dúvida. No parágrafo 17: "Retrocesso (*Rückgang*) até o *ego cogito*", claramente se afirma que a dúvida universal de Descartes abrange não só a validade de todas as ciências anteriores, mas até a validade do mundo da vida pré-científica e extracientífica[27]. Esta afirmação parece, à primeira vista, incompatível com a caracterização da *Lebenswelt* como pressuposição última. A conciliação volta a ser possível – e vou antecipar aqui a solução que esboçarei mais adiante – caso se dissocie a função ontológica da *Lebenswelt* como estando aí antes de toda interpretação, de sua função epistemológica, como pretenden-

---

27. Ibid., p. 77.

te à validade. A via cartesiana tem como resultado precisamente submeter a *Lebenswelt* à dúvida cartesiana no referente à sua pretensão de validade. Mas se é possível fazer e manter essa distinção, então a raiz ontológica, isolada de sua pretensão à legitimidade, está mais longe do que nunca de toda repetição em uma experiência intuitiva. Talvez esteja aqui a razão pela qual Husserl fala do "motivo cartesiano originário" como "o inferno – *die Hölle* – de uma *epochè* insuperável e quase cética"[28]. Esta surpreendente declaração deixa entrever que o mundo da vida não é um mundo ao qual se possa retornar, como Ulisses a Ítaca, porque o deixamos para sempre, não só em prol das matemáticas e da física, mas sob a pressão de uma questão que se volta também contra ele: a questão da fundação última. Essa questão, com efeito, não pertence em si mesma ao mundo da vida. Ela foi posta por aquela que Husserl denomina "a nova humanidade"[29], isto é, os gregos. A questão grega do fundamento último não pertence mais ao mundo da vida como tal, se é que este deve significar a vida imediata no nível de uma *praxis* radicalmente pré-científica.

A função epistemológica da *Lebenswelt*

É mister substituir a questão dos critérios do originário pela questão da função epistemológica da *Lebenswelt*. Tal questão, é verdade, não é tampouco desnudada de alguns paradoxos. Mas estes talvez sejam menos rebeldes a uma tentativa de harmonização ou de conciliação.

Uma coisa agora é certa: a volta à *Lebenswelt* não passa de um momento, de um grau intermediário de um "retorno" mais fundamental, o retorno à ciência como tal, à razão como tal, indo além de sua limitação no pensar objetivo. Deve-se, então, compreender que, para restaurar o conceito de ciência

---

28. Ibid., p. 78.
29. Ibid., § 33.

em seu sentido autêntico, importa enveredar pelo desvio de um questionamento em sentido contrário que tome esse pensamento objetivo como ponto de partida, ponha a nu a sua falta de fundamento, e o mande de volta àquilo que o precede de modo absoluto. Por conseguinte, é essa função da "*Rückfrage zur Lebenswelt*" em face do resgate da significação verdadeira da razão e da ciência que se deve tentar reconhecer e compreender.

Mas esta tese, com efeito, também envolve novos paradoxos.

Se o "sentido de ser" próprio da *Lebenswelt* permanece uma questão aberta[30], é por não se compreender em absoluto como a questão da validação absoluta poderia proceder do mundo da vida enquanto vivido. A cientificidade do pré-científico permanece como uma questão opaca. Requer-se, isto sim, uma cientificidade diferente da cientificidade objetiva, lógica[31], e que, "enquanto fundação última não lhe seja inferior em valor, mas lhe seja superior"[32]. Ora, como é que uma tal *epistème* pode fazer justiça ao mesmo tempo ao seu contrário mais desprezado, a *doxa*?

O Apêndice XVII apresenta de outro modo o paradoxo de uma fundação absoluta no mundo da vida. Husserl reconhece a "equivocidade" (*Doppeldeutigkeit*) necessária, mas ao mesmo tempo perigosa, do mundo enquanto "território" (*Gebiet* = terreno, território, região). Em um sentido primeiro, o "território" é aquilo que precede todas as metas, ou seja, está além de toda fragmentação; é o solo (*Boden* = solo, terra, chão, piso, assoalho). Mas o conjunto das metas a alcançar ou já alcançadas constitui também uma espécie de "território". O "território" é aqui o lugar das metas particulares, das teleologias particulares, entre as quais aquela das diversas ciências. O

---

30. Ibid., p. 124.
31. Ibid., p. 127.
32. Ibid.

11. O originário e a questão-em-sentido-contrário... 345

paradoxo consiste nisto: não se consegue alcançar o "território" pré-dado, sem a mediação de metas particulares que constituem este ou aquele mundo cultural, por exemplo, o mundo pré-científico e o mundo científico. O "contraste" entre o pré-dado, enquanto totalidade indivisível, e as formações teleológicas fragmentárias continua sendo algo desorientador. Husserl o admite: *Hier ist wieder ein Verwirrendes*[33]: "Existe aqui de novo algo embaraçoso": Como fazer concordar o pré-temático e o já tematizado? Eis por que parece uma "questão paradoxal"[34] tornar temático "o" mundo, a despeito do fato de que não pertence a nenhum dos temas de nenhuma das formações teleológicas constitutivas das ciências objetivas. Aí, sim, está o último paradoxo. Apesar de todos os esforços para englobarmos a ciência como operação na estrutura total do mundo da vida, não cessa de se declarar uma discordância íntima entre o pré-científico e o científico. Husserl reconhece, pelo menos uma vez, o caráter irredutível desse paradoxo: "A paradoxal referência um ao outro do 'mundo' objetivante verdadeiro e do 'mundo da vida' torna enigmático o modo de ser de cada um"[35]. Este é o enigma: os dois mundos estão inseparavelmente unidos e irremediavelmente opostos.

Deve-se, portanto, pelo menos creditar a Husserl o mérito de sua extrema lucidez no discernir dos paradoxos ligados à procura de uma fundação última. Essa lucidez chega às vezes às raias da confusão:

> Todas as nossas tentativas de alcançar a clareza esbarram em paradoxos que não cessam de renascer, que nos fazem, de súbito, conscientizar-nos de que todo o nosso filosofar careceu até aqui de solo firme. Como é que poderemos agora tornar-nos verdadeiramente filósofos?[36]

---

33. Ibid., p. 462.
34. Ibid.
35. Ibid., p. 134.
36. Ibid.

E mais adiante: "Somos principiantes absolutos e não dispomos de nenhum gênero de lógica suscetível de fornecer normas"[37]:

> Não apenas em razão da grandeza da meta, mas também em razão da estranheza essencial e do caráter essencialmente precário dos pensamentos que serão necessariamente postos em jogo[38].

A função epistemológica e a função ontológica do retorno ao mundo da vida

A fim de resolver – ou tentar resolver – esses paradoxos, e talvez também paradoxos semelhantes em Marx, eu gostaria de voltar de novo à sugestão, feita acima de passagem, de dissociar a função epistemológica e a função ontológica do mundo da vida.

A função ontológica se enuncia sob duas formas: a primeira, negativa e polêmica; a segunda, positiva e assertórica. Que a função ontológica tenha de tomar primeiro a forma polêmica, para tanto há uma necessidade comum a Marx e a Husserl. A tese, com efeito, se opõe a uma pretensão contrária, a pretensão da consciência de se erigir em origem e senhora do sentido. A primeira função do conceito de *Lebenswelt* é arruinar essa pretensão. Sem dúvida, tal pretensão tem caráter contingente. Por isso, Husserl e Marx não a identificam com o mesmo momento histórico. Trata-se, com efeito, de um fato contingente da nossa história que Galileu, Descartes e Kant tenham dado à nossa modernidade a orientação que sabemos. Da mesma forma se deveria dizer, por analogia, que é contingente que a filosofia hegeliana do Estado e do saber absoluto tenha fornecido a Marx o ponto de partida do seu processo de redução. Em compensação, não é contingente a

---

37. Ibid., p. 136.
38. Ibid., p. 137.

11. O originário e a questão-em-sentido-contrário... 347

hybris que anima a pretensão aqui denunciada. Neste sentido, Kant acertou bem na mosca: a razão está sempre diante da necessidade da "ilusão transcendental". Talvez a emergência da consciência como tema se ache ligada a esse tipo de *hybris*. Pôr-se é, para a consciência, querer fundar-se em si mesma. O regresso à *Lebenswelt* reduz tal *hybris* asseverando que o mundo desde todo o sempre a precedeu. Esta asserção é o lado positivo da tese ontológica. Ela consiste em designar a *Lebenswelt* como o referente último de toda idealização, de todo discurso. Escreve Husserl:

> Graças a este enraizamento, a ciência objetiva tem uma constante referência de sentido ao mundo [*beständige Sinnbeziehung auf die Welt*] no qual não cessamos de viver, mesmo como homens de ciência e, portanto, também na comunidade inteira dos homens de ciência[39].

Mas essa tese ontológica nada diz, nem sob sua forma polêmica, nem sob a sua forma assertórica, relativamente à função epistemológica das idealizações e objetivações, das construções e configurações de sentido, etc. A tese da referência última deixa intacta a questão da legitimação última. E é aqui que se produzem os mal-entendidos, não só aqueles que Husserl dissolve, mas também os que ele suscita. Todos se resumem na equivocidade do conceito de fundamento que ora designa o solo (*grundende Boden*) sobre o qual se constrói alguma coisa, ora o princípio de legitimação que governa a construção das idealidades em cima dessa base. Só distinguindo estes dois sentidos do termo fundamento é que se pode solucionar enfim o paradoxo, percebido por Husserl, que afeta as relações entre mundo objetivamente verdadeiro e mundo da vida. Este paradoxo, como se recorda, consiste em afirmar simultaneamente uma relação de contraste e uma relação de dependência. O paradoxo desaparece ou, caso se queira, torna-se aquilo que é precisamente, a saber, parado-

---

39. Ibid., p. 132.

xo, caso se dissocie a relação epistemológica de contraste e a relação ontológica de dependência.

295 Por "contraste" deve-se entender a emergência da questão de validade em uma situação que não a contém como tal. Essa questão é heterogênea à da referência última. Pode-se, por isso, dizer que a noção de ciência, *Wissenschaft*, teve de ser posta por uma humanidade nova, os gregos. O fato de o mundo da vida preceder toda idealização não requer nenhuma "ciência grega". A ideia de ciência, enquanto fonte de toda legitimação, não provém do mundo da vida. Marx, antes de Husserl, já tivera de confessar essa distinção no momento mais decisivo de seu argumento concernente à relação entre ideias dominantes e classe dominante.

Esta distinção entre a tese ontológica e a tese epistemológica sugere a ideia de uma irredutível dialética entre a relação de dependência e a relação de contraste e, no fim das contas, entre o mundo real, enquanto solo, e a ideia de ciência, enquanto princípio de toda validação. O mundo real tem a prioridade na ordem ontológica. Mas a ideia de ciência tem a prioridade na ordem epistemológica. Pode-se então "derivar" as idealidades, no sentido em que se referem ao mundo real. Mas não se pode derivar a sua exigência de validade. Essa exigência remete à ideia de ciência, que é originária em outro sentido que o mundo da vida. Noutras palavras, vivemos em um mundo que precede toda questão de validade. Mas a questão de validade precede todos os nossos esforços para dar sentido às situações em que nos encontramos. Uma vez que começamos a pensar, descobrimos que vivemos já em e por meio de "mundos" de representações, de idealidades e normas. Neste sentido, estamos nos movendo em dois mundos: o mundo pré-dado, que é o limite e o solo do outro, e um mundo de símbolos e regras, em cuja grade o mundo já fora interpretado quando começamos a pensar.

Pode-se continuar chamando essa relação de precedência recíproca de paradoxo: o paradoxo segundo o qual o mundo

11. O originário e a questão-em-sentido-contrário... 349

da vida enquanto pré-dado precede a exigência de legitimação que, no entanto, desde sempre ultrapassou esse mundo da vida. Mas o paradoxo cessa de ser um equívoco caso seja possível manter a distinção entre a anterioridade ontológica do mundo da vida e o primado epistemológico da ideia de ciência que regula toda questão de validade.

Índice onomástico

Alain 98
Alquié, F. 176
Aristóteles 154, 299-301

Bachelard, G. 43
Bataille, G. 168
Bolzano 340
Bréhier, É. 7
Brunschvicg, L. 55, 100

De Broglie 43
Derrida, J. 333
Descartes, R. 8, 13, 15, 18, 42, 46-49, 51, 54, 56s., 60, 94 n. 9, 110, 154, 159, 175-180, 182-185, 190, 197, 201, 215, 247, 250, 320, 336, 342, 346
Dilthey, W. 131, 131 n. 45
Duhem, P. 43

Einstein, A. 43

Fink, E. 91 n. 3
Freud, S. 169, 305

Galileu, G. 30, 38, 42, 44-48, 50, 336-338, 342, 346
Geiger, M. 8
Gilson, E. 176
Goethe 305

Hamelin, O. 209
Hartmann 8, 315
Hegel, G.W.F. 7, 55, 57, 135, 149, 151-153, 318, 331
Heidegger, M. 8, 12, 14 n. 8, 15, 20, 153, 154 n. 3, 155, 179, 190, 193, 333
Hume, D. 7, 48-50, 54, 56s., 60, 171, 192, 210, 280

Ingarden, R. 183 n. 2, 276, 276 n. 56

Jaspers, k. 8, 39

Kant, E. 7, 20, 30, 36, 39, 48s., 96, 98, 145, 147, 149s., 150 n. 2, 151, 154, 159, 171, 173, 185s., 186 n. 3, 211, 253s., 258, 258 n. 2, 259-263, 278, 280, 284, 286, 288-291, 299s., 300 n. 3, 301-304, 309, 314, 317 n. 5, 319-324, 331, 338-342, 346s.
Koffka 70
Köhler 69s.
Kreis 253 n. 1

Lagneau, J. 98
Lambert, J.-H. 149
Laporte, J. 176
Leibniz, G.W. 44, 48, 238, 251, 331
Lévinas, É. 11 n. 4, 58 n. 60, 175, 215 n. 1, 333, 333 n. 1

MacDougall 288
Maine de Biran 122
Malebranche, N. 48, 79
Marcel, G. 80, 98, 104
Marx, K. 52, 318, 331, 333-337, 339, 346, 348
Meyerson 43
Munsterberg 131

Natorp, P. 253 n. 1

Pfander, A. 8
Platão 149, 154, 169, 276, 297, 303, 305, 328
Protágoras 161, 173

Rickert 131, 253 n. 1
Ross, D. 149

Sartre, J.-P. 46, 154 n. 3, 156, 318
Scheler, M. 8, 288, 300, 309, 314-316, 316 n. 3, 317 n. 5, 318s., 323, 327 n. 6, 331
Schutz, A. 340
Simmel 131
Sócrates 18, 153, 173
Spinoza, B. 48, 73, 83, 94 n. 9
Stern, W. 295 n. 1
Strasser, S. 88, 89 n. 1, 175, 183 n. 2, 299 n. 2, 300

Thévenaz, P. 154-157

Toulemont, R. 236 n. 33, 240 n. 37, 242 n. 40, 244 n. 43, 245 n. 46

Waldenfels 342

Windelband, W. 131

Wolff, C. 48s.

Zocher 253 n. 1

Índice geral

Sumário, 5

1. Husserl (1859-1938), 7

   Husserl e o movimento fenomenológico, 7

   Fenomenologia da significação, 9

   Os temas descritivos, 11

   Da fenomenologia descritiva à fenomenologia transcendental, 13

   Do idealismo transcendental à fenomenologia genética, 16

2. Husserl e o sentido da história, 18

   Repugnância da fenomenologia transcendental pelas considerações históricas, 20

   Vistas sobre a teleologia da história e a razão, 28

   Da crise da humanidade europeia à fenomenologia transcendental, 42

   Observações críticas, 51

3. Método e tarefas de uma fenomenologia da vontade, 61

   O nível da análise descritiva, 63

   O nível da constituição transcendental, 70

   Terceiro nível: no limiar da ontologia, 80

4. Análises e problemas em *Ideen* II de Husserl, 88

   Primeira parte: A constituição da natureza material, 92

A "ideia" da natureza em geral, 93

O "sentido" da "coisa" em geral, 95

O percebido relacionado ao corpo que percebe, 101

A camada "intersubjetiva" da coisa e a constituição de uma "natureza objetiva", 107

Segunda parte: A constituição da natureza animada, 109

"Realização" do *ego*: do "eu puro" ao "eu homem", 110

Consciência pura e consciência empírica, 111

Realidade e *psychè*, 114

A *psychè* e a coisa, 116

O corpo e a *psychè*, 120

O nível da experiência solipsista, 121

A ambiguidade do psiquismo no nível solipsista, 123

O nível intersubjetivo, 126

Terceira parte: A constituição do mundo espiritual, 131

A oposição entre espírito e natureza, 132

A motivação como lei fundamental do "mundo do espírito", 136

A relação da natureza com o espírito, 140

5. Sobre a fenomenologia, 149

Fenomenologia e fenomenologias, 149

A unidade de intenção da fenomenologia husserliana, 154

"Fenomenologia e materialismo dialético", 158

Do bom uso da fenomenologia husserliana, 170

6. Estudo sobre as *Meditações cartesianas* de Husserl, 175

Husserl e Descartes, 175

A dificuldade do "ponto de partida" radical
(I *Meditação*), 178

A experiência transcendental e a egologia
(II *Meditação*), 185

Investigação da "cogitatio": a intencionalidade
(II *Meditação*, continuação), 188

A síntese como forma fundamental da consciência:
o tempo (II *Meditação*, fim), 191

Situação da evidência no idealismo fenomenológico
(III *Meditação*), 198

O *ego* do *cogito* ou a fenomenologia como egologia
(IV *Meditação*), 205

   A mônada, 205

   O *eidos ego*, 207

7. Edmund Husserl: a V *Meditação cartesiana*, 215

   Posição do problema a partir da objeção do solipsismo
(§ 42-43), 216

   A redução à esfera do próprio *(eigenhsitssphäre)*
(§ 44-47), 219

   A apreensão "analógica" do outro (§ 48-54), 225

   A natureza intersubjetiva (§ 55), 235

   A comunidade intermonádica (§ 56-58), 242

8. Kant e Husserl, 253

   A "Crítica" como fenomenologia implícita, 254

   A "Crítica" como inspecção dos limites, 268

   "Constituição do Outro" e "Respeito", 283

9. O sentimento, 292

    Papel geral do sentimento: intencionalidade e interioridade, 293

    Dualidade do conhecer e dualidade do sentir, 296

    A fragilidade afetiva, 302

10. Simpatia e respeito – Fenomenologia e ética da segunda pessoa, 308

    Decepcionante fenomenologia, 309

    Da simpatia ao respeito, 319

    Do respeito à simpatia e à luta, 323

    Conclusões metodológicas, 330

11. O originário e a questão-em-sentido-contrário na *Krisis* de Husserl, 333

    O método de "*Rückfrage*" na *Krisis*, 335

    Os critérios do originário, 337

    A função epistemológica da *Lebenswelt*, 343

    A função epistemológica e a função ontológica do retorno ao mundo da vida, 346

Índice onomástico, 351

Coleção Textos Filosóficos

- *O ser e o nada*
  Jean-Paul Sartre
- *Sobre a potencialidade da alma*
  Santo Agostinho
- *No fundo das aparências*
  Michel Maffesoli
- *O ente e a essência*
  Santo Tomás de Aquino
- *Immanuel Kant – Textos seletos*
  Immanuel Kant
- *Seis estudos sobre "Ser e tempo"*
  Ernildo Stein
- *Humanismo do outro homem*
  Emmanuel Lévinas
- *Que é isto – A filosofia? – Identidade e diferença*
  Martin Heidegger
- *A essência do cristianismo*
  Ludwig Feuerbach
- *Metafísica de Aristóteles θ1-3*
  Martin Heidegger
- *Oposicionalidade*
  Günter Figal
- *Assim falava Zaratustra*
  Friedrich Nietzsche
- *Aurora*
  Friedrich Nietzsche
- *Migalhas filosóficas ou um bocadinho de filosofia de João Clímacus*
  Søren Aabye Kierkegaard
- *Sobre a reprodução*
  Louis Althusser
- *Discurso sobre o método*
  René Descartes
- *Hermenêutica e ideologias*
  Paul Ricoeur
- *Outramente*
  Paul Ricoeur
- *Marcas do caminho*
  Martin Heidegger
- *Lições sobre ética*
  Ernst Tugendhat
- *Além do bem e do mal*
  Friedrich Nietzsche
- *Hermenêutica em retrospectiva – Volume único*
  Hans-Georg Gadamer
- *Preleções sobre a essência da religião*
  Ludwig Feuerbach
- *História da filosofia de Tomás de Aquino a Kant*
  Martin Heidegger
- *A genealogia da moral*
  Friedrich Nietzsche
- *Meditação*
  Martin Heidegger
- *O existencialismo é um humanismo*
  Jean-Paul Sartre
- *Matéria, espírito e criação*
  Hans Jonas
- *Vontade de potência*
  Friedrich Nietzsche
- *Escritos políticos de Santo Tomás de Aquino*
  Santo Tomás de Aquino
- *Interpretações fenomenológicas sobre Aristóteles*
  Martin Heidegger
- *Hegel – Husserl – Heidegger*
  Hans-Georg Gadamer
- *Os problemas fundamentais da fenomenologia*
  Martin Heidegger
- *Ontologia (Hermenêutica da faticidade)*
  Martin Heidegger
- *A transcendência do ego*
  Jean-Paul Sartre
- *Sobre a vida feliz*
  Santo Agostinho
- *Contra os acadêmicos*
  Santo Agostinho
- *Crepúsculo dos ídolos ou Como se filosofa com o martelo*
  Friedrich Nietzsche
- *Nietzsche – Seminários de 1937 e 1944*
  Martin Heidegger
- *A essência da filosofia*
  Wilhelm Dilthey
- *Que é a literatura?*
  Jean-Paul Sartre
- *Sobre a essência da linguagem*
  Martin Heidegger
- *Adeus à verdade*
  Gianni Vattimo
- *O sujeito e a máscara – Nietzsche e o problema da libertação*
  Gianni Vattimo
- *Da realidade – Finalidades da filosofia*
  Gianni Vattimo
- *O imaginário – Psicologia fenomenológica da imaginação*
  Jean-Paul Sartre
- *A ideia da fenomenologia – Cinco lições*
  Edmund Husserl
- *O anticristo – Maldição ao cristianismo*
  Friedrich Nietzsche
- *O caráter oculto da saúde*
  Hans-Georg Gadamer

CULTURAL

Administração
Antropologia
Biografias
Comunicação
Dinâmicas e Jogos
Ecologia e Meio Ambiente
Educação e Pedagogia
Filosofia
História
Letras e Literatura
Obras de referência
Política
Psicologia
Saúde e Nutrição
Serviço Social e Trabalho
Sociologia

CATEQUÉTICO PASTORAL

Catequese
Geral
Crisma
Primeira Eucaristia

Pastoral
Geral
Sacramental
Familiar
Social
Ensino Religioso Escolar

TEOLÓGICO ESPIRITUAL

Biografias
Devocionários
Espiritualidade e Mística
Espiritualidade Mariana
Franciscanismo
Autoconhecimento
Liturgia
Obras de referência
Sagrada Escritura e Livros Apócrifos

Teologia
Bíblica
Histórica
Prática
Sistemática

REVISTAS

Concilium
Estudos Bíblicos
Grande Sinal
REB (Revista Eclesiástica Brasileira)

VOZES NOBILIS

Uma linha editorial especial, com importantes autores, alto valor agregado e qualidade superior.

VOZES DE BOLSO

Obras clássicas de Ciências Humanas em formato de bolso.

PRODUTOS SAZONAIS

Folhinha do Sagrado Coração de Jesus
Calendário de mesa do Sagrado Coração de Jesus
Agenda do Sagrado Coração de Jesus
Almanaque Santo Antônio
Agendinha
Diário Vozes
Meditações para o dia a dia
Encontro diário com Deus
Guia Litúrgico

CADASTRE-SE
www.vozes.com.br

EDITORA VOZES LTDA.
Rua Frei Luís, 100 – Centro – Cep 25689-900 – Petrópolis, RJ
Tel.: (24) 2233-9000 – Fax: (24) 2231-4676 – E-mail: vendas@vozes.com.br

UNIDADES NO BRASIL: Belo Horizonte, MG – Brasília, DF – Campinas, SP – Cuiabá, MT
Curitiba, PR – Fortaleza, CE – Goiânia, GO – Juiz de Fora, MG
Manaus, AM – Petrópolis, RJ – Porto Alegre, RS – Recife, PE – Rio de Janeiro, RJ
Salvador, BA – São Paulo, SP